ALEXANDRE DUMAS FILS

DE L'ACADÉMIE FRANÇAISE

THÉATRE
COMPLET
AVEC PRÉFACES INÉDITES

III

LE FILS NATUREL. — LE PÈRE PRODIGUE.

PARIS

CALMANN LÉVY, ÉDITEUR

3, RUE AUBER, 3

1899

Droits de reproduction et de traduction réservés.

THÉATRE COMPLET

DE

ALEXANDRE DUMAS FILS

DE L'ACADÉMIE FRANÇAISE

III

CALMANN LÉVY, ÉDITEUR

ŒUVRES COMPLÈTES

D'ALEXANDRE DUMAS FILS
DE L'ACADÉMIE FRANÇAISE

Format grand in-18.

AFFAIRE CLÉMENCEAU. — Mémoire de l'accusé.....	1 vol.
ANTONINE...	1 —
AVENTURES DE QUATRE FEMMES...................	1 —
LA BOITE D'ARGENT.................................	1 —
CONTES ET NOUVELLES..............................	1 —
LA DAME AUX CAMÉLIAS............................	1 —
LA DAME AUX PERLES...............................	1 —
DIANE DE LYS.......................................	1 —
LE DOCTEUR SERVANS...............................	1 —
ENTR'ACTES..	3 —
LE RÉGENT MUSTEL..................................	1 —
LE ROMAN D'UNE FEMME............................	1
SOPHIE PRINTEMS...................................	1 —
THÉATRE COMPLET, avec préfaces inédites.........	6 —
THÉRÈSE...	1 —
TRISTAN LE ROUX...................................	1 —
TROIS HOMMES FORTS..............................	1 —
LA VIE A VINGT ANS................................	1 —

ÉMILE COLIN — IMPRIMERIE DE LAGNY

LE FILS NATUREL

COMÉDIE EN CINQ ACTES

DONT UN PROLOGUE

Représenté pour la première fois, à Paris,
sur le théâtre du GYMNASE-DRAMATIQUE, le 16 janvier 1858.

A
HENRY DIDIER

. . . .
Pallida Mors æquo pulsat pede pauperum tabernas
Regumque turres. O beate Sesti,
Vitæ summa brevis spem nos vetat inchoare longam!
Jam te premet nox, fabulæque Manes,
Et domus exilis Plutonia. . . . .

HORACE.

PRÉFACE

Voici une comédie pour laquelle j'avoue ma prédilection. Cela vient peut-être de ce qu'elle m'a coûté beaucoup de travail. Pour la première fois, il est vrai, je tentais de développer une thèse sociale et de rendre, par le théâtre, plus que la peinture des mœurs, des caractères, des ridicules et des passions. J'espérais que le spectateur emporterait de ce spectacle *de quoi* réfléchir un peu, et je ne voyais rien de plus intéressant et de plus dramatique à lui soumettre que cette question des enfants naturels qui n'a cessé de me préoccuper depuis lors, et que je voudrais voir résoudre, même par un autre que moi, au bénéfice des enfants, bien entendu. J'y suis revenu dans l'*Affaire Clémenceau*, dans *les Idées de madame Aubray*, dans la préface de *la Dame aux Camélias*. J'y reviendrai encore, au théâtre et dans le livre. C'est une idée fixe. Le sujet, d'ailleurs, est inépuisable, tant l'insuffisance de la loi en varie les formes et les conséquences, tant l'égoïsme, l'ignorance et la brutalité de l'homme le compliquent et l'aggravent de jour en jour. J'y perdrai mon latin très probablement, car nombre de gens bien assis dans la vie et bien tranquilles dans le monde, m'assurent que c'est là un des derniers moulins à vent de Don Quichotte; que, le préjugé ayant tout à fait disparu ou peu s'en faut, il

n'y a pas à s'en occuper, et que le temps fera ce qui reste
à faire. Moi, je trouve que l'homme qui met un enfant au
monde volontairement (et c'est toujours volontairement),
sans lui assurer les moyens matériels moraux et sociaux
de vivre, sans se reconnaître responsable enfin de tous
les dégâts consécutifs, est un malfaiteur qu'il faut classer
entre les voleurs et les assassins. Vous voyez que nous
sommes loin de compte, mes contradicteurs et moi.
Cependant, aujourd'hui, rassurez-vous, je ne traiterai
pas la question, la pièce étant là pour la présenter sous
une de ses faces nombreuses.

J'ai écrit *le Fils naturel* à Sainte-Adresse, dans la maison
d'Alphonse Karr, alors déserte et démeublée. Mon grand
confrère avait abandonné et mis à vendre cette cage cou-
verte de fleurs où il avait espéré chanter jusqu'à la fin
de ses jours. Les dieux sont morts qui faisaient de tels
loisirs aux bergers musiciens. C'était en 1853. *Diane de
Lys* était arrêtée par la censure, sans aucune chance de
retour. Il s'agissait d'écrire autre chose. Je partis pour
Sainte-Adresse avec quelques amis, du papier neuf et des
plumes d'oie. Mes amis étaient jeunes, gais, bruyants. Il
n'y avait pas moyen de travailler à l'hôtel, où nous vivions
en commun. Le gardien de la maison de Karr m'offrit la
clef de cet abri charmant ; il me prêta une chaise, et
j'écrivis mes trois premiers actes sur mes genoux, dans
la salle du rez-de-chaussée quand il pleuvait, dans le
jardin quand il faisait beau. Nous revînmes à Paris, à la
fin d'août, et ce n'est qu'en 1857 que je repris cet ouvrage.
Je n'avais cessé d'y penser. Au milieu de mes autres
travaux, je *polissais* et *repolissais* mon commencement ;
mais, arrivé à la fin de mon troisième acte, je faisais
comme les bêtes à bon Dieu qui, arrivées au bout d'une
herbe et trouvant le vide, reviennent sur leurs pas. Je
sentais que la situation, présentée jusqu'alors en drame,
devait se retourner en comédie sociale et en moralité philosophique ; je savais bien où j'allais, je voyais mon dé-

nouement clair, logique, implacable, mais je ne voyais pas le chemin par où j'y pouvais amener le spectateur. Enfin je trouvai, sinon la bonne voie, du moins la voie dont j'avais besoin, et l'œuvre s'acheva. Je m'en séparai avec peine. Elle avait été une amie, une confidente pendant plusieurs années. Je la relisais, j'ajoutais un mot, je supprimais une phrase, je la pondérais, je l'équilibrais de mon mieux, j'y aiguisais mon esprit comme à une meule, pour ainsi dire.

D'un autre côté, il me semblait qu'elle renfermait des choses bonnes à dire, et qu'elle pourrait servir de point de départ à un théâtre nouveau que j'entrevoyais alors et que je crois voir distinctement aujourd'hui. Ne me vint-il pas l'idée, pour concilier tout, de la donner sous un nom d'emprunt et de juger ainsi de la véritable portée qu'elle pourrait avoir ! Je m'en tins longtemps à cette idée que j'ai mise à exécution depuis, dans une autre circonstance, pour d'autres raisons, et dont les résultats m'ont paru excellents. Devant un inconnu le public est vraiment juge et ne se laisse plus influencer par la marque de la maison. Je ne disconviens pas qu'il pourrait y avoir danger à le dérouter, quand on a déjà une position faite dont on bénéficie d'avance à chaque tentative nouvelle; ce serait cependant, à un certain moment de la carrière, une étude intéressante à faire sur soi-même. Et puis le dérouterait-on longtemps? Ne l'habituerait-on pas plutôt à reconnaître l'auteur à l'exécution et non à la signature? Que de partis pris, que d'opinions préconçues on éviterait! Il faudrait pour cela que le secret fût bien gardé; il pourrait l'être, il l'a été à propos de la pièce dont je voulais parler plus haut. Personne n'était dans la confidence, et je n'ai rencontré que deux spectateurs, dont un était Francisque Sarcey et l'autre un homme du monde, mais très expert dans les choses de l'esprit, qui aient reconnu, dès le second acte, le *faire* de l'auteur.

Deux spectateurs sur douze ou treize cents! c'est peu.

Le public a donc encore beaucoup à apprendre en cette matière, et il y aurait véritablement plaisir à révéler, à la fin de la représentation, un nom que quelques-uns seulement auraient eu le mérite de deviner. Cela forcerait en même temps l'écrivain à varier sa forme et à déguiser, à élargir son procédé. En cas de chute, l'anonyme sérieux sauverait tout. Pour moi, j'accepterais volontiers ces épreuves, et, si même je pouvais me cacher toujours derrière cet X, je serais enchanté. Je crois que rien ne serait plus agréable que d'être célèbre sans être connu, si ce n'est d'être utile sans être célèbre. Il y a peu d'hommes illustres, en effet, qui donnent physiquement la représentation de leur mérite et qui puissent supporter dans leur forme extérieure la réputation qu'ils se sont acquise. Ils perdent presque tous à se produire; et je dis « presque », pour donner à ceux que mon opinion pourrait blesser le droit de se réfugier dans cet adverbe consolant. On jouirait véritablement de la renommée dans l'incognito; on saurait véritablement ce que les gens pensent de vous; on ne serait pas forcé de s'affubler d'une allure particulière, d'un langage de convention, d'une modestie toujours transparente. On n'aurait l'air ni d'un orgueilleux, ni d'un maniéré, ni d'un grotesque. On pourrait dire ce qu'on pense sans être accusé de malice quand on admire, d'envie quand on critique; on pourrait, fortune incroyable ! être *soi*, comme le premier venu, c'est-à-dire ce que personne ne veut croire qu'on est, quand on n'est pas celui-là. Ce moyen que je propose n'a qu'un défaut, celui d'être impraticable, parce que l'homme n'a qu'une idée, celle d'être au-dessus de ses contemporains pendant la vie et au delà même de la mort, quand il a du génie, du talent, une valeur quelconque, et quelquefois pas de valeur du tout. Il veut être montré, il veut qu'on dise : « Le voilà, c'est lui. »

Du reste, en aucun temps, le JE et le MOI ne se sont carrés comme de nos jours. Le dernier des écrivailleurs, comme le dernier des acrobates, veut, la photographie aidant, imposer à la postérité tout ce qui sort de lui. Et moi qui fais ici le sage, avec quel gonflement, dans deux ou trois occasions (*le Fils naturel* fut la dernière), je me suis laissé présenter au public! Comme je me suis cru au-dessus de ceux qu'on ne voyait pas en ce moment dans la foule qui m'appelait! Comme j'étais heureux d'humilier mes confrères, et comme j'ai su gré cependant à l'ami qui m'a guéri brutalement de cette infirmité! A quoi serviraient les jours si chacun d'eux, en succédant aux autres, ne nous infligeait pas un peu plus la connaissance de nous-mêmes? Pour ma part, quand j'évoque mon passé, je déclare que c'est encore en moi que j'ai trouvé le plus sûrement les ridicules, les passions et les faiblesses que j'ai mis sur le dos de mes personnages. Est-ce en les portant au compte d'autrui que je me suis débarrassé de quelques-uns? Peut-être; en tout cas, j'ai fait de mon mieux pour me corriger, pour trouver le vrai au milieu des erreurs de notre éducation parisienne et de nos mœurs factices, et, après tous les excès possibles de gloriole et de vanité, j'ai été, par grâce, saisi d'un véritable amour pour la simplicité et la bonhomie dont je semble me départir en ayant l'air de m'en vanter. Je voudrais que le bénéfice que j'en retire à cette heure encourageât à m'imiter sur ce point tous les hommes de mérite que se croient nécessaires et adorés, qui prennent le *Vox populi* pour le *Vox Dei*, grosse erreur latine qui a fait son chemin comme toutes ces formules à double sens dont les événements se servent pour circuler tranquillement à travers l'ignorance et l'apathie des hommes. Bien à plaindre, en définitive, celui qui ne sait pas à quoi s'en tenir sur les foules, et qu'il y a juste assez de place pour son mépris ou sa pitié entre leur servilité et leur ingratitude!

Ce n'est donc pas pour qu'on me regarde dans la rue que j'écris ces préfaces; ce n'est pas non plus, en vérité, pour le plaisir de parler de moi ; je m'y soustrais, d'ailleurs, autant que je puis ; c'est pour causer, dans une époque où la causerie tend à disparaître, de choses qui me semblent encore, pour quelques esprits, aussi intéressantes que les affaires ou la politique. C'est aussi un peu pour donner à ceux que viendront après nous (car nous mourrons un jour, il ne faut pas nous le dissimuler), une notion aussi exacte que possible du va-et-vient de notre siècle bizarre, si curieux, si inquiet, si crédule, si nerveux, si exagéré, si sentimental, si révolutionnaire et si bon enfant. Je n'apparais cependant ni pour le punir, ni pour le guider, ni pour le transformer, ni pour l'amuser même. Je ne suis ni dieu, ni apôtre, ni philosophe, ni bateleur. Je suis quelqu'un qui passe, qui regarde, qui voit, qui sent, qui réfléchit, qui espère et qui dit ou écrit ce qui le frappe dans la forme la plus claire, la plus rapide, la plus propre à ce qu'il veut dire. Si le style n'est pas toujours d'une correction irréprochable, la pensée est toujours d'une sincérité parfaite, car j'aimerais mieux labourer l'arpent de terre que le travail m'a donné que d'imprimer un mot que je ne penserais pas. Je blesse souvent ainsi des idées reçues, des conventions établies, les préjugés et le qu'en dira-t-on dans lesquels la société vit tant bien que mal, qu'elle ne veut pas se voir reprendre, parce qu'elle en a l'habitude et parce qu'elle a horreur du dérangement. Bref, j'écris pour ceux qui pensent comme moi. Inutile de combattre les opinions des autres ; on parvient quelquefois à vaincre les gens dans une discussion, à les convaincre jamais. Les opinions sont comme les clous ; plus on tape dessus, plus on les enfonce. Tout notre pouvoir se réduit à dire ce qui nous paraît être la vérité. Les hommes posent les chiffres et le temps fait la preuve.

Cependant, j'appartiens à un art, à une profession, à une classe, et c'est plus particulièrement à mes confrères présents et à venir que je m'adresse. Je voudrais les voir s'entendre mieux ensemble et se connaître mieux eux-mêmes. Ils accompliraient ainsi plus facilement la mission, le devoir qui leur incombent ; ils emploieraient plus utilement la valeur qu'ils ont dans les mains et qu'ils neutralisent presque absolument par le besoin de l'individualisme, par les tentatives isolées qui ont pour but la gloire, la fortune, la popularité de chacun, au lieu d'avoir en vue l'influence du corps et le bien de tous.

L'homme n'est véritablement au-dessus de l'humanité ambiante que sur un seul plan : la vertu ; et, comme il ne saurait y avoir vertu s'il n'y a humilité, ceux-là seuls se trouvent avoir le droit de se considérer comme supérieurs à autrui à qui il est interdit de savoir qu'ils le sont. Le talent, le génie surtout est involontaire. Il n'est pas un effort de l'homme, il est un don de Dieu comme la beauté. Voilà pourquoi il n'est que de second ordre. Aussi la postérité ne le consacre-t-elle que s'il s'est fait vertu par la sincérité et par la communion dans le progrès universel avec le monde entier. La gloire pour la gloire est une spéculation honteuse. Les hommes heureux de leur célébrité sont des naïfs ; les hommes fiers de leur génie sont des sots.

Loin de moi la pensée de nier ou de dénigrer l'esprit d'émulation dont la jeunesse, mais la jeunesse seule, a si grand besoin. Il lui faut un but visible, palpable. La gloire est ce but. Mais, les premiers obstacles franchis, les premiers rivaux dépassés, le vainqueur qui s'enveloppe de pourpre, se couronne de lauriers et se livre à l'admiration des spectateurs est un histrion qu'ils ont raison de bafouer dès que son orgueil va plus loin que leur émotion, et que son immobilité s'impose. Or, notre grande, notre unique préoccupation, à nous écrivains, à nous auteurs dramatiques principalement, c'est de prouver que nous sommes forts, de lever des poids énormes, comme des athlètes, devant un public enthousiaste, et de *tomber* nos rivaux et nos amis aux applaudissements d'une salle idolâtre.

Eh bien, parlons franc, au risque de nous faire jeter des pierres; un peu de martyre, d'ailleurs, n'est pas à dédaigner : quand le travail de l'esprit n'est pas la plus noble de toutes les professions, c'est le plus vil de tous les métiers. Le désespoir, la haine, l'envie, la misère, le doute, le vice et la démence sont au bout, quelquefois au milieu de cette carrière méprisable où la concurrence remplace l'émulation, où la popularité triche la gloire, où l'argent est un but, la débauche un aiguillon et l'ivresse une muse.

Le voyez-vous, ce malheureux jeune homme, au visage contacté, aux tempes jaunies, à la bouche grimaçante, aux yeux vagabonds? Il était né pour marcher libre et joyeux derrière une charrue, en semant avec un geste fier le grain de la moisson prochaine; le soir il eût mangé devant l'âtre le pain gagné dans le jour; chacun de ses pas, de ses mouvements eût donné la vie! Regardez-le, dans la grande ville, pressant, le jour et la nuit, sa tête dans ses deux mains, la pétrissant et lui faisant suer des récits, des aventures, des combinaisons pour une foule affamée qui le dévore et passe à un autre quand elle ne peut plus rien tirer de lui. Pendant un temps plus ou moins long, cet homme fera épouser Henriette par Arthur, surprendre l'amant par le mari, empoisonner celui-ci, guillotiner celui-là, avec intérêt habilement suspendu à la fin de l'acte ou du feuilleton. Il va vendre successivement de l'amour, de la jalousie, des larmes, de l'histoire, de la gaudriole, de l'argot, de la satire, de la morale, de l'insulte, de la politique, du progrès, du sentiment, de l'obscénité, de la religion, de *la copie* enfin, de deux sous à cinq sous la ligne, selon le goût du lecteur, les tendances du journal et le cours du moment. Quand il aura mangé son fonds, il vivra sur le fonds d'autrui; il rafistolera les vieilles comédies, rapiécera les vieux romans, ressemellera les anas des vieux siècles. Il mangera les bibliothèques ! il avalera les quais ! Il lui faut

des idées, des anecdotes, des mots, du plaisir, de la
notoriété, de l'argent. Dépêchons-nous, il s'agit d'être célèbre! une fois célèbre, on est coté! une fois coté, on
est riche! une fois riche, on est libre! Libre! voilà le
rêve de toutes les minutes, rêve irréalisable! Mais le
journal est pressé! mais le théâtre ne peut attendre!
nous nous mettrons deux, nous nous mettrons trois!
nous passerons les nuits! Et la force? Nous prendrons
du café. Et l'inspiration? Nous boirons de l'absinthe.
Va, cervelle humaine, rends des pages, des phrases, des
lignes, retourne-toi cent fois par jour, fais des évolutions
sur toi-même, gonfle-toi comme une éponge, pressure-
toi comme un citron jusqu'à ce que tu te dessèches subitement, que la folie te secoue comme un arbre dans
une plaine, que la paralysie survienne, que l'hébétation
arrive et que la mort termine tout. Alors, on pénètre
chez l'homme connu. On y trouve le désordre, l'indi-
gence, une ancienne maîtresse dont il avait peut-être
fait une épouse dans une heure de lyrisme ou d'épuise-
ment, de malheureux enfants déjà vêtus de noir, étonnés
et pleurant à tout hasard. Cela sent encore le tabac de la
veille. Il aimait tant à fumer! Pauvre garçon! On lui
avait dit que ça lui ferait mal, mais il ne pouvait pas
s'en déshabituer! Comme on s'est amusé jadis dans ce
salon-là, du temps de la petite une telle! Quelques amis
l'accompagnent au cimetière, escortés quelquefois d'une
foule curieuse ou sympathique, car on l'aimait bien. Il
était si gai, — par moments! On raconte sur lui des
anecdotes; on parle sur sa tombe; on lui met une pierre
plate sur le nez; on revient manger un morceau; on
bâcle quelques articles nécrologiques; on le découpe,
on le débite pendant deux ou trois jours, on en mange, on
en vit; on lui souscrit un monument; on écrit au ministère, on obtient une pension pour la veuve, une
bourse pour un des enfants; et puis il faut reprendre
cette existence frénétique qui l'a tué. Adieu, grand homme

d'un an, d'un mois, d'un jour! Il ne reste plus rien de toi. Dors tranquille enfin, voici l'éternelle nuit!

C'est dans cet enfer, dans ce bagne, que des milliers de jeunes gens se précipitent en riant, de bonne foi, trompés par la surface, croyant y rencontrer la fortune et la renommée comme on rencontre une charrette sur un grand chemin, au lieu de se cramponner au travail obscur, patient, qui fait les hommes robustes, sereins, respectés, utiles et bons. J'ai traversé, moi qui vous parle, ces effroyables marais du commencement de la carrière; j'en suis sorti frissonnant et pâli, épouvanté de ce que j'avais vu, qui m'épouvante encore quand j'y rentre par hasard, soit pour serrer la main à un ancien compagnon, soit pour aller ramasser son corps et le conduire là où il ne s'agitera plus. J'y serais mort depuis longtemps s'il m'avait fallu y rester. Béni soit le Dieu, le maître quel qu'il soit des destinées universelles qui m'a éclairé pour que j'en sorte et qui m'accorde une commutation de peine. Non! Dante, que l'on invoque toujours quand il s'agit de supplices abominables, n'a pu trouver ni rêver dans le temps où il vivait, si troublé que fût ce temps, ce damné de la production intellectuelle, roulant sa propre tête comme Sisyphe roulait son rocher et la frappant contre des murailles d'airain pour en faire jaillir une dernière étincelle.

Et ce que je dis de ceux qui succombent dans la lutte, je le dis de ceux qui triomphent, des plus grands, des plus forts, des plus heureux, de ceux qui ont des organes puisants, de ceux qui tiennent boutique, de ceux qui ont découvert une mine du premier coup de pioche. Voulez-vous que je vous les nomme, ces forçats de la pensée à qui vous ne laissez ni repos ni trêve, que vous poussez en avant au nom de leur gloire, de leur fortune, de votre plaisir et de vos appétits, qui se relèvent sous le fouet, sachant bien qu'ils seront écrasés, dépassés, oubliés, s'ils ne courent pas comme les autres?

Laissons de côté ceux qui ne sont plus : Balzac, Eugène Sue, Frédéric Soulié, de Vigny, de Musset, Murger, Ponsard et tant d'autres, morts à la peine !

Qu'est-ce que vous faites de ceux qui survivent, de Lamartine, d'Hugo, de George Sand, de Dumas ? Lamartine ! la figure la plus rayonnante des temps modernes, poète, historien, romancier, homme d'État, critique, orateur, qui tient de Virgile, de Tacite, de Bernardin de Saint-Pierre, de Washington, d'Aristote, de Cicéron ! Lamartine, dont ce siècle adolescent a mêlé à ses premiers rêves la poésie embaumée, qui n'a pas dans son œuvre une pensée qui ne soit chaste, un mot qui ne soit noble, à qui la Grèce eût consacré des autels, à qui l'Angleterre eût offert des palais, de quelles insultes ne l'avez-vous pas poursuivi, de quelles amertumes ne l'avez-vous pas abreuvé, parce que ce grand homme a eu le tort de croire un moment qu'un grand peuple pouvait être mûr pour une grande idée.

Ah ! tu as été roi de France, poète ! Ah ! tu as voulu émanciper ton pays ! tu l'as cru digne de la liberté ! Ah ! tu nous as nourris de ta pensée, de ton sang, de ta chair, et tu as été assez imprévoyant pour ne pas battre monnaie, au milieu de nos désordres, avec notre enthousiasme et notre reconnaissance, que tu savais bien ne pouvoir être durables ! Ah ! tu ne t'es pas enrichi de nos dépouilles, maladroit, et tu viens nous demander assistance et secours, et tu veux mourir au foyer paternel ! Rentre dans le brancard, malheureux ! reprends le harnais, misérable ! tire ton ancien camion, redeviens homme de lettres, donne-nous de l'histoire, de la critique, des souvenirs, des mémoires ; mets ton cœur et ton passé en volumes, en chapitres, en paragraphes ; si ça nous amuse autant qu'un petit journal et si ce n'est pas aussi cher qu'un grand, nous te payerons peut-être les vingt francs que tu nous demandes ; mais ne compte pas sur autre chose pour le présent. Plus tard, quand nous serons sûrs que ça ne nous coûtera rien, quand tu seras bien mort, bien enterré, nous t'élèverons des statues, et, si quelque autre pays se vante de ses poètes, ou si la France elle-même en produit un, nous battrons les uns et nous démolirons l'autre avec le chantre d'Elvire, et l'auteur des *Girondins*. Jusque-là, bonhomme, permets que l'on t'immole à Hugo, le seul peut-être, à cette heure, qui te reconnaisse pour son maître !

Gloire à celui-là ! S'il était resté sur le sol natal, s'il était à portée de nos coups, Dieu sait ce que nous lui jetterions à la face ; mais la fortune, dans sa bizarrerie, en a décidé autrement. Il s'est constitué centre au milieu de l'Océan, les pieds sur un rocher, le front dans la nue. C'est trop loin et c'est trop haut ! nos armes ne portent pas là. Patience ! il aura bien, un jour ou l'autre, son heure de négligence, d'oubli, de foi. Il sortira de ses brumes ; il descendra de son piédestal ; il s'aventurera sur les flots ; il verra alors ce qui se passera ! Ah ! tu nous as imposé le respect, l'admiration, la distance ! Ah ! tu t'es fait victime ! Ah ! tu étais riche ! Ah ! tu ne travaillais que quand tu voulais et tu ne disais que ce qu'il te plaisait de dire ! Ah ! nous n'étions pas de ta taille ! Ah ! tu as été le géant Athos, tu as retourné une île anglaise, tu t'y es taillé une montagne et tu t'es planté au sommet, dieu, autel et prêtre, et tu redescends parmi les hommes ! A notre tour ! et rira bien qui rira le dernier. Meurs là-bas, je te le conseille, change-toi bien vite en statue :

> Couvrant cette île de ton aile,
> Dans quelque attitude éternelle
> De génie et de majesté !

que ton Calvaire soit ton tombeau comme il a été ton temple ! Après avoir été Athos, sois Encelade ! c'est le seul moyen pour toi de remuer encore un peu la terre quand tu ne seras plus dessus, mais dessous. En attendant, veux-tu savoir la vérité, cette vérité vraie que ne savent jamais ni les émigrés ni les rois? Je vais te la dire... Non; j'aime mieux me taire, tu ne saurais plus m'écouter et tu ne pourrais plus me croire. Reste dans tes nuages et dans tes illusions. Que l'affaire se règle maintenant entre toi et Dieu, puisque tu as voulu le regarder en face. C'est à plus simple que nous devons nos consolations, si nous avons encore le temps d'en offrir.

Vois-tu, de ton sommet diamanté, cette maisonnette blanche au milieu d'une plaine, au pied d'une petite colline, au bord d'une route à ornières où passe de temps en temps un chariot aux essieux plaintifs chargé de foin ou de légumes? Quel silence, quand le gémissement des roues est entré dans cette terre molle! Que ferais-tu, dans ton olympe solitaire, de ces nuages légers et blancs comme de la ouate qui courent sous ce ciel bourgeois? Ils ne contiennent ni éclairs ni foudre. Ils fondraient dans ta large main si tu te baissais pour les ramasser, si tu voulais en tirer les tonnerres dont tu as besoin.

Il est midi, l'heure où l'on voit tout! Regarde cette femme qui descend les marches de son perron. Elle a les cheveux grisonnants sous son petit chapeau de paille; elle est toute seule; elle se promène au soleil, doucement; elle contemple son horizon vulgaire; elle écoute les bruits vagues de la nature; elle s'amuse à suivre de l'œil ces nuées dont tu ne veux pas. Elle cause avec le jardinier; elle se penche pour respirer ses fleurs qu'elle se garde bien de cueillir; elle s'arrête; elle écoute! Quoi? elle n'en sait rien elle-même! quelque chose qui n'est pas encore et qui sera un jour. Elle s'assied sur son banc de pierre. Elle ne bouge plus. La voilà fondue dans l'immensité, la voilà plante, étoile, brise, océan, âme! Elle se souvient! Elle devine! Tout ce que tu entends au milieu des flots, elle l'entend aussi bien que toi sous son dôme de lilas, et les oiseaux, et les tempêtes, et tout ce qui chante, et tout ce qui pleure, et tout ce qui rit. Elle va errer, regarder, écouter ainsi, sans bien savoir ce qu'elle accomplit, somnambule de jour, et, à mesure que l'ombre gagnera la plaine, — comme ces plantes qui se sont imprégnées du matin au soir de rosée et de rayons, de pluie et de soleil et qui ne s'ouvrent et n'exhalent leurs parfums que la nuit, — la nuit, cette femme restituera au monde de l'âme et de l'esprit tout ce qu'elle a reçu du monde matériel et visible : car, cette femme, elle pense comme Montaigne, elle rêve comme Ossian, elle écrit comme Jean-Jacques ; Léonard dessine sa phrase et Mozart la chante. Madame de Sévigné lui baise les mains et madame de Staël s'agenouille quand elle passe. Ce morceau de terre qu'elle habite, ce n'est ni le rocher de Prométhée, ni le rocher de Sainte-Hélène, ni le rocher de Guernesey ; c'est Palaiseau, non pas même le Palaiseau de *la Pie voleuse*, c'est Palaiseau (Seine-et-Oise), un Palaiseau banal, qui ne la connaît pas, qui ne sait pas ce qu'il possède, qui n'a jamais entendu son nom, ou qui n'y a rien compris.

Elle était là depuis dix-huit mois ; je reviens de voyage, j'accours pour la voir. Ne connaissant pas le chemin, j'entre dans une boutique et je demande à l'honnête commerçant dont le nom ne peut rester inconnu dans le pays, puisqu'il a eu le soin de le faire peindre sur son enseigne, je demande à cet homme de m'indiquer la maison de madame George Sand.

— Comment dites-vous?
— Madame George Sand.
— George Sand? Qu'est-ce qu'elle fait, cette dame?
— Elle *écrit*! Enfin, c'est George Sand.
— George Sand? je ne connais pas ça ici.

Je vois encore un tonnelier à qui je fis la même question pendant qu'il rinçait ses bouteilles sur la porte de son cellier, et qui me fit la même réponse, que je reçus une troisième fois d'un paysan qui passait. J'avisai enfin une maison *cossue* sur le seuil de laquelle une femme âgée, très proprette, à bonnet ruché, lisait un journal. Elle lisait. Elle devait avoir lu au moins *la Mare au Diable* ou *François le Champi*. Elle me répondit cette phrase admirable :

— N'est-ce pas une dame qui est dans les papiers ?
Quels papiers ?

Je répondis oui. — Au fait ! les papiers pouvaient être des papiers *imprimés*. C'est ainsi que je trouvai la *dame* que je cherchais.

Voilà ce que c'était que la gloire en 1865, à trois quarts d'heure de Paris, par le chemin de fer de Sceaux, et rien n'est changé, je crois. Un jour, après un grand chagrin, ayant besoin de repos, c'est-à-dire d'argent, l'au- d'*Indiana* voulut vendre cette maisonnette, la moitié de ce qu'elle lui avait coûté. Ce n'était pas exigeant. Il ne se présenta pas un acquéreur, pas même un curieux ; et l'illustre propriétaire qui espérait revoir le pays enchanté du petit Zorzi, ne fût-ce que pour ajouter quelques lettres aux *Lettres d'un voyageur*, reprit son labeur quotidien et se remit, avec les autres filles de Danaüs, à jeter de l'eau dans ce puits sans fond du xixe siècle, — que tu connais bien, mon très cher père, et que tu aurais rempli à toi tout seul, si les forces humaines pouvaient y suffire.

Eh bien, il est venu à bout de toi, ce siècle vorace que tu as habitué à cette insatiabilité qui nous met sur les dents, nous qui ne sommes pas de ta force. Et cependant, à ce siècle né pour toujours dévorer, tu étais bien l'homme qu'il fallait, toi né pour toujours produire. Du reste, quelles précautions la Nature avait prises, quelles provisions elle avait faites en toi pour ces appétits formidables qu'elle était forcée de prévoir ! C'est sous le soleil de l'Amérique, avec du sang africain, dans le flanc d'une vierge noire qu'elle a pétri celui dont tu devais naître et qui, soldat et général de la République, étouffait un cheval entre ses jambes, brisait un casque avec ses dents et défendait à lui tout seul le pont de Brixen contre une avant-garde de vingt hommes. Rome lui eût décerné les honneurs du triomphe et l'eût nommé consul. La France, plus calme et plus économe, refusa le collège à son fils, et ce fils élevé en pleine forêt, en plein air, à plein ciel, poussé par le besoin et par son génie, s'abattit un beau jour sur la grande ville et entra dans la littérature comme son père entrait dans l'ennemi, en bousculant, en abattant, en renversant tout ce qui ne lui faisait pas place. Alors commença ce travail cyclopéen qui dure depuis quarante années. Tragédie, drame, histoire, romans, voyages, comédies, tu as tout rejeté dans le moule de ton cerveau et tu as peuplé le monde de la fiction de créations nouvelles. Tu as fait craquer le Journal, le Livre, le Théâtre, trop étroits pour tes puissantes épaules; tu as alimenté la France, l'Europe, l'Amérique; tu as enrichi les libraires, les traducteurs, les plagiaires; tu as essoufflé les imprimeurs, fourbu les copistes, et, dévoré du besoin de produire, tu n'as peut-être pas toujours assez éprouvé le métal dont tu te servais, et tu as pris et jeté dans la fournaise, quelquefois au hasard, tout ce qui t'est tombé sous la main. Le feu intelligent a fait le partage. Ce qui venait de toi s'est coulé en bronze, ce qui venait d'ailleurs s'est évanoui en fumée. Tu as battu ainsi bien du mauvais fer; mais, en revanche, combien parmi ceux qui devaient rester obscurs se sont éclairés et chauffés à ta forge, et, si l'heure des restitutions sonnait, quel gain pour toi, rien qu'à reprendre ce que tu as donné et ce qu'on t'a pris! Quelquefois, tu posais ton lourd marteau sur ta large enclume. Tu t'asseyais sur le seuil de ta grotte resplendissante, les manches retroussées, la poitrine à l'air, le visage souriant; tu t'essuyais le front; tu regardais les calmes étoiles en respirant la fraîcheur de la nuit, ou bien tu te lançais sur la première route venue, tu t'évadais comme un prisonnier, tu parcourais l'Océan, tu gravissais le Caucase, tu escaladais l'Etna, toujours quelque chose de colossal, et, les poumons remplis à nouveau, tu rentrais dans ta caverne. Ta grande silhouette se décalquait en noir sur le foyer rouge, et la foule battait des mains ; car, au fond, elle aime la fécondité dans le travail, la grâce dans la force, la simplicité dans le génie, et tu as la fécondité, la simplicité, la grâce et la générosité, que j'oubliais, qui t'a fait millionnaire pour les autres et pauvre pour toi. Puis, un jour, il y a eu distraction, indifférence, ingratitude de la part de cette foule attentive et dominée jusqu'alors. Elle se portait autre part, elle voulait voir autre chose. Tu lui avais trop donné. C'était nous qui étions venus ! nous les enfants, nous les petits, qui avions poussé pendant ce temps-là et qui faisons le contraire de ce que vous aviez fait, vous les grands. Voilà tout. Tu es devenu « Dumas père » pour les respectueux, « le père Dumas » pour les insolents, et, au milieu de toute sorte de clameurs, tu as pu entendre parfois cette phrase : « Décidément, son fils a plus de talent que lui ! »

Comme tu as dû rire !

Eh bien, non, tu as été fier, tu as été heureux, semblable au premier père venu ; tu n'as demandé qu'à croire, tu as cru peut-être ce qu'on disait ! Cher grand homme, naïf et bon ! qui m'aurais donné ta gloire comme tu me donnais ton argent quand j'étais jeune et paresseux, je suis bien heureux d'avoir enfin l'occasion de m'incliner publiquement devant toi, de te rendre hommage en plein soleil et de t'embrasser comme je t'aime en face de l'avenir ! Que d'autres de mon âge et de ma valeur se déclarent tes égaux, ne portant pas ton nom ! c'est affaire à eux, et je n'ai pas plus à leur reprocher qu'à leur envier cette supposition, moi qui serais aussi connu qu'eux rien qu'à être ton fils ; mais il faut que la postérité, qui, quoi qu'il arrive, sera forcée de compter avec toi, sache bien, quand elle lira nos deux noms au-dessous l'un de l'autre, chronologiquement, dans le bilan de ce siècle, que je n'ai jamais vu en toi que mon père, mon ami et mon maître, quoi qu'on ait pu dire; que j'ai eu cette bonne chance, grâce à ton voisinage, de ne jamais m'exagérer, et de me considérer toujours comme un bambin en étant obligé de me comparer toujours à ce père redoutable.

Du reste, il y a dans mon enfance un souvenir qui secrètement battait en brèche mes jeunes vanités. C'est celui de la première représentation de *Charles VII*, à l'Odéon. Ce fut un *four*, comme on dirait aujourd'hui dans cet argot parisien qui remplacera peu à peu, si nous n'y prenons garde, la vieille langue française. J'avais huit ans, j'écoutais avec religion parce que c'était *papa* qui avait écrit ça. Je n'y comprenais rien du tout, bien entendu. Tu avais voulu que je fusse présent à cette solennité; tu étais superstitieux, tu croyais que je te porterais bonheur. Tu te trompais bien. Les cinq actes se déroulèrent au milieu d'un silence morne. Aussi quelle idée avais-tu de vouloir arrêter tout à coup, avec une œuvre sobre, ferme, simple, le mouvement que tu avais toi-même et le premier imprimé au théâtre? Pourquoi tout à coup cet hommage à Racine, qu'on était convenu d'appeler un polisson?

Nous revînmes ensemble tout seuls, toi me tenant par la main, moi trottinant, à ton côté pour me mettre à l'unisson de tes grandes jambes. Tu ne parlais pas; je ne disais rien non plus : je sentais que tu étais triste et qu'il fallait se taire. Depuis ce jour, je n'ai jamais longé le vieux mur de la rue de Seine, près du guichet de l'Institut (où tu ne devais pas entrer), sans revoir nos silhouettes sur cette muraille humide, léchée ce soir-là d'un grand rayon de lune. Je ne suis jamais non plus revenu d'une de mes premières représentations les plus bruyantes et les plus applaudies, sans me rappeler le froid de cette grande salle, notre marche silencieuse à travers les rues désertes, et sans me dire tout bas, pendant que mes amis me félicitaient : « C'est possible ; mais j'aimerais mieux avoir fait *Charles VII*, qui n'a pas réussi. »

Eh bien, pourquoi ce siècle, qui a encore plus de trente ans à vivre, vous a-t-il déjà dévorés, vous les grands, et nous grignote-t-il distraitement, nous les petits, comme le dessert de ce grand festin? C'est qu'il est le plus pressé qui fut jamais : c'est qu'il se sent emporté comme le vaisseau de Colomb vers un pôle inconnu ; c'est qu'il croit déjà entendre les cataractes effroyables dont il rêve la nuit et qui doivent l'engloutir ; c'est qu'il use ses yeux et ses télescopes à sonder la ligne brumeuse de l'horizon, et que le plus petit oiseau et le moindre brin d'herbe qui lui dénonceraient la terre promise lui seraient bien autrement chers que les plus riants souvenirs des campagnes natales. Quand il aura abordé, quand il aura planté sa tente, il se reprendra peut-être à écouter les bardes et les troubadours, les bergeries naïves, les aventures chevaleresques, les mélancolies douces et délicates de l'âme ; mais il n'en est pas là pour le moment. Le passé le pousse, le présent le menace, l'avenir l'épouvante. Il n'a plus besoin qu'on le charme, il n'a plus besoin qu'on le plaigne, il a besoin qu'on le sauve.

Pendant un certain temps, il vous a écoutés : vous chantiez son mal, et si bien! Il pleurait avec le « René » de Chateaubriand et le « Jocelyn » de Lamartine : il doutait avec le « Didier » d'Hugo, l'« Antony » de Dumas et le « Rolla » de Musset : il frissonnait avec Balzac, il délirait avec Sand. On était en pleine pathologie. Après vos diagnostics admirables, le malade vous a dit: « Pouvez-vous me guérir, maintenant? » Vous lui avez répondu: « Non ; nous ne pouvons que nous plaindre avec toi. » Alors, il vous a tourné le dos. Chateaubriand en est mort! Balzac en est mort! de Musset en est mort! Lamartine s'est jeté dans la politique, espérant, pour en finir, sauver la société d'un seul coup. Il a saisi le gouvernail, il l'a tourné, si violemment, qu'il a fait pivoter le vaisseau sur lui-même, et qu'il s'en est cassé les reins.

Hugo s'est précipité à sa place; mais la barre, en se redressant l'a jeté par-dessus le pont, sur un rocher qui se trouvait là. Le poète a poussé un cri de colère qui aurait immortalisé sa chute, si la colère immortalisait; mais le vaisseau a continué sa marche sans lui, malgré les vibrations de sa lyre neuve, comme le vaisseau qui emportait Télémaque malgré les cris de Calypso.

Alors, Antony s'est changé en d'Artagnan, Lélia en Fadette. Le siècle a souri; mais il s'est contenté de sourire à ces souplesses et à ces métamorphoses, sans s'arrêter une minute.

C'est alors que nous sommes apparus, les uns avec la tradition classique, les autres avec la satire gauloise, ceux-ci, avec l'observation naturelle, ceux-là avec le tableau bourgeois. Nous avons cherché la vérité entre le rire et les larmes; nous l'avons trouvée, de temps en temps; nous l'avons mise sous les yeux du spectateur. Tantôt il a battu des mains, tantôt il s'est révolté, et maintenant il commence à nous dire, comme à nos prédécesseurs : « Eh bien, après ? Que nous importe de savoir comment nous sommes, et sommes-nous bien comme vous le dites? D'ailleurs, nous ne venons pas ici pour nous retrouver, mais pour nous fuir. Donnez-nous l'Espérance ! Vous ne le pouvez pas ? Alors, donnez-nous l'Oubli ! »

Et le voilà qui se détache encore pour aller à ceux qui devaient nécessairement venir et qui sont venus à la suite de toutes ces convulsions et de tous ces mélanges. Ceux-ci sont les malins. Ils se sont fait ce raisonnement: « Ah! dix-neuvième siècle égoïste, glouton, ingrat, tu as usé, dévoré, rejeté tous ceux qui se sont sincèrement dévoués à toi. Tu es vieux à cette heure et tu t'ennuies! Attends un peu! Nous avons ce qu'il te faut, et, puisqu'il n'y a plus moyen de te sauver et que tu n'as plus la force de te défendre, nous allons t'achever d'abord, et te dépouiller ensuite. Tiens! voilà des plaisanteries de carrefour, de la musique de sauvages, des chansons de cabaret, des lazzis crapuleux, des danses obscènes, de la gaieté épileptique, quelque chose qui tient du cimetière et de la Courtille, le Carnaval de la fosse commune. L'homme, pour te faire rire, s'avilira jusqu'à se disloquer; la femme jusqu'à se mettre toute nue pour t'exciter un peu. Ah! tu veux être grisé, empiffré, abruti! Monte chez nous, joli jeune homme, paye avant d'entrer, et nous allons bien rire... nous surtout! »

Et le théâtre se fait tréteau, et le comédien se fait pitre, et l'actrice se fait... tout ce qu'on veut.

Le vieillard, qui sent bien, à certaines secousses cérébrales, qu'on le mène trop vite, essaye par moments de se remettre sur ses jambes, de se rappeler sa jeunesse, ses chastes amours, son innocence, sa foi. Il voudrait revoir la campagne, respirer l'air vivifiant des forêts, entendre les chansons matinières. Il s'exalte tout à coup pour une œuvre jeune et ferme comme un libertin pour une vierge, mais les forces lui manquent bientôt; il retombe dans ses éréthismes impuissants, dans ses hystéries séniles, et il retourne aux bacchanales, en bredouillant: « Allons! Muse de la rue, fais de moi ce que tu voudras, pourvu que tu m'étourdisses, que je ne voie pas ce que je devrais voir, que je n'entende pas ce que je devrais entendre et que je meure aussi gaiement que possible. Après moi la fin du monde, comme a dit le petit roi! »

Ce que je disais de l'amour dans la préface de *la Dame aux Camélias*, je puis donc le dire de l'art dans cette préface nouvelle. La prostitution, hélas! a envahi l'esprit de l'homme de lettres comme elle a envahi le cœur de la femme, et l'un demande au public combien il donne, comme l'autre demande au prétendant combien il a.

Il se prépare une réaction, assurent les quelques esprits sérieux que cet abaissement désole.

Évidemment, il y aura une réaction. Il y a en toujours une : quand on a fait longtemps la même chose, homme ou nation, on éprouve le besoin de faire la chose opposée pendant un espace de temps à peu près égal. C'est le jour après la nuit, le chaud après le froid, c'est la loi de rotation et d'équilibre. Dépend-il de nous que cette réaction soit féconde, durable, dénitive? Voilà la question. Oui. Jamais le théâtre qui se dégrade et s'avilit à cette heure, entre les mains du plus grand nombre (parmi lesquels l'art véritable regrette des transfuges d'un véritable talent), jamais le théâtre n'a eu plus belle occasion et plus sûre d'affirmer sa puissance civilisatrice.

En effet, par suite du mouvement qui s'est opéré dans les mœurs, par les rapports internationaux, par le progrès des idées et des sciences, par la plus grande connaissance que l'homme a acquise de lui-même, par l'accroissement d'un public qu'alimentent et transforment les grands courants étrangers qui le traversent, nous, détenteurs de la forme dramatique, possesseurs de la scène, nous sommes devenus une des forces les plus incontestables, la plus incontestée, si nous le voulons, et nous n'avons pas l'air de nous en apercevoir, et c'est ce moment unique dans l'histoire de l'art que nous choisissons pour abdiquer.

Nous sommes plus puissants que la guerre, car nous ne détruisons pas, nous créons, et nul, fût-il César ou Charlemagne, ne peut nous reprendre nos conquêtes. Au contraire, plus on nous envahit, plus on nous étend ; plus on nous pille, plus on nous enrichit ; — plus puissants que la politique, car nous ne devons dire que la vérité, car nous ne relevons pas des événements et ne dépendons pas du fait ; — plus puissants que la presse, car nous avons le relief, la couleur, la répétition quotidienne, régulière, animée de notre pensée, nous avons la parole, le regard, le geste, l'action, la vie en un mot, et tous les sens de l'homme nous sont ouverts; — plus puissants enfin que l'éloquence elle-même, car notre corps n'est pas forcé de se transporter là où nous voulons parler; nous nous distribuons à l'infini, nous substituons à nous des centaines de personnages, des milliers d'interprètes, et nous avons sous nos doigts le clavier humain, depuis le rire le plus insensé jusqu'aux larmes les plus amères. Une seule puissance nous est supérieure, — la religion, parce qu'elle ne traite que du côté divin de l'homme et ne l'entretient que de ses aspirations sublimes, profondes — et dernières. Je dis : la religion, je ne dis pas : l'Église, une certaine Église surtout. Que celle-ci le sache bien, en se déclarant notre ennemie, elle nous reconnaît son égale, et du jour où, en réponse à ses mépris et à ses excommucations, Molière, qui savait bien ce qu'il faisait, quoi qu'il ait dit, lui a jeté *Tartuffe* au visage, elle a compris que nous disposions des consciences comme elle, et elle n'a cessé de tonner contre nous. Elle nous attaque, donc elle nous craint; elle a tort, car nous marchons forcément vers le même but, puisque nous partons du même principe : la représentation de l'Idée par l'homme. Sous peine de mort ou d'avilissement, nous ne pouvons plus procéder, comme elle, que par la propagation de la plus haute morale (je parle, bien entendu, de ceux qui se respectent dans ceux qui les écoutent). Comme elle, nous nous adressons aux hommes assemblés, et l'on ne peut parler longtemps et d'une manière efficace à la multitude qu'au nom de ses intérêts supérieurs.

Nous sommes donc perdus, et je le répète et l'affirme, ce grand art de la scène va s'effiloquer en oripeaux, paillons et fanfreluches, il va devenir la propriété des saltimbanques et le plaisir grossier de la populace, si nous ne nous hâtons de le mettre au service des grandes réformes sociales et des grandes espérances de l'âme.

Un art qui, pour nous en tenir à la France, a produit

Polyeucte, Athalie, Tartuffe et le *Mariage de Figaro*, est un art civilisateur au premier chef, dont la portée est incalculable quand il a pour base la vérité, pour but la morale pour auditoire le monde entier, et c'est le monde qui nous écoute aujourd'hui. Nous ne convoquons plus comme nos maîtres une petite assemblée de lettrés, de délicats, d'oisifs aimables et spirituels, trop peu nombreux aujourd'hui pour imposer leur opinion à leurs contemporains et forcés de soumettre à l'avenir la consécration de leurs jugements. Nous tenons sous notre parole, durant cent, deux cents, trois cents représentations, un public varié, mobile, ondulant, distrait, qui vient à nous, je le veux bien, entre deux gares, tout en bouclant sa malle, en regardant sa montre et en lisant la cote, mais des mœurs duquel nous faisons partie comme la vapeur et l'électricité, qui ne peut plus se passer de nous *parce qu'il ne peut plus rester chez lui*, qui veut entendre parler parce qu'il ne sait plus lire, et à qui nous pouvons dire tout ce que nous voulons, car ce n'est pas lui, comme on le croit, qui nous impose son goût, c'est nous qui lui imposons le nôtre.

Indiquons le but à cette masse flottante qui cherche son chemin sur toutes les grandes routes; fournissons-lui de nobles sujets d'émotion et de discussion. Seulement, n'oublions pas que, modifié dans son ensemble, ce public modifie forcément nos procédés et nos traditions. Il n'a plus le temps de s'arrêter et de se recueillir pour admirer et glorifier un esprit plus ou moins original, plus ou moins littéraire. Le chef-d'œuvre pour le chef-d'œuvre ne lui est plus suffisant, pas plus que la satire sans le conseil, pas plus que le diagnostic sans le remède. Et puis rire toujours de l'homme sans bénéfice pour lui, c'est cruel, c'est lâche, c'est triste. D'ailleurs, tel qu'il est aujourd'hui, il ne sera attentif qu'à ce qui le frappera tout de suite, à ce qui l'aidera dans ses recherches, à ce qui le servira dans ses intérêts. C'est du théâtre en plein air que nous faisons, sur la place publique. Il faut que nos personnages soient éclairés sur toutes leurs faces, non plus par la lumière partiale de la rampe, mais par les rayons dévorants du soleil ; qu'ils soient vrais des pieds à la tête, derrière et devant, et qu'en même temps, pour être vus et entendus de cette foule immense, ils soient surélevés comme taille, haussés comme ton, tout en conservant, comme les figures de Michel-Ange, l'harmonie, la proportion et le mouvement dans le *plus grand que nature*. Il nous faut peindre à larges traits, non plus l'homme individu, mais l'homme humanité, le retremper dans ses sources, lui indiquer ses voies, lui découvrir ses fins ; autrement dit, nous faire plus que moralistes, nous faire législateurs. Pourquoi pas, puisque nous avons charge d'âmes?

La vieille société s'écroule de toutes parts ; toutes les lois originelles, toutes les institutions fondamentales, terrestres et divines sont remises en question. Les sentiments hésitent et frissonnent, la passion doute, les vérités d'autrefois tremblent à ce vent nouveau. L'homme ne se retrouve plus dans ce qu'il était jadis, il se cherche partout avec curiosité, avec désespoir, avec ironie, avec terreur. Il traverse une des nuits de l'Ame, qui a ses jours et ses nuits comme les mondes physiques, seulement immenses, éternelles au premier aspect. Poltron, il chante à tue-tête, croyant donner le change à Celui qui l'écoute et le regarde passer dans l'ombre ; mais il pressent, malgré tout, une destinée autre, il distingue par moments, au-dessous de l'horizon, une lueur vague qui lui rend à de certaines heures, la terre transparente.

Est-ce le dernier rayon du soleil disparu? Est-ce le premier rayon de l'aurore espérée? C'est l'aurore évidemment, l'aurore du jour le plus long et le plus éclatant peut-être que le monde aura vu briller dans ces saisons des temps, où les minutes sont des années, où les jours sont des siècles.

2.

Quelle Idée nouvelle allume secrètement le foyer de cet astre naissant? C'est la Vérité, qui utilisera, sans parti pris, sans exclusion, sans légendes et sans mystères, toutes les virtualités éparses et qui s'ignorent. Rallions-nous donc à elle le plus tôt que nous pourrons, car il n'est pas un esprit sincère qui ne l'entrevoie. Aidons l'homme à trouver la direction qu'il cherche, la solution qu'il demande. Notre siècle est usé, mais les Siècles ne le sont pas. Il y a plus de vieillards que jamais, mais il y a toujours des enfants. Laissons ceux-là mourir comme ils l'entendent, et faisons vivre ceux-ci comme ils doivent.

Nos maîtres, qui ont accompli la mission de leur époque, nous ont laissé beaucoup à faire, et, je le crois sincèrement, plus qu'ils n'ont fait. Ils ont appris à l'homme comment il est, ils nous ont réservé de lui apprendre comment il doit être, et, je le déclare en leur nom, c'est à ce résultat qu'ils tendraient, s'ils étaient à notre place. Ce qu'il faut regretter, pour l'intérêt commun, c'est qu'ils n'y soient pas. Essayons donc de les suppléer au moins par le nombre et par le résultat. Ayons la bonne foi des écrivains du xviie siècle avec l'entente et les convergences de ceux du xviiie, et *ce que nous voudrons détruire sera détruit*, et *ce que nous voudrons maintenir sera maintenu*. Imitons en cela Voltaire, pour qui le théâtre n'était qu'une tribune. — Mais le théâtre de Voltaire est mort! — C'est vrai, mais Voltaire vit. Qu'importe que la balle soit perdue, pourvu que le coup porte et que le soldat reste !

Le théâtre n'est pas le but, ce n'est que le moyen. L'homme moral est déterminé, l'homme social est à faire. L'œuvre qui ferait pour le bien ce que *Tartuffe* a fait contre le mal, à talent égal, serait supérieure à *Tartuffe*; voilà ce que je veux dire.

Par la comédie, par la tragédie, par le drame, par la bouffonnerie, dans la forme qui nous conviendra le mieux, inaugurons donc le théâtre *utile*, au risque d'entendre crier les apôtres de *l'art pour l'art*, trois mots absolument vides de sens. Toute littérature qui n'a pas en vue la perfectibilité, la moralisation, l'idéal, l'utile, en un mot, est une littérature rachitique et malsaine, née morte. La reproduction pure et simple des faits et des hommes est un travail de greffier et de photographe, et je défie qu'on me cite un seul écrivain, consacré par le Temps, qui n'ait pas eu pour dessein la plus-value humaine.

« Alors, diront ceux qui ne comprennent pas très vite, c'est du Berquin à haute dose que vous nous conseillez de faire? c'est de l'Ennui majestueux que vous voulez nous voir distribuer? »

Je vous conseille de faire du Berquin, si le Berquin, peut servir; je vous conseille de faire du Rabelais, si le Rabelais peut être profitable; je vous conseille de faire n'importe quoi, pourvu que vous le fassiez loyalement, et en sachant bien ce que vous faites, que votre talent ait sa raison d'État, et que je bénéficie, moi auditeur et lecteur, de l'autorité que je vous accorde, du droit que vous réclamez de parler seul aux autres hommes; je vous conseille enfin, quand l'esprit humain monte à l'assaut, de ne pas rester en arrière avec les femmes et les enfants, sinon, tout ayant augmenté, vous ne serez plus abandonnés avec indifférence, vous serez chassés avec dégoût, comme il doit advenir à ceux qui ont jeté leurs armes au moment du combat.

10 avril 1863.

PERSONNAGES

                                    Acteurs
                       qui ont créé les rôles.

CHARLES STERNAY.............	MM.	Dupuis.
JACQUES........................		Lagrange.
LE MARQUIS D'ORGEBAC.......		Derval.
ARISTIDE FRESSARD............		Geoffroy.
LUCIEN.........................		Dieudonné.
LE DOCTEUR...................		Blondel.
CLARA VIGNOT.................	Mmes	Rose Chéri.
HENRIETTE STERNAY...........		Marquet.
LA MARQUISE...................		Mélanie.
HERMINE.......................		Delaporte.
MADAME GERVAIS..............		Georgina.

Domestiques.

La scène se passe, au prologue, à Paris en 1819; au premier acte, vingt ans après, à Ingouville, chez madame Sternay; au deuxième, au Havre, à l'hôtel de France; au troisième, chez le marquis d'Orgebac, à la campagne, près Paris; au quatrième à Paris, chez Clara Vignot.

LE
FILS NATUREL

PROLOGUE

Chez Clara. — Chambre très simple, mais confortable. — Porte au fond, à gauche, donnant sur l'escalier. — Porte latérale, donnant à gauche dans la chambre de madame Gervais ; à droite, dans la chambre de Clara. — Cheminée au fond. — Meubles d'acajou. — Métier à tapisserie, etc.

SCÈNE PREMIÈRE

LUCIEN, MADAME GERVAIS.

LUCIEN, entrant.

Bonjour, madame Gervais.

MADAME GERVAIS.

Bonjour, monsieur Lucien.

LUCIEN.

Comment va l'enfant?

MADAME GERVAIS.

L'enfant va mieux, beaucoup mieux. Vous vous êtes dérangé exprès pour venir savoir des nouvelles de notre petit Jacques? C'est bien aimable à vous.

LUCIEN.

Je n'avais pas grand chemin à faire, puisque j'habite la maison.

MADAME GERVAIS.

Dont vous êtes propriétaire, ce qu'on ne soupçonnerait pas, si on ne devait l'apprendre que par vos quittances. Il faut les demander trois fois pour que vous les donniez.

LUCIEN.

C'est si ennuyeux, de payer son terme! Et puis on ne se gêne pas entre amis.

MADAME GERVAIS.

Entre amis? comme vous y allez!

LUCIEN.

Est-ce que votre nièce n'a pas d'amitié pour moi? Elle aurait tort, car j'ai, moi, beaucoup d'amitié pour elle.

MADAME GERVAIS.

Ce qu'il y a de certain, c'est qu'elle est plus votre amie que les gens qui se disent les vôtres et vous font mener la vie que vous menez.

LUCIEN.

Quelle vie donc, madame Gervais?

MADAME GERVAIS.

Je parie que vous rentrez chez vous dans ce moment-ci.

LUCIEN.

Oui, je rentre.

MADAME GERVAIS.

A onze heures du matin!

LUCIEN.

Cela prouve que je suis sorti de bonne heure.

MADAME GERVAIS.

En cravate blanche et en bas de soie! Cela prouve que vous n'êtes pas rentré hier au soir.

PROLOGUE.

LUCIEN.

Je l'ai oublié.

MADAME GERVAIS.

Vous avez une jolie mine !

LUCIEN, s'asseyant.

Il faut bien que jeunesse se passe.

MADAME GERVAIS.

Elle se passera vite, à ce train-là.

LUCIEN.

Eh bien, et vous?

MADAME GERVAIS.

Moi?

LUCIEN.

Oui; où alliez-vous, hier au soir, du côté du faubourg Saint-Denis?

MADAME GERVAIS.

J'allais au faubourg Saint-Denis

LUCIEN.

Quoi faire?

MADAME GERVAIS.

J'allais porter de la broderie au magasin qui fait le coin du boulevard.

LUCIEN.

Qui avait fait cette broderie?

MADAME GERVAIS.

Qui? Clara, ma nièce, vous le savez bien.

LUCIEN.

Ça ne doit pas se vendre cher, la broderie?

MADAME GERVAIS.

Si les gens comme vous, qui donnent si facilement de

l'argent à des femmes qui ne font rien, savaient ce qu'il faut de peine à une femme qui travaille pour gagner vingt francs, ils auraient des remords, ma parole d'honneur ! Leur seule excuse, c'est qu'ils l'ignorent.

LUCIEN.

Vendez-moi de la broderie, je ne demande pas mieux que d'en acheter.

MADAME GERVAIS.

On ne vous en offre pas.

LUCIEN.

Puisque j'en ai besoin.

MADAME GERVAIS.

Vous ? et pour qui ?

LUCIEN.

Pour ces dames qui ne font rien. Je les solderai en marchandises au lieu de les solder en espèces ; elles seront furieuses. Non, je ne plaisante pas ; vendez-moi des cols et des manchettes, j'en ai vraiment besoin ; j'ai une commande ; je vous les payerai ce qu'ils vaudront. Donnez-moi la préférence.

MADAME GERVAIS.

Je suis maligne, monsieur Lucien.

LUCIEN.

Vous êtes femme.

MADAME GERVAIS.

Je l'ai été tout au plus, et je vois bien que vous êtes bon.

LUCIEN.

Il n'y a que les imbéciles qui ne sont pas bons.

MADAME GERVAIS.

Ce qui prouve que vous avez de l'esprit et que vous savez ce qu'on ne vous dit pas.

LUCIEN.

Je ne sais rien.

MADAME GERVAIS.

Ne mentez donc pas!

LUCIEN.

Alors, je sais tout... N'en parlons plus.

Il se lève.

MADAME GERVAIS.

Vous allez vous coucher?

LUCIEN.

Non, je vais m'habiller et monter à cheval.

MADAME GERVAIS.

Vous feriez mieux d'aller faire un bon somme.

LUCIEN.

Il sera temps ce soir.

MADAME GERVAIS.

Ou demain... n'est-ce pas?... Vous vous tuerez... et ce sera bien bête pour un homme d'esprit.

LUCIEN.

J'ai une santé de fer. (Au docteur qui entre.) N'est-ce pas, docteur?

SCÈNE II

Les Mêmes, LE DOCTEUR.

LE DOCTEUR.

Quoi?

LUCIEN.

N'est-ce pas que j'ai une santé de fer?

LE DOCTEUR.

Vous? Vous êtes bâti comme le pont Neuf.

LUCIEN, à madame Gervais.

Vous voyez bien.

MADAME GERVAIS, au docteur.

Je vais prévenir ma nièce que vous êtes là.

Elle sort.

SCÈNE III

LE DOCTEUR, LUCIEN.

LE DOCTEUR.

Ah çà! vous en tenez pour la maîtresse de la maison, vous?

LUCIEN.

Moi? Pas le moins du monde.

LE DOCTEUR.

On le dit cependant.

LUCIEN.

On a tort.

LE DOCTEUR.

Elle est gentille!

LUCIEN.

Oui.

LE DOCTEUR.

Et puis elle a l'air d'une bonne petite femme.

LUCIEN.

Excellente! mais elle ne voudrait pas de moi, et je ne songe pas à elle. D'ailleurs, elle a son mari qu'elle adore.

LE DOCTEUR.

Est-ce qu'elle est vraiment mariée?

LUCIEN.

Pourquoi pas? Il y a des femmes mariées! Comme vous me regardez, mon cher docteur!

LE DOCTEUR.

Vous devriez vous soigner, vous.

LUCIEN.

Vraiment!

LE DOCTEUR.

Si fort que l'on soit, il faut se ménager un peu. Pourquoi ne faites-vous pas un voyage?

LUCIEN.

En Italie?...

LE DOCTEUR.

Oui... ou bien mariez-vous.

LUCIEN.

Merci! c'est trop loin! j'aime mieux l'Italie. (A Clara qui entre.) Bonjour, madame; comment vous portez-vous aujourd'hui?

SCÈNE IV

Les Mêmes, CLARA.

CLARA.

Très bien. Je vous remercie, monsieur Lucien.

LUCIEN.

L'enfant est donc mieux?

CLARA.

Nous verrons ce que le docteur dira.

LE DOCTEUR.

Il a dormi?

CLARA.

Très bien

LE DOCTEUR.

C'est un bon signe... Je vais le voir.

Il sort par la droite.

SCÈNE V

CLARA, LUCIEN.

CLARA, se disposant à suivre le docteur.

Vous permettez, monsieur Lucien?

LUCIEN.

C'est juste; allez.

CLARA.

Est-ce que vous avez quelque chose à me dire?

LUCIEN.

Rien; seulement, vous étiez triste hier.

CLARA.

J'étais inquiète pour mon fils.

LUCIEN.

Voilà tout?

CLARA.

Oui.

LUCIEN.

Et aujourd'hui?

CLARA.

Aujourd'hui je suis moins inquiète.

LUCIEN.

Avez-vous des nouvelles de votre mari?

CLARA.

Je l'attends dans la journée.

PROLOGUE.

LUCIEN.

Allez rejoindre M. Blanchard.

Il lui donne la main.

CLARA, avec intérêt.

Vous avez la fièvre?

LUCIEN.

Je le crois bien !... j'ai quatre-vingt-cinq pulsations à la minute, seize mille pulsations de trop par jour; c'est joli! j'ai fait le calcul.

CLARA.

Mais alors... vous êtes malade.

LUCIEN, avec indifférence.

Très malade.

CLARA.

Il faut consulter; je vais appeler le docteur.

LUCIEN.

C'est inutile, il ne peut rien y faire. Je sais mieux que lui ce que j'ai.

CLARA.

Qu'avez-vous?

LUCIEN.

C'est bien simple : je suis le fils d'un père qui est mort d'un anévrysme à trente ans, et d'une mère qui est morte à vingt-trois ans d'une maladie de poitrine. J'ai été maître de mes actions à dix-huit ans, et de ma fortune à vingt et un, ce qui veut dire que j'en ai encore pour un an.

CLARA.

Quel enfantillage!

LUCIEN.

Je sais ce que je dis. Au revoir, madame.

CLARA.

Mais...

LUCIEN.

Oh! je vous en prie, ne me plaignez pas, et ne me conseillez pas de me soigner. Je passe ma vie à rencontrer des gens qui me disent : « Comme vous avez mauvaise mine!... Vous devriez vous soigner. Qu'est-ce que vous avez donc?... Vous êtes tout pâle... » Il y a ceux qui vous regardent, qui ne vous disent rien et dont on lit la pensée dans les yeux. C'est ce qu'on peut imaginer de plus insupportable. Je le sais bien, que je suis malade! Je n'ai pas besoin qu'on me l'apprenne; mais les gens bien portants sont si heureux et si fiers de montrer qu'ils se portent bien!

CLARA.

Ce qu'on en dit, c'est par intérêt pour vous.

LUCIEN.

Allons donc! qui est-ce qui s'intéresse à moi?

CLARA.

Vous n'êtes pas seulement malade; vous avez un chagrin.

LUCIEN.

J'en ai eu un, mais c'est fini.

CLARA.

Une femme, sans doute?

LUCIEN.

Naturellement. Il y a toujours une femme dans le chagrin d'un homme de mon âge.

CLARA.

Et, pour vous étourdir...

LUCIEN.

J'ai passé les nuits... j'ai joué, et j'ai voulu en aimer d'autres. Je n'ai pas oublié... et je me suis tué... C'est toujours ça.

CLARA.

Vous n'avez donc personne qui vous aime?

LUCIEN.

J'ai cinquante mille livres de rente ; on ne peut pas tout avoir.

CLARA.

Il y a cependant de bonnes femmes.

LUCIEN.

Il y a vous. Voulez-vous m'aimer?

CLARA.

Monsieur Lucien...

LUCIEN.

C'est une simple plaisanterie, et qui n'est pas du meilleur goût, encore ; mais il faut bien rire un peu. Si, dans l'année qui me reste, je puis vous être bon à quelque chose, ne vous gênez pas. Et dire que j'aurais pu trouver une femme comme vous, en entrant dans la vie ! Je ne vous aurais peut-être pas appréciée ; les hommes sont si bêtes. A-t-on apporté des joujoux à l'enfant, hier au soir ?

CLARA.

Oui. Il a deviné qu'ils venaient de vous. Je vous remercie bien.

LUCIEN.

Ce cher petit ! il est gentil comme un cœur. Allez le retrouver. (Au docteur, qui reparaît.) Au revoir, docteur. Des viandes rôties, n'est-ce pas ? Pas d'émotions, et un voyage en Italie !

LE DOCTEUR.

Oui, mauvais sujet.

LUCIEN, à Clara.

Vous permettez que je vienne vous dire bonsoir, madame ?

CLARA.

Tant que vous voudrez. (Lucien sort.) Pauvre enfant !

SCÈNE VI

CLARA, LE DOCTEUR.

LE DOCTEUR.

Vous le plaignez, madame?

CLARA.

Il est très malade.

LE DOCTEUR.

Oui ; mais il ne veut pas en convenir, et il passe toutes les nuits. Il faut que la machine humaine soit bien solide, pour que ce garçon ne soit pas enterré depuis longtemps. Il tombera tout à coup, et ne se relèvera plus.

CLARA.

Il le sait bien.

LE DOCTEUR.

Vraiment?

CLARA.

Il disait tout à l'heure qu'il serait mort dans un an.

LE DOCTEUR.

Il se trompe.

CLARA.

N'est-ce pas?

LE DOCTEUR.

Il sera mort dans six mois. Si assuré qu'il soit de mourir, l'homme, malgré lui, se croit toujours plus de temps à vivre qu'il n'en a réellement. La vie est la dernière habitude qu'on veut perdre parce que c'est la première qu'on a prise.

CLARA.

C'est affreux!

LE DOCTEUR, machinalement.

C'est triste...

CLARA.

Je n'ose plus vous questionner sur mon enfant.

LE DOCTEUR.

Celui-là n'a rien à craindre.

CLARA.

Faut-il vous croire?

LE DOCTEUR.

Donnez-lui un bon potage aujourd'hui, un peu de volaille demain — et laissez-le faire, voilà tout ce que je puis vous dire.

CLARA, lui remettant quelques pièces d'argent.

Voici, docteur, le prix des visites que vous avez bien voulu nous faire; mais, avec cet argent, je ne paye pas tout ce que je vous dois. Dès que l'enfant pourra sortir, nous irons ensemble vous remercier.

LE DOCTEUR.

Alors, je vous attends dans trois ou quatre jours au plus tard.

CLARA.

Merci pour cette bonne promesse.

LE DOCTEUR.

J'ai l'honneur de vous saluer, madame.

CLARA.

Au revoir, docteur.

Le docteur sort.

SCÈNE VII

CLARA, MADAME GERVAIS.

CLARA, à madame Gervais.

Charles doit revenir aujourd'hui. Il dînera peut-être ici. Tu sais ce qu'il aime?

MADAME GERVAIS.

Sois tranquille. Je vais préparer un bon petit dîner. J'ai justement mis le pot-au-feu pour Jacques. — Vous dînerez à six heures?

CLARA.

Probablement.

MADAME GERVAIS.

Laisse-moi faire.

SCÈNE VIII

Les Mêmes, ARISTIDE.

ARISTIDE, ouvrant la porte.

Peut-on entrer?

CLARA.

Comment! c'est toi, Aristide? Que je suis contente de te voir!

ARISTIDE.

Aristide lui-même! — Bonjour, Gervaise. Vous ne changez pas, vous!

MADAME GERVAIS.

Vous ne vous en allez pas tout de suite?...

ARISTIDE.

Non.

MADAME GERVAIS.

Alors, je vais au marché et je reviens.

Elle sort.

SCÈNE IX

ARISTIDE, CLARA.

ARISTIDE, à Clara.

Regarde-moi un peu. On peut toujours te tutoyer?

CLARA.

Oui.

ARISTIDE.

Ne te gêne pas, si ça doit contrarier quelqu'un.

CLARA.

Personne, mon cher Aristide. Tous les gens qui me connaissent savent que je t'aime comme mon frère.

ARISTIDE.

Tu parais contente?

CLARA.

Tu arrives dans un bon jour.

ARISTIDE.

Est-ce qu'il y en a de mauvais?

CLARA.

Il y en a toujours de moins bons les uns que les autres.

ARISTIDE.

Et le moutard?

CLARA.

Il va bien maintenant.

ARISTIDE.

Il a été malade?

CLARA.

Oui, un gros rhume.

ARISTIDE.

Tu as dû être inquiète?

CLARA.

J'ai passé quelques nuits.

ARISTIDE.

On pourra le voir?

CLARA.

Il est là.

ARISTIDE.

Et le père?

CLARA.

Il revient aujourd'hui même.

ARISTIDE.

Je m'explique l'air joyeux. Il était donc en voyage?

CLARA.

Depuis six semaines.

ARISTIDE.

Alors, il n'y a rien de nouveau dans ta vie?

CLARA.

Rien. Et dans la tienne? Ton père d'abord?

ARISTIDE.

Il est toujours teinturier; mais...

CLARA.

Quoi donc?

ARISTIDE.

Tel que tu me vois, je viens à Paris chercher des papiers pour...

CLARA.

Pour te marier? Et qui épouses-tu?

ARISTIDE.

J'épouse l'étude... (Se reprenant.) J'épouse la fille du père Chauveau.

CLARA.

De ton patron, alors?

ARISTIDE.

Justement.

CLARA.

Autant que je puis me le rappeler, elle était jolie.

ARISTIDE.

Elle l'est toujours, en plus fort ; elle a le nez retroussé, je ne déteste pas ça, ces petits nez qui remuent quand la bouche parle : c'est gai, ça anime une figure ; et elle se porte bien ; une santé de province, elle est un peu grasse. Mais, quand on aime une femme, plus il y en a... Et elle est honnête, et il ne faut pas qu'on plaisante sur l'amour, elle se met à pleurer. Si elle m'entendait !

CLARA.

Tu l'aimes ?

ARISTIDE.

Moi ? Je l'adore. Elle va me donner de gros enfants, ronds comme des pommes ; elle va les nourrir elle-même ; et elle tiendra bien la maison, et il y aura beaucoup de linge dans les armoires, et elle fera des confitures pour l'hiver : c'était bien la femme que j'avais rêvée.

CLARA.

Et le père Chauveau n'a pas fait de difficultés ?

ARISTIDE.

C'est lui qui me l'a offerte. Il a vu que nous nous aimions. C'était bien visible ; nous faisions de la grosse poésie le soir, du lord Byron au kilo ; nous poussions des soupirs à rouiller les serrures. Elle a dit à son père : « Je l'aime, je veux l'épouser ! » Le père a répondu : « C'est bien, épouse-le. » Il m'a pris à part, il m'a dit : « Mon garçon, je te donne ma fille, et je te vends mon étude la moitié de ce qu'elle vaut ; tu me la payeras quand tu pourras. » Nous nous sommes embrassés. J'ai couru annoncer la chose au père Fressard, qui a dit : « C'est ainsi ? on veut m'humilier ? Eh bien, attends un peu ! » Et il m'a aligné quarante mille francs ! Qui est-ce qui se serait douté de ça ? Est-ce assez vicieux, la teinturerie ! Mais parlons de toi, car c'est pour toi que je suis venu. Je t'aime toujours bien.

CLARA.

Je le sais, mon bon Aristide.

ARISTIDE.

Ta mère m'aimait bien aussi. Pauvre bonne femme! je la vois encore à Tours, dans sa petite boutique de mercerie, à côté de la boutique de mon père. Barbotions-nous assez dans l'indigo! quelles calottes je recevais! Et le chien de l'épicier que nous avions teint moitié rouge, moitié vert. Était-il furieux, l'épicier! Est-ce loin! est-ce près! et puis, un jour, la mauvaise chance est venue. Ta pauvre mère est tombée malade; elle est morte; il a fallu vendre le petit fonds, et gagner sa vie. Tu es restée avec ta tante Gervais. C'est une brave femme; mais elle ne voit pas beaucoup plus loin que le bout de son nez. Tu as dû te mettre à travailler chez les autres. Tu avais déjà seize ans! Moi, je faisais mon droit à Paris, avec soixante-quinze francs par mois pour tout potage, tirant le diable par la queue, ne mangeant pas tous les jours, mais croyant à l'avenir, ce pâtissier fantastique qui vous fait sauter par-dessus le présent, en vous montrant des galettes qui vous cassent les dents quand on les mange. Nous nous sommes perdus de vue, et je t'ai retrouvée il y a quatre ans, à Paris, tu sais dans quelles circonstances. Pauvre chère! Enfin, es-tu heureuse?

CLARA.

Aussi heureuse que je puis l'être.

ARISTIDE.

Ce n'est pas une réponse. Le père de Jacques, comment se conduit-il?

CLARA.

Bien.

ARISTIDE.

Il t'aime toujours?

CLARA.

Toujours.

ARISTIDE.

Et il aime son fils?

CLARA.

Il l'aime.

ARISTIDE.

L'a-t-il reconnu?

CLARA.

Non.

ARISTIDE.

Pourquoi?

CLARA.

A cause de sa famille.

ARISTIDE.

Ce n'est pas une raison pour un honnête homme.

CLARA.

Il le reconnaîtra, il me l'a promis.

ARISTIDE.

Et, en attendant, a-t-il assuré votre sort à tous les deux?

CLARA.

Je ne lui ai jamais rien demandé.

ARISTIDE.

Comment vis-tu, alors?

CLARA.

Je travaille.

ARISTIDE.

Et cet homme permet, dans sa position, que tu travailles pour élever son fils?

CLARA.

Bien des fois, il m'a offert, il m'a apporté de l'argent, je l'ai toujours refusé. C'est bien assez d'accepter, au jour de l'an, à ma fête, ou à la fête du petit, les cadeaux qu'il croit devoir nous faire. C'est lui qui m'a donné tout ce qu'il y a ici; et j'y serais mal à mon aise, si je ne savais qu'il s'y trouve mieux, quand il y vient, que dans les simples meubles que je pourrais avoir.

ARISTIDE.

Tu as eu tort d'être si délicate.

CLARA.

Aristide!

ARISTIDE.

Certainement. Tu n'as pas de fortune, il en a; c'est à lui de prendre soin de son enfant.

CLARA.

Cet enfant coûte si peu de chose! Il me semble qu'il est encore plus à moi, ne dépendant que de moi seule; tant que je pourrai suffire seule à nos simples besoins, je n'aurai recours à personne. Je ne voudrais pas que Charles pût supposer un moment qu'il y a eu calcul de ma part. Je crois qu'il m'aime, je veux qu'il m'estime.

ARISTIDE.

Il ne t'en estimerait pas moins, et il t'aimerait davantage si tu lui rappelais de temps en temps les devoirs auxquels la paternité oblige. Tu l'habitues à vous oublier tous les deux, et un beau jour!... Je n'ai pas grande confiance dans ce M. Sternay, moi. Je n'ai pas grande confiance dans les gens qui ne travaillent pas, et qui, en venant au monde, trouvent leur vie toute faite. L'oisiveté des hommes comme lui, c'est la perte des femmes comme toi. Je l'ai aperçu quelquefois quand il se promenait autour du château de sa mère; je le voyais venir à la ville avec son précepteur, quand il était plus jeune; il mettait trop bien sa cravate à quinze ans, et il s'occupait déjà trop de chevaux et de chiens pour qu'il lui soit venu beaucoup de cœur dans ces occupations-là. Qu'un homme du monde

qui dépend de sa famille n'épouse pas tout de suite la
jeune fille dont il a un enfant, ce n'est déjà pas bien;
mais, quand l'enfant a... Quel âge a l'enfant?

CLARA.

Trois ans.

ARISTIDE.

Mais, quand l'enfant a trois ans... c'est vrai, il y a trois
ans que j'ai été le déclarer à la mairie : le 5 février 1816;
comme le temps passe! Eh bien, je disais que, quand
l'enfant a trois ans, que le père ne l'ait pas encore reconnu, lorsque la mère se conduit comme tu le fais,
voilà ce que je n'admets, pas. Si M. Sternay mourait demain, d'une chute de cheval ou de n'importe quoi, qu'est-
ce que tu deviendrais avec un enfant sans fortune et
sans nom? Étais-tu une honnête fille quand il lui est
venu idée de s'occuper de toi? — Oui, n'est-ce pas?
— Eh bien, il y a des situations qui engagent toute la
vie d'un homme. Tant pis pour lui! Un homme de vingt-
sept ans n'est plus un bambin; il sait ce qu'il fait. Voilà
un monsieur qui vient passer trois mois d'été dans le
château de sa mère, parce qu'il n'a plus d'argent pour
rester à Paris. Au bout d'un mois d'une existence purement matérielle, des idées d'amour lui passent par l'esprit. Le château est à quinze lieues de la ville! Pas une
femme jeune à qui faire la cour, rien que des duègnes à
lunettes et à robe amarante grignotant une partie de
whist dans un grand salon à boiseries grises. Ce n'est
pas gai — je le veux bien — mais ce n'est pas ta faute.
Un jour, ce monsieur traverse la lingerie, pour aller prendre des instruments de pêche dans un grenier, et il aperçoit une jeune fille qui coud près d'une fenêtre. A quoi
tient la destinée! madame Sternay avait demandé une
ouvrière à la ville pour raccommoder son linge; — on
t'avait envoyée là. Trente sous par jour, la nourriture et le
logement pendant un mois; tu ne pouvais pas laisser

échapper une pareille aubaine, et puis c'était une maison honorable! M. Sternay avait pour lui la jeunesse, l'esprit, l'élégance, l'entraînement et l'éloquence que donnent à un homme de vingt-sept ans la vie de la campagne et une occasion comme celle qu'il rencontrait. Tu étais seule au monde, tu as aimé, tu as cédé; tu n'es pas la première. Aujourd'hui, ce n'est plus cela ; tu as un enfant: tu vis comme une honnête femme; il faut que ton enfant ait un sort, il faut surtout qu'il ait le nom de son père. Je suis le parrain de l'enfant; je n'ai pu lui donner qu'un nom de baptême, c'est à M. Sternay de lui donner un nom de famille. Veux-tu que j'aille trouver M. Sternay?

CLARA.

Jamais!

ARISTIDE.

Parce que?...

CLARA.

Parce que je ne veux forcer en rien la volonté de Charles.

ARISTIDE.

Si tu avais cent mille livres de rente, crois-tu que tu aurais besoin de forcer sa volonté pour qu'il t'épousât? — Non, n'est-ce pas? Eh bien, quand un homme n'a à reprocher à la mère de son fils que de ne pas avoir cent mille livres de rente, son devoir est de l'épouser comme si elle les avait.

CLARA.

Malheureusement, mon cher Aristide, Charles n'est pas maître de toutes ses actions.

ARISTIDE.

Il n'est maître que des mauvaises, je le vois bien.

CLARA.

Tu le juges mal. S'il ne dépendait que de lui seul, je serais sa femme depuis longtemps.

ARISTIDE.

Il te l'a dit?

CLARA.

Bien des fois. Et si j'avais cent mille livres de rente, comme tu le disais tout à l'heure, ce mariage se ferait tout de suite, ce n'est pas douteux parce que la famille ne pourrait pas m'accuser de calcul. Quand une pauvre fille, qui a commis une faute avec un homme d'une position supérieure à la sienne, est épousée par cet homme, on ne dit pas : « Elle a été confiante; » on dit : « Elle a été adroite. » Je ne suis pas une fille adroite et je ne veux pas qu'on le dise.

ARISTIDE.

Alors, sais-tu ce qui arrivera? Il arrivera qu'un beau jour M. Sternay te plantera là, toi et ton fils, et ce sera bien fait.

CLARA.

Tu ne le connais pas.

ARISTIDE.

Elles sont toutes les mêmes, chaque femme se croit une exception et se figure qu'il ne lui arrivera jamais ce qui est arrivé aux autres. — Va demander aux rivières et aux marchands de charbon comment ont fini des milliers de jeunes filles qui parlaient comme toi, sans compter celles qui ont mieux aimé vivre, Dieu sait comment.

CLARA.

Celles-là n'avaient pas, comme moi, un enfant à aimer; j'en ai un, et, quoi qu'il arrive, je vivrai pour lui comme pour moi, honorablement. Ce que j'ai de mieux à faire, c'est de me fier à la délicatesse de Charles, qui m'aime, quoi que tu dises. Toutes les fois qu'il a un chagrin, une difficulté avec sa mère, qui est très sévère pour lui, il vient me le conter. Il m'apporte toutes ses tristesses : quelle plus grande preuve d'estime peut-il me donner? Non, je le connais. C'est un homme faible; mais c'est un honnète homme. Et puis je l'adore, voilà mon excuse dans le passé, voilà mon espérance pour l'avenir. Enfin c'était à moi de ne pas l'écouter, si je n'avais pas confiance en lui. Que gagnerais-je à me faire exigeante et à irriter sa mère contre moi? Non, patientons, procédons par la douceur, qu'il n'ait rien à nous reprocher, tout est là. D'ailleurs, je n'ai d'autres droits que ceux qu'il veut bien me donner. Avec le temps, Charles verra qu'on l'aime ici, et ne pourra plus se passer de nos affections. En attendant, tu vas voir que je suis fine : je lis, j'apprends, je m'instruis; je m'élève autant que possible à la hauteur de la position que je rêve dans un avenir lointain. Il ne faut pas qu'il puisse rougir de sa femme. Mon éducation a été fort négligée, je la recommence pour faire celle de mon fils. Tu ne saurais croire quels charmes je trouve dans le développement, par moi-même, de mon intelligence attardée. Chaque fois que Charles me revoit, il me retrouve plus savante, il prend plus de plaisir à causer avec moi, et je sens bien que son amour-propre est flatté. Que te dirai-je enfin? Je travaille, je prends soin du petit; nul ne me connaît; je ne fais de mal à personne; je vis ici avec ma tante, qui nous soigne toujours mieux que ne ferait une étrangère; mon fils grandit, il est sauvé, il est intelligent, il m'aime, j'espère : ne me retire pas ma confiance, laisse-moi croire encore au bien, et à la grâce de Dieu!

ARISTIDE.

N'en parlons plus! Tu m'écriras de temps en temps pour me donner de tes nouvelles, et tout à toi de loin comme de près, plus tard comme aujourd'hui.

CLARA.

Est-ce que tu repars bientôt?

ARISTIDE.

Ce soir; Victoire m'attend. Elle m'a dit : « Je compterai les minutes. » Tu m'écriras.

CLARA.

Et si ta femme est jalouse?

ARISTIDE.

Elle sait que je te connais et que je suis venu te voir; je ne lui cache rien. « Vous avez raison, m'a-t-elle dit, et faites tout ce que vous pourrez pour cette brave fille. »

CLARA.

Alors, si j'ai besoin de toi?

ARISTIDE.

M° Fressard, successeur de M° Chauveau, notaire à Châteauroux (Indre). Maintenant où est le mioche?

CLARA, ouvrant doucement la porte de droite.

Dans ma chambre.

ARISTIDE, regardant dans la chambre.

C'est ce monsieur qui dort avec un polichinelle dans les bras?

CLARA.

Oui.

ARISTIDE.

Il est superbe! Au fait, comment n'adorerait-on pas ces êtres-là? Comme il dort! ne le réveillons pas; on voit qu'il a été malade, mais ce ne sera rien.

Il referme tout doucement la porte. Pendant ce temps, Charles paraît.

SCÈNE X

Les Mêmes, CHARLES.

CHARLES.

Clara!

CLARA, avec un cri.

Enfin!

CHARLES.

Prends garde, tu n'es pas seule.

CLARA, bas.

C'est Aristide Fressard, un bon ami à moi, un camarade d'enfance, dont tu m'as entendue parler souvent, le parrain de Jacques.

CHARLES, saluant.

Monsieur...

ARISTIDE, de même.

Monsieur... — Adieu, Clara.

CLARA.

Adieu, mon ami.

Aristide sort.

SCÈNE XI

CLARA, CHARLES.

CLARA.

Eh bien, méchant, vous m'avez laissé six semaines sans venir me voir.

CHARLES.

Un voyage indispensable! Je te l'ai écrit; tu as encore reçu une lettre de moi hier.

CLARA.

Je ne me plains pas; seulement, l'enfant a failli mourir!... S'il était mort sans que tu l'eusses revu! heureusement, il n'y a plus de danger, mais j'ai eu bien peur. Viens l'embrasser, quand je t'aurai embrassé encore une fois. (Elle l'embrasse.) Viens maintenant.

CHARLES.

Tout à l'heure; M. Fressard n'a-t-il pas dit qu'il dormait? D'ailleurs, j'ai à causer avec toi.

CLARA.

Voyons, qu'as-tu à me dire? Tu sais que, si je n'avais pas reçu une lettre de toi hier je partais aujourd'hui même?

CHARLES.

Pour?

CLARA.

Pour le château de ta mère.

CHARLES.

Qui t'avait dit que j'étais là?

CLARA.

Je m'en doutais bien, c'est l'époque où tu y vas toujours. Rassure-toi; on ne m'aurait pas vue; je t'aurais fait savoir où j'étais, et après t'avoir embrassé, je serais repartie. Mais je parle et tu as quelque chose à me dire; qu'est-ce que c'est?

CHARLES.

Tu me promets d'être raisonnable?

CLARA.

De quoi s'agit-il?

CHARLES.

Nous venons de perdre une grande partie, la plus grande partie de notre fortune, et je suis obligé de quitter la France!

CLARA.

Et tu vas?

CHARLES.

En Amérique.

CLARA.

Seul.

CHARLES.

Seul?

CLARA.

Je pars aussi, rien ne m'attache à la France.

CHARLES.

Malheureusement, je ne sais dans quelle partie de l'Amérique je me fixerai. Je vais voyager beaucoup, pour recueillir les derniers débris de notre fortune, comme je l'ai fait en France et en Angleterre depuis six semaines; car tu te trompais, je n'ai pas passé le dernier mois chez ma mère.

CLARA.

C'est toi qui me l'avais dit en partant.

CHARLES.

Pour ne pas t'effrayer. Je n'étais pas sûr, à ce moment-là, du désastre qui nous a été confirmé depuis. Si, ce qui peut arriver, au lieu d'être ruinés aux trois quarts, nous sommes ruinés tout à fait, il va falloir que je travaille.

CLARA.

Raison de plus pour que je t'accompagne; je travaillerai aussi. Plus tu seras malheureux, plus tu auras besoin auprès de toi de quelqu'un qui t'aime, t'encourage, te console. Où trouveras-tu un cœur qui sache mieux t'aimer que le mien? Je bénis ce malheur, s'il nous rapproche.

CHARLES.

Je ne puis accepter ton sacrifice; que deviendrait ton fils loin de toi?

CLARA.

Nous l'emmènerons.

CHARLES.

Un enfant de trois ans, qui vient d'être malade, que ce voyage peut tuer! Non, sois résignée! Il est certains événements qu'il faut accepter avec toutes leurs conséquences. Je ne puis refuser à mon père et à ma mère ce qu'ils me demandent; c'est une séparation de dix-huit mois ou deux ans au plus.

CLARA.

Et tu appelles cela rien, toi? Mon Dieu! moi qui étais si contente ce matin!

Elle pleure.

CHARLES, avec mauvaise humeur.

Voyons, Clara, pas de larmes.

CLARA.

Cela t'est bien facile à dire, à toi qui ne m'aimes pas; car tu ne m'aimes pas. Aristide avait raison.

CHARLES.

Vous parliez donc de moi avec M. Fressard?

CLARA.

Ne sait-il pas tout?

CHARLES.

Je vous ai priée de parler de moi le moins possible. Je tiens à ce que ma famille...

CLARA.

Ta famille! tu me la jettes toujours au visage. Ton fils n'est-il pas aussi de ta famille, après tout? Et, quand on saurait que tu as un enfant et que tu l'aimes, où serait le mal? Est-il possible d'être plus soumise que moi? Et, cependant, chaque fois que nous nous voyons depuis quelque temps, tu trouves une chose pénible à me dire. Comment! après plus d'un mois d'absence, mon enfant malade, moi inquiète, tu reviens me dire que tu pars, que je te reverrai dans deux ans et, au lieu de me consoler, tu me fais des reproches et tu attristes encore plus notre dernière entrevue! Je ne pense qu'à toi, est-ce ma faute? et je ne te vois presque jamais. C'est bien le moins, quand je me trouve par hasard avec le seul ami que j'aie, que je lui parle de toi, et que, s'il me dit que tu ne m'aimes pas, je lui réponde que tu m'aimes.

CHARLES.

J'ai tort! Moi-même, j'ai voulu cacher le chagrin que cette séparation me cause sous une apparence de mauvaise humeur. Je ne pensais pas ce que je t'ai dit. Pardonne-moi, tu sais bien que je t'aime.

CLARA.

Vrai?

CHARLES.

Vrai.

CLARA.

Tu vois, avec un mot comme celui-là tu me calmes; avec cette parole-là, tu me ferais faire tout ce que tu voudrais. Tu penseras à nous, là-bas?

CHARLES.

En doutes-tu?

CLARA.

Tu ne resteras pas des mois sans nous écrire; moi, jour par jour, je te rendrai compte de ma vie; tu le veux bien?

CHARLES.

Oui.

CLARA.

Le petit grandira. Tu permets que je lui parle de toi, n'est-ce pas, et que je l'habitue à t'aimer? Car il ne te connaît pas; il t'apppelle son ami sans savoir que tu es son père. Pauvre enfant! Deux ans sans te voir! Si tu allais ne plus revenir!

CHARLES.

Quand je suis parti, il y a six semaines, tu m'as dit la même chose, tu vois bien que je suis revenu.

CLARA.

Mais il n'y avait que six semaines à attendre. Deux ans, songe donc ce que c'est!

CHARLES.

Du courage!

CLARA.

J'en aurai; seulement, tu me promets que si, d'ici là, tes affaires vont bien, que si tu te fixes dans un pays, tu nous feras venir. En tout cas, nous irons te chercher, quand tu reviendras, si nous n'avons pas pu être réunis auparavant.

CHARLES.

C'est cela.

CLARA.

Et alors, nous ne nous quitterons plus, quoi qu'il arrive.

CHARLES.

Je te le promets.

CLARA.

Quand pars-tu?

CHARLES.

Demain.

CLARA.

Et ce dernier jour, nous le passons ensemble?

CHARLES.

Impossible. Je suis arrivé il y a une heure, j'ai d'interminables préparatifs à faire.

CLARA.

Mais tu peux revenir dîner avec moi?

CHARLES.

Je suis attendu par un homme d'affaires.

CLARA.

Moi qui me faisais une fête de ce petit dîner. Allons, adieu! c'est moi qui te dis la première le mot de la séparation. Suis-je obéissante? Mais embrasse-moi bien. (Elle laisse tomber sa tête sur l'épaule de Charles.) Oh! nos bonnes journées d'autrefois, où sont-elles? quand reviendront-elles? Tu n'as pas été malheureux avec moi, n'est-ce pas? Soigne-toi bien, ne t'expose pas; rappelle-toi qu'il y a deux êtres qui mourraient de ta mort. Le jour où tu reviendras, nous retournerons à cette campagne où nous avons passé deux bons mois ensemble, tous les deux, sans nous quitter. Ce n'est plus la mère Honoré qui nous recevra, elle est morte, la pauvre femme! Tu as des larmes dans les yeux; tu es toujours bon. Pleure, mon Charles, ne fais pas le fort devant moi. C'est si bon de pleurer, dans de certains moments! Sais-tu ce que tu pourrais permettre, si tu m'aimais bien? tu me laisserais t'accompagner jusqu'au Havre; je mettrais un grand voile, personne ne me reconnaîtrait! — Tu ne veux pas?

CHARLES.

Il faudrait toujours nous séparer. Voyons, chère enfant, parlons de choses sérieuses. Il ne faut pas que tu restes à Paris; tu n'as rien à y faire; l'air de la campagne vaudra mieux pour le petit et pour toi-même. Il faut aller vivre à la campagne pendant que je serai absent.

CLARA.

Mais, mon ami, je ne puis pas travailler à la campagne.

CHARLES.

Aussi je ne veux plus que tu travailles, excepté pour les soins de ton petit intérieur. J'ai fait deux parts de ce qui me reste, une pour toi, une pour moi. Je te donne la plus petite; tu vois que je ne me gêne pas.

CLARA.

Je ne comprends pas du tout.

CHARLES.

Prends ces papiers.

CLARA.

Qu'est-ce que ces papiers?

CHARLES.

Tu les liras quand je serai parti.

CLARA.

Non; je veux les lire tout de suite. (Lisant.) Un titre au porteur! une rente de trois mille francs! de l'argent. Charles, tu m'abandonnes, tu aimes une autre femme!

CHARLES.

Tu es folle. Je t'apporte cette somme, parce qu'il est temps que je m'occupe de l'avenir de notre enfant, du passé duquel tu t'es si noblement chargée jusqu'à ce jour. Je puis être ruiné, je puis mourir, ne peux-tu pas mourir aussi? Il faut tout prévoir; ton fils serait donc abandonné à la charité publique? Non. Prends cette rente, ce n'est pas l'aumône d'un amant qui s'acquitte, c'est le dépôt d'un père prévoyant. Maintenant, près de cette ferme où nous sommes allés passer deux mois, et dont tu parlais tout à l'heure, il y avait une petite maison avec un grand jardin, où tu ambitionnais alors de passer ta vie, je l'ai achetée, elle est à toi: c'est là que tu habiteras pendant mon absence (Mouvement de Clara); c'est là que tu recevras mes lettres, que je viendrai te trouver à mon retour, que nous vivrons ensemble. Quand j'aurai reconstitué ma fortune et celle de ma famille, je serai quitte avec elle, et alors...

CLARA.

Mon Charles!

CHARLES.

Tu vois bien que je pense à toi, que je t'aime toujours.

Promets-moi d'être sage, de ne pas pleurer et de partir dès demain pour cette maison; je le désire, je le veux.

CLARA.

Je ferai tout ce que tu voudras.

CHARLES.

Les titres de propriété de cette maison sont avec les autres papiers que je viens de te remettre. Tout est bien convenu, n'est-ce pas?

CLARA.

Oui; mais, si l'argent que tu emportes est insuffisant, si tu te trouves dans l'embarras, tu me promets de m'aimer assez pour t'adresser à moi; car cet argent, cette maison, tout est à toi, et il me semble que, dans un moment difficile, cet argent te porterait bonheur. Tu sais que ma vie aussi est à toi, n'est-ce pas?

CHARLES.

Oui, chère enfant.

CLARA.

Je t'ennuie, tu es pressé, on t'attend? Allons, soyons forte; viens embrasser ton enfant, et adieu. (Charles fait un mouvement.) Ah! Tu ne peux pas partir sans l'embrasser. (Charles marche rapidement vers la porte de droite, l'ouvre et disparait un instant. — Clara seule.) Je deviens folle, moi.

CHARLES, reparaissant. Il est ému; il embrasse Clara.

Adieu!

CLARA.

Adieu! (Il s'éloigne, elle le rappelle.) Encore une fois! tu m'écriras dès ton arrivée au Havre? Charles, mon ami; allons, pars, pars donc!

CHARLES, l'embrasse une dernière fois et sort en disant:

A bientôt.

Clara tombe sur une chaise et pleure en silence, les yeux fixés sur la porte que Charles a franchie. Gervaise entre pour faire les préparatifs du couvert.

SCÈNE XII

CLARA, GERVAISE.

GERVAISE.

J'ai de bonnes petites choses pour le dîner, va.

CLARA, en larmes.

Merci, ma bonne tante, je ne dînerai pas.

GERVAISE.

Qu'est-ce que tu as donc?

CLARA.

Charles part pour deux ans. Il va en Amérique; je ne le verrai plus.

Elle sanglote.

SCÈNE XIII

Les Mêmes, LUCIEN.

LUCIEN, entrant.

Vous m'avez permis de venir vous dire bonsoir, madame. — Vous pleurez?

CLARA.

Oui, j'ai un grand chagrin auquel je m'attendais pas.

LUCIEN.

Je m'en doutais, et c'est pour cela que je suis venu tout de suite dès que M. Sternay a été parti.

CLARA.

Vous savez pourquoi je pleure, et vous connaissez M. Sternay?

LUCIEN.

J'ai rencontré M. Sternay plusieurs fois dans le monde; je savais ce qui existait entre vous et lui. Je ne vous en ai jamais parlé, parce que vous ne m'en parliez pas ; mais je l'ai vu venir souvent ici, et comme, excepté lui, vous ne receviez personne, il n'était pas difficile de deviner le reste. D'ailleurs, c'était le secret de toute la maison. Ce qui arrive aujourd'hui devait arriver tôt ou tard, et, depuis quelques jours surtout, chaque fois que je venais vous voir, je m'attendais à vous trouver dans l'état où vous êtes.

CLARA.

Alors, vous savez ce que M. Sternay est venu me dire?

LUCIEN.

Il est venu vous dire qu'il part pour se marier!

CLARA, se levant.

Pour se marier?

LUCIEN, à part.

Elle ne le savait pas!

CLARA, les yeux séchés tout à coup.

Et moi qui n'avais rien deviné! (A madame Gervais.) Donne-moi un châle et un chapeau. — Vous venez de me faire bien du mal sans vous en douter, monsieur Lucien ; mais je vous remercie. (Elle met son châle et son chapeau.) Je reviens tout de suite; aie bien soin du petit. (Elle ramasse les papiers que Charles lui a remis.) S'il m'a menti, c'est un misérable!

Elle sort.

ACTE PREMIER

Chez madame Sternay, à Ingouville. — Salon élégant. — Porte au fond donnant sur un jardin. — Piano. — Portes latérales.

SCÈNE PREMIÈRE.

HERMINE, JACQUES.

JACQUES, *entrant et allant à Hermine, qui joue du piano.*
Que faites-vous, mademoiselle?

HERMINE.
Vous le voyez, monsieur, je joue du piano pour me donner une contenance, puisque je vous voyais venir.

JACQUES.
Où donc est madame votre tante?

HERMINE.
Elle était là tout à l'heure; mais une lettre à laquelle il faut qu'elle réponde sans doute l'a forcée de s'absenter.

JACQUES.
Une mauvaise nouvelle?

HERMINE.
J'espère que non; cependant, cette lettre a paru la contrarier un peu.

JACQUES.
Dieu veuille qu'il ne lui arrive rien de malheureux? Je l'aime beaucoup, votre tante.

HERMINE.
Faut-il être jalouse?

JACQUES.

Si vous voulez.

HERMINE, sans répondre, se met à jouer *Rendez-moi mon léger bateau*. Jacques fredonne l'air.

Vous connaissez cet air ?

JACQUES.

Il est bien connu.

HERMINE.

N'est-il pas charmant ?

JACQUES.

Certes !

HERMINE.

Ma mère le chantait quelquefois, et *Fleuve du Tage*.
Elle joue *Fleuve du Tage*.

JACQUES.

Voilà un air qui me rappelle mon enfance.

HERMINE.

C'est vrai, il y a des airs qui sont comme les échelons du souvenir, et à l'aide desquels nous redescendons dans notre passé le plus obscur. Tenez, il est un refrain que je ne puis jamais me rappeler sans une véritable émotion : c'est

> Ma bonne tante Marguerite,
> Vous n'entendez rien à l'amour.

Quand ce refrain traverse ma mémoire, ou quand je l'entends par hasard, il recompose à l'instant tout un tableau devant mes yeux. C'était la chanson favorite de ma grand'mère, pas la marquise, pas celle qui va arriver aujourd'hui ; la marquise n'a jamais chanté ! non ; de ma grand'mère maternelle, qui est morte il y a dix ans. Il me semble encore la voir, l'hiver, au coin d'un grand feu, avec ses beaux cheveux blancs, dont elle faisait coquettement deux rouleaux sous son bonnet à larges rubans clairs. Tout était gai en elle. Je m'asseyais à ses pieds sur un coussin; je posais ma tête sur ses genoux et je m'endormais, bercée par cette mélodie chantée à demi voix. Pendant quelque temps, la conversation des grandes personnes, de mon père, de ma mère, de quelques amis que le soir réunissait à notre foyer, bourdonnait à mes oreilles : puis ma mère me prenait dans ses bras, et je sentais qu'elle me déposait dans mon lit. Elle m'embrassait, je l'embrassais aussi à travers mon sommeil, je marmottais ma prière, et je m'endormais tout à fait. Était-ce de même pour vous ?

JACQUES.

Oui ! Seulement, autant que je puis m'en souvenir, ma mère était toujours seule. Elle travaillait auprès de mon lit; elle me berçait avec une chanson douce et mélancolique, car elle était souvent triste; et, comme vous, je passais de la veille au sommeil entre deux baisers.

HERMINE.

Quelle chose bizarre, qu'hommes et femmes, sans nous être connus, nous ayons tous les mêmes souvenirs d'enfance !

JACQUES.

C'est que l'enfance a été la même pour tout être qui a aimé sa mère et qui a été aimé d'elle.

HERMINE.

Dites-moi, regrettez-vous ce temps-là ?

JACQUES.

Non. J'aime mieux l'âge où je suis, où je sens où je vois, où je comprends, où mon chagrin a une cause, où ma joie a une raison. L'enfant ne jouit de cette insouciance du premier âge qu'il ne regrette plus tard qu'en le comparant aux agitations de la vie présente. Lorsque, arrivé à la plénitude de sa force, à la maturité de sa raison, il se rend un compte exact des grandes sensations de son esprit et de son cœur, pourquoi regretterait-il un temps d'ignorance, de faiblesse, où rien n'avait de prise sur lui, ni la joie ni la douleur? Ainsi j'étais tout enfant quand j'ai perdu mon père; je ne me le rappelle même pas; c'est ma mère qui me l'a dit. Pourquoi, à l'âge où votre vue me cause un bonheur si grand, regretterais-je l'âge où je ne m'apercevais pas de la mort de mon père? Non, croyez-le bien, l'homme ne commence à vivre que lorsqu'il commence à comprendre.

HERMINE.

Et cependant, moi qui ai perdu mes parents à l'âge où je pouvais déjà comprendre quelle perte immense je faisais, comment se fait-il que j'aie continué de vivre, et que j'aie fini, sinon par oublier cette double mort, du moins par me familiariser avec ce triste souvenir. N'est-ce pas là de l'ingratitude?

JACQUES.

Vous avez suivi la loi de la nature qui défend les regrets éternels. Il est pour l'homme et pour la femme une succession de devoirs à remplir qui les poussent à regarder toujours en avant et à s'habituer à l'absence de leurs plus chères affections. Le monde eût fini trop vite, si le premier enfant n'avait pu survivre à la mort de la première mère.

HERMINE.

Savez-vous que la vie est effrayante avec cette certitude qu'on ne peut s'appuyer sur rien? C'est à désespérer de tout.

JACQUES.

Pourquoi ne pas profiter du jour, parce qu'on sait que la nuit viendra? Pourquoi douter du printemps, parce qu'on prévoit l'hiver? Pourquoi nier la vie au profit de la mort? Vous avez dix-huit ans, j'en ai vingt-trois; je vous aime, vous m'aimez un peu, n'est-ce pas? le monde est à nous. Les années nous apporteront des désenchantements; mais elle nous apporteront aussi bien des joies; laissons faire les années. Nous vieillirons, nous bercerons nos enfants avec des chansons qu'ils se rappelleront un jour, comme nous nous rappelions tout à l'heure celles de nos parents. Nous sommes pleins de jeunesse, de force et d'amour aujourd'hui; un jour, nous ne serons plus bons qu'à faire un grand-papa et une grand'maman, aimés pour les sucreries de leurs poches, jusqu'à ce qu'il ne reste de nous que deux portraits immobiles, faisant pendants sur les murs du salon de nos petits-enfants, qui deviendront à leur tour ce que nous aurons été, et ainsi de suite. Telle est la vie dans son expression la plus simple et la plus régulière. Cela semble triste, quand on rapproche tout à coup par la pensée les froides habitudes de l'âge futur des chauds enthousiasmes de l'âge présent; mais, lorsque le temps, à l'aide des gradations dont la nature lui a donné le secret, nous aura doucement conduits, appuyés l'un sur l'autre, vers notre autre horizon, nous nous reposerons volontiers, et, si l'on nous offrait de recommencer le chemin, nous refuserions.

HERMINE.

C'est égal, j'aime mieux parler du présent ou du passé que de ce grand avenir tout froid.

JACQUES.

Parlons de ce que vous voudrez.

HERMINE.

Eh bien, monsieur, vous rappelez-vous le jour où nous nous sommes rencontrés pour la première fois?

JACQUES.

Le 6 mai. Vous aviez une robe blanche à petites fleurs bleues. Vous étiez coiffée d'un grand chapeau de paille; sur votre bras gauche était jetée une écharpe de mousseline; de votre main droite, qui tenait un bouquet de fleurs des champs, vous releviez un peu votre jupe pour ne pas la mouiller, car il y avait de la rosée dans l'herbe, si bien que je pus voir que vous avez des pieds charmants. Est-ce bien cela?

HERMINE.

Parfaitement; continuez.

JACQUES.

Vous alliez boire du lait à la ferme voisine; moi, je passais. Je vous suivis. Je n'osai cependant pas entrer dans la ferme où vous entriez avec votre tante.

HERMINE.

Vous m'avez attendue à la porte.

JACQUES.

Vous saviez que j'étais là?

HERMINE.

On voit tant de choses derrière soi!

JACQUES.

Quand vous avez quitté la ferme, j'étais caché derrière un buisson, dans un pli de la colline. Il vous fallait descendre un petit sentier fort étroit dont les pierres s'égrenaient sous vos pieds. Vous aviez peur. C'est alors que vous m'avez aperçu de nouveau et que, voulant faire la brave, comme il arrive à toute jeune fille en présence même du jeune homme le plus indifférent, vous vous êtes élancée, au risque de tomber. Dans cette course rapide, vous avez perdu le bouquet de bluets, de boutons d'or et de marguerites que vous teniez à la main. Je me précipitai, je le ramassai, et je vous le remis, en ayant soin d'en garder une fleur pour moi. Vous me dîtes : « Merci. » Je m'éloignai, — je me retournai plusieurs fois. Et je revins le lendemain sur la même route. — Je vous aimais.

HERMINE.

Et dire que tout cela pouvait ne pas arriver. Il eût suffi que je prisse à droite au lieu de prendre à gauche; alors, je ne me serais jamais mariée, car j'étais bien résolue à n'épouser qu'un homme que j'aimerais...

JACQUES.

Vous en auriez aimé un autre que moi.

HERMINE.

Il me semble que non. Et vous, qu'auriez-vous fait?

JACQUES.

Moi? J'aurais achevé mon voyage, je serais retourné auprès de ma mère et je serais peut-être en train de devenir un grand homme.

HERMINE.

Tant que cela?

JACQUES.

Mais oui! Avant de vous connaître, je ne sais quelles folles idées de gloire et d'ambition s'étaient emparées de mon esprit! Ce besoin d'amour qui était dans ma nature et que j'ai concentré sur vous seule, n'ayant pas encore trouvé son but, développait en moi des aptitudes et des énergies inconcevables pour toutes les grandes choses. Je me sentais des forces que je ne croyais à nul autre. J'avais hâte de prouver hautement que j'étais un homme. Je suis un savant, tel que vous me voyez. J'ai écrit des livres sérieux, j'ai étudié les questions de politique, d'histoire, d'économie. J'ai commis des vers. C'est effrayant. Nous les lirons ensemble et nous les brûlerons après. Je n'en étais pas moins convaincu qu'il ne fallait plus qu'une étincelle pour allumer en moi un Newton, un Chénier, un Mirabeau. Noble et respectable orgueil de la jeunesse! Une matinée de printemps, le ciel bleu, du soleil dans l'herbe, une jeune fille qui passe sur le même chemin que moi, et voilà tous mes rêves de renommée qui s'en vont retrouver les nuages du ciel et les parfums de la campagne! Je m'aperçois que je ne suis qu'un enfant, que la gloire n'est que la consolation de ceux qui n'ont pas l'amour, et maintenant toute ma science consiste à savoir que vous m'aimez, tout mon génie à vous prouver que je vous aime.

HERMINE.

Que dira votre mère de ce changement?

JACQUES.

Ma mère m'approuvera; elle m'a toujours vanté l'obscurité, le bonheur intérieur et inconnu.

HERMINE.

Je sens que je l'aimerai.

JACQUES.

Et vous aurez raison, car elle vous aimera.

HERMINE.

Quel âge a-t-elle?

JACQUES.

Elle est jeune encore, et semble plutôt ma sœur que ma mère.

HERMINE.

Ne doit-elle pas venir vous retrouver?

JACQUES.

Je l'attends de jour en jour; je voulais aller la chercher, quand elle m'a écrit qu'elle préférait venir me rejoindre. Mais, dites-moi, — la marquise?

HERMINE.

Ma grand'mère, qui doit arriver aujourd'hui?

JACQUES, souriant.

Elle me fait peur, on la dit très méchante.

HERMINE.

Le fait est qu'elle est toujours de mauvaise humeur.

La marquise est une femme absolue qui n'admet pas qu'un autre qu'elle puisse avoir une bonne idée, qui croit que le monde lui appartient et qui est d'avance contre vous sans vous connaître et sans savoir pourquoi, par habitude.

JACQUES.

C'est effrayant.

HERMINE.

Non! Il s'agit seulement d'être plus entêté qu'elle.

JACQUES.

Vous êtes donc entêtée?

HERMINE.

Oui, quand je me crois dans mon droit. Vous voilà prévenu. Ne vous préoccupez donc pas des airs qu'elle prendra avec vous comme avec tout le monde.

JACQUES.

Mais pourquoi votre oncle, qui est votre tuteur, ne vient-il pas ici en même temps que la marquise?

HERMINE.

Il fait sa tournée électorale.

JACQUES.

Il se présente à la députation?

HERMINE.

Pas encore, mais cela viendra. En attendant, il a ses candidats qu'il protège ; ça l'amuse plus que de s'occuper de nous, et puis il est en froid avec sa mère. Toute la famille tremble devant elle, excepté le marquis et moi.

JACQUES.

Quel charmant homme que le marquis!

HERMINE.

Il vous adore! Comme j'ai eu raison de lui écrire de venir! c'est notre plus sûr appui, avec ma tante qui m'aime bien, mais qui n'a aucun droit sur moi, et qui n'ose pas répéter à ma grand'mère tout ce que le marquis lui dit.

SCÈNE II

Les Mêmes, HENRIETTE.

HENRIETTE, entrant.

Bonjour, monsieur de Boisceny.

JACQUES.

Bonjour, madame.

HENRIETTE, à Hermine.

La marquise vient d'arriver; elle te demande.

HERMINE.

Je la rejoins. Il ne faut pas la faire attendre.

HENRIETTE.

Elle est dans le pavillon.

Hermine sort.

SCÈNE III

JACQUES, HENRIETTE.

JACQUES.

Est-il vrai, madame, que vous avez reçu une mauvaise nouvelle?

HENRIETTE.

C'est selon.

JACQUES.

Ne m'avez-vous pas dit l'autre jour que j'étais peut-être appelé à vous rendre un service? Le moment est-il venu?

HENRIETTE.

Le hasard vous a mis tout à coup dans la confidence d'un secret, monsieur.

JACQUES.

Je l'ai oublié.

HENRIETTE.

Je sais que l'on peut compter sur votre discrétion et sur votre loyauté. Aussi vous ai-je tendu la main tout de suite comme à un vieil ami, bien que je ne puisse dire à personne comment nous nous sommes connus. Maintenant, soyez franc. Le jour où vous nous avez rencontrées, Hermine et moi, près de la ferme, saviez-vous qui nous étions?

JACQUES.

Non, madame.

HENRIETTE.

Alors, vous ignoriez que la personne avec qui vous voyagiez nous connût, ou plutôt me connût, moi, car elle n'a jamais parlé à Hermine, qui ne sait même pas son nom, et qui croit que le hasard seul vous a amené ici.

JACQUES.

Voici toute l'histoire, madame. M. de Nervaux, qui a quelques années de plus que moi, est voisin de campagne de ma mère, qui, comme je vous l'ai dit, a une propriété près de Châteauroux. Nous voyions souvent notre voisin. Il se disposait à faire un voyage en Normandie, où il avait des fermes, disait-il; il me demanda si je voulais l'accompagner. Ma mère m'y engagea pour que je prisse un peu de distraction; j'avais beaucoup travaillé depuis quelques mois. Nous partîmes. Un jour qu'il était resté au Havre pour affaires, je vins me promener tout seul sur cette route d'Ingouville; je vous rencontrai, vous et mademoiselle Hermine. Le soir, je fis part à M. de Nervaux de ma rencontre et de l'impression que j'en avais gardée. Je m'étais enquis de votre nom, et quand je vous nommai, il m'offrit de me présenter à vous, mais à la condition que je ne dirais à personne par qui ni comment j'avais été présenté. Le lendemain, il m'emmena dans une petite maison qu'il possède à une lieue d'ici et dont il ne m'avait jamais parlé. Nous vous rencontrâmes — par hasard — sur la route. Il me présenta. Depuis ce jour, vous avez bien voulu m'accueillir comme si vous m'aviez connu depuis longtemps ; je vous ai avoué que j'aimais Hermine, vous m'avez autorisé à le lui dire devant vous, et pour la première fois je viens de le lui dire pendant que vous n'étiez pas là. Voilà tout ce que je sais, madame, et puis encore que je suis prêt à faire pour vous quoi que ce soit.

HENRIETTE.

Je le crois ; — aussi je regretterai moins des événements — regrettables, — si la suite de ces événements amène, comme je l'espère, un mariage heureux pour Hermine, un mariage selon son cœur. M. de Nervaux m'a dit de vous ce que tout le monde doit en penser. Vous êtes, d'ailleurs, de ces hommes qui appellent, dès la première vue, une confiance sans réserve, et j'accepte franchement l'offre que vous me faites. Vous êtes jeune, vous aimez, vous me comprendrez. Eh bien, vous connaissez certaines situations nées de l'indifférence d'un mari et de l'oisiveté d'une femme, les rêves qui en sont l'excuse peut-être, les dangers et les hypocrisies qui en sont l'amertume et le châtiment. C'est à travers une de ces situations que vous vous trouvez jeté ; mais cette situation avait cela de particulier, quand vous y avez été initié, que l'homme et la femme, après avoir été séparés quelques mois, venaient de s'apercevoir qu'elle n'avait plus de raison d'être. Ils en étaient arrivés, comme cela se voit souvent, à souhaiter une occasion, un prétexte, la femme pour rentrer dans la régularité de sa vie d'autrefois, l'homme pour entrer dans une vie régulière. La délicatesse seule retenait encore un double aveu, chacun des deux craignant d'affliger l'autre. Un événement futile, une lettre trouvée a brisé ce dernier lien. Enfin on a prononcé le mot rupture et l'on s'est aperçu des deux côtés, au peu d'émotion que causait ce mot, dont on s'épouvantait jadis, que rien n'eût été plus facile que de rompre depuis longtemps. Bref, on en est à la dernière entrevue, celle où l'on se restitue les lettres à moitié effacées qu'il était inutile de s'écrire, et les portraits qui ne ressemblent plus, qu'il était inutile de se donner. Ne trouvez-vous pas comme moi que ces dernières formalités ont un côté plus ridicule qu'élégiaque, et qu'il vaut mieux qu'un ami se charge de la constatation du décès et de l'apposition des scellés? Voulez-vous être cet ami?

JACQUES.

Que faut-il faire?

HENRIETTE, lui remettant un paquet de lettres.

Il faut aller jusqu'à cette maison dont vous parliez tout à l'heure, voir M. de Nervaux, qui attend, lui dire ce que je vous ai dit, lui remettre ce petit paquet et rapporter celui qu'il vous remettra.

JACQUES.

Dans une demi-heure, je serai de retour.

HENRIETTE, lui serrant la main.

Merci.

SCÈNE IV

Les Mêmes, LE MARQUIS.

LE MARQUIS, entrant.

Vous sortez, monsieur de Boisceny?

JACQUES.

Oui, monsieur le marquis, mais pour peu de temps.

LE MARQUIS.

Allez, allez, ma sœur est arrivée ; je ne vous retiens pas. Mieux vaut que ce soit nous, qui y sommes habitués, qui recevons les premiers boulets. Soyez tranquille, nous allons nous occuper de vos affaires. (Jacques sort.) Quel gentil garçon ! Il me plaît beaucoup. Où l'avez-vous donc connu?... Oh! regardez ma sœur, regardez-la s'avancer. On dirait Louis XIV dans ses jardins de Versailles ! Se prend-elle assez au sérieux ! Elle a l'air de se présenter les armes à elle-même. Comme Hermine doit s'amuser ! Sternay est un malin, lui. Il ne vient jamais ici pendant que sa mère y est.

HENRIETTE.

Jamais?

LE MARQUIS.

En voilà un qui n'aime pas les difficultés et les contestations! Ah! le bon égoïste! Il a raison du reste, puisqu'il est heureux.

HENRIETTE.

La marquise lui a fait dire qu'elle ne voulait plus le voir.

LE MARQUIS.

Depuis qu'il est associé de la maison Renaud?

HENRIETTE.

Oui.

LE MARQUIS.

C'est superbe!

HENRIETTE.

Il faut que j'aille au-devant d'elle.

LE MARQUIS.

Restez donc là; d'ailleurs, la voici.

La marquise entre avec Hermine.

SCÈNE V

LA MARQUISE, LE MARQUIS, HENRIETTE, HERMINE.

LA MARQUISE.

Ah! vous voilà, mon frère? Je craignais que vous ne fussiez pas à la maison, ne vous ayant pas vu en arrivant. Il fait humide; vous avez craint de vous mouiller les pieds.

LE MARQUIS.

Justement.

LA MARQUISE.

Moi, j'ai un rhumatisme et je me dérange tout de même. Ces choses-là dépendent des caractères. Je vous donne des nouvelles de ma santé, bien que vous ne m'en demandiez pas ; mais je suppose que vous vouliez m'en demander. (A Hermine.) Et vous dites que ce monsieur s'appelle?

HERMINE.

Quel monsieur, bonne maman?

LA MARQUISE.

Ce monsieur que vous voulez tous épouser ici.

LE MARQUIS, à part.

Ça commence mal.

HERMINE.

Il n'y a que moi, bonne maman, qui veux l'épouser; et, soyez tranquille, on ne force pas ma volonté.

LA MARQUISE, très vite.

Et vous le nommez?

HERMINE.

Vous dites, bonne maman?

LA MARQUISE.

Je dis : Et vous le nommez?

HERMINE.

M. de Boisceny.

LA MARQUISE.

De Boisceny... Est-ce que vous connaissez ça, mon frère?

LE MARQUIS.

Oui, je le connais. C'est un jeune homme brun, pas très grand.

LA MARQUISE.

Je ne vous demande pas la couleur de ses cheveux ni la hauteur de sa taille; je vous demande si vous connaissez une famille de Boisceny.

LE MARQUIS.

Je ne peux pas connaitre toutes les familles de France.

LA MARQUISE.

Je les connais bien, moi, celles qui en valent la peine, et il n'y en a pas du nom de Boisceny. Il y a eu autrefois un Boisrény, qui n'a eu qu'une fille, qui a épousé M. de Beautran, qui était premier écuyer de Charles X, et dont la mère avait été dame d'honneur de la Dauphine; mais ce n'est pas la même chose.

LE MARQUIS.

Évidemment.

LA MARQUISE.

Ça vient probablement de l'Empire. Le père aura gagné quelque bataille!

LE MARQUIS.

Rien que ça!

LA MARQUISE.

Et où en est-on?

HERMINE.

M. de Boisceny m'aime et veut m'épouser.

LA MARQUISE.

Et vous?

HERMINE.

Et moi, je consens.

LA MARQUISE.

Très bien. Alors, je n'ai plus qu'à donner mon consentement aussi?

HERMINE.

Oui, grand'mère.

LA MARQUISE.

D'où connaissez-vous ce monsieur?

HERMINE.

Nous l'avons rencontré.

LA MARQUISE.

Dans le monde?

HERMINE.

Non.

LA MARQUISE.

Où donc, alors?

HERMINE.

Sur la route.

LA MARQUISE.

Quelle route?

HERMINE, montrant le front.

Tenez, bonne maman, la petite route qui est là-bas. En vous levant un peu, vous pourrez la voir.

LA MARQUISE.

Avec qui était-il?

HERMINE.

Il était tout seul.

LA MARQUISE.

Qui vous l'a présenté?

HERMINE.

Lui-même.

LA MARQUISE.

Et votre tante l'a reçu?

HERMINE.

De grand cœur!

LA MARQUISE.

Dites donc, mon frère?

LE MARQUIS.

Ma chère sœur?

LA MARQUISE.

Vous entendez?

LE MARQUIS.

Parfaitement.

LA MARQUISE.

Qu'est-ce que vous en dites?

LE MARQUIS.

Vous voyez, je n'en dis rien.

LA MARQUISE.

Ceci vous paraît tout simple?

LE MARQUIS.

Mais oui; une route dans la campagne, un monsieur sur cette route et d'autres personnes sur cette route en même temps que ce monsieur, cela se voit tous les jours.

LA MARQUISE.

Alors, il vous paraît simple qu'on promette la main d'une jeune fille à un homme qu'on a rencontré sur une route; car un individu qui passe sur une route et qu'on ne connaît pas, ce n'est pas un monsieur, c'est un homme.

LE MARQUIS.

D'abord on n'a pas promis la main d'Hermine à M. de Boisceny, on l'a seulement autorisé à vous la demander, quand vous viendriez, comme vous faites tous les ans, passer quelques jours ici; ensuite il me paraîtrait aussi simple de promettre une fille à un monsieur rencontré sur une route, qu'on reconnaît tout de suite pour un homme du monde, et qui plaît à la jeune fille, qu'à un monsieur qu'elle n'a jamais vu.

LA MARQUISE.

Vous ne savez pas ce que vous dites.

LE MARQUIS.

Alors, il ne faut pas demander ce que j'ai à dire.

HENRIETTE.

Si vous connaissiez M. de Boisceny...

LA MARQUISE.

C'est bien ce dont je me plains, de ne pas le connaître.

HENRIETTE.

Je veux dire que, si vous l'aviez vu une fois, vous le jugeriez comme nous le jugeons : c'est le hasard qui nous l'a présenté, il est vrai; mais j'ai été bien vite à même d'apprécier chez M. de Boisceny une grande élévation d'idées et de caractère. Je ne vois pas ce qu'il peut y avoir d'extraordinaire à essayer de marier une jeune fille selon son cœur et selon les convenances. Il serait bon qu'il se fît de temps en temps un mariage de ce genre, quand ce ne serait que pour faire excuser les autres. Le hasard sait quelquefois mieux ce qu'il nous faut que nous-mêmes.

LE MARQUIS.

C'est parfaitement juste.

LA MARQUISE.

Et vous, Hermine, qu'en pensez-vous?

HERMINE.

Moi, — je suis de l'avis de mon grand-oncle.

LA MARQUISE.

Alors, moi, je radote. Et monsieur mon fils est-il du même avis que vous tous?

HENRIETTE.

J'ai écrit à ce sujet à mon mari, qui m'a répondu qu'il adhérait d'avance à votre décision.

LA MARQUISE.

C'est bien heureux. Qu'est-ce qu'il fait maintenant, monsieur mon fils? Est-il toujours dans le commerce? Dans quoi est-il? Dans les denrées coloniales?

LE MARQUIS.

Il est dans l'industrie. Il construit, ou plutôt il fait construire, car il ne pourrait pas y arriver tout seul, des bateaux, de grands bateaux, ce qui est joliment commode pour aller sur l'eau; il est dans de bonnes affaires.

LA MARQUISE.

C'est agréable pour moi, d'avoir un fils qui fait des bateaux.

LE MARQUIS.

Son père faisait bien des maisons.

LA MARQUISE.

Mon mari ne faisait rien.

LE MARQUIS.

Voyons, ma chère sœur, il faudrait pourtant s'expliquer une fois pour toutes. Vous êtes une demoiselle d'Orgebac, nous descendons tous deux des d'Orgebac, et nous nous vantons, vous du moins, d'avoir du sang royal dans les veines, le grand roi Henri IV ayant eu des bontés, à ce qu'il paraît, pour une de nos aïeules. Il est curieux, du reste, que la faute d'une femme soit, dans une famille, titre à noblesse pour ses descendants. On a arrangé les choses ainsi, je le veux bien, moi. Avec un peu de bonne volonté, nous aurions peut-être des droits à la couronne de France, mais je crois inutile de réclamer.

LA MARQUISE.

Allez! allez! ne vous gênez pas.

LE MARQUIS.

Je disais donc que, pendant la Révolution, pendant le temps de l'exil et de la misère, vous aviez pris votre parti sur notre noblesse et que vous aviez épousé M. Sternay, entrepreneur.

LA MARQUISE.

Architecte.

LE MARQUIS.

Architecte, soit! — qui est le père de vos deux fils, dont l'un construit des bateaux, et dont l'autre est mort général de division, ce qui est fort honorable. Celui-là était le père d'Hermine; et je dois dire que, lorsqu'on l'a connu, on retrouve la fermeté de son caractère dans sa fille.

LA MARQUISE.

Joli héritage qu'il lui a laissé là!

LE MARQUIS.

L'Empire venu, vous avez mis sur vos cartes de visite et vous avez signé madame Sternay, née d'Orgebac; votre mari mort, vous avez mis seulement marquise d'Orgebac, et vous avez fini par croire vous-même que vos enfants étaient de la première noblesse de France. C'est une erreur, ma chère sœur, c'est même plus qu'une erreur, c'est un ridicule qu'on vous passe parce que vous êtes vieille et qu'en France on passe tous les ridicules; mais, quand nous sommes en famille et qu'il s'agit de la noblesse d'un prétendant à la main d'Hermine, vous pouvez ne pas vous montrer trop exigeante, puisque vous êtes une bourgeoise et que vos enfants sont des bourgeois, de simples bourgeois, ce dont ils ne rougissent pas. C'est moi qui suis noble ; il n'y a que moi qui aie le droit de porter notre titre et notre nom de d'Orgebac, qui ne me servirait de rien du tout, si je n'avais eu la bonne idée de faire ma fortune dans l'Inde ; et, comme je n'ai pas d'enfants, le grand nom des d'Orgebac, illustré par les fantaisies de notre aïeule Christine-Angélique, comtesse d'Orgebac, dame de Parvilliers et autres lieux, va s'éteindre définitivement le jour où je consentirai à mourir, les nobles comme nous ne mourant que le jour où ils le veulent bien. Croyez-moi, ma sœur, prouvons notre bonne naissance par les qualités et non par les exagérations de la noblesse; n'en veuillez pas à votre fils d'avoir attaché son nom à une industrie honorable : il a d'autres défauts à critiquer, et ne chicanons pas trop M. de Boisceny sur l'ancienneté de son nom. L'important est qu'il soit un honnête homme, qu'il aime Hermine et qu'il soit aimé d'elle. C'est l'homme qui fait le titre et non le titre qui fait l'homme... Là-dessus, je m'assieds, car je n'en ai jamais tant dit, même à la Chambre des pairs dont je suis, ma sœur, et dont vous vous n'êtes pas! Quelle honte!

SCÈNE VI

Les Mêmes, UN DOMESTIQUE.

LE DOMESTIQUE, entrant.

Il y a là un monsieur qui demande à parler à madame la marquise.

LA MARQUISE

Le nom de ce monsieur?

LE DOMESTIQUE.

Voici sa carte.

LA MARQUISE.

Aristide Fressard, notaire à Châteauroux. Que veut ce monsieur ?

LE DOMESTIQUE.

Ce monsieur dit qu'il est le notaire de M. de Boisceny.

LA MARQUISE.

Faites entrer. (Le domestique sort.) Nous allons avoir des détails probablement

SCÈNE VII

ARISTIDE, LE MARQUIS, LA MARQUISE, HENRIETTE, HERMINE.

ARISTIDE, entrant.

Madame la marquise d'Orgebac ?

LA MARQUISE.

C'est moi, monsieur. De quoi s'agit-il ?

ARISTIDE.

C'est à vous seule, madame, que je désire faire la communication dont je suis chargé.

HENRIETTE.

Nous nous retirons, monsieur.

LE MARQUIS, à part.

Un incident ! un mystère ! ma sœur doit être enchantée.

HENRIETTE, à Hermine qui regarde Aristide.

Ne t'effraye pas, chère enfant.

HERMINE.

Je ne m'effraye jamais, ma tante, vous le savez bien.

Elles sortent.

SCÈNE VIII

LA MARQUISE, ARISTIDE.

LA MARQUISE, d'un ton sec.

Je vous écoute, monsieur!

ARISTIDE.

C'est à moi que madame la marquise fait l'honneur de parler?

LA MARQUISE, même ton.

Oui, monsieur.

ARISTIDE.

Madame la marquise est de mauvaise humeur.

LA MARQUISE.

Oui, monsieur; pourquoi cela?

ARISTIDE.

C'est que madame la marquise me parle sur un ton qui ne peut être dans ses habitudes de femme du monde, quand elle voit pour la première fois une personne qui n'a pas l'honneur d'être connue d'elle et qui s'est présentée d'une manière convenable.

LA MARQUISE, se radoucissant.

Excusez-moi.

ARISTIDE.

Je vous excuse, madame. Du reste, ma profession de notaire et ma qualité d'ambassadeur m'interdisent toute susceptibilité exagérée; c'est une simple remarque que je me permettais.

LA MARQUISE.

Je vous écoute, monsieur; donnez-vous la peine de vous asseoir.

ARISTIDE, s'asseyant.

D'ailleurs, je serai concis, madame la marquise : c'est ce qu'il y a de mieux pour le genre de mission que j'ai à remplir. M. de Boisceny aime votre petite-fille et il attend, pour vous adresser sa demande, l'arrivée de sa mère et des papiers qui justifient de sa fortune et de sa position sociale. Voilà où en sont les choses.

LA MARQUISE.

Oui, monsieur.

ARISTIDE.

C'est ici qu'il survient des difficultés.

LA MARQUISE, triomphante.

Il y en a donc ?

ARISTIDE.

En aviez-vous prévu, madame ?

LA MARQUISE.

J'en soupçonnais tout au moins.

ARISTIDE.

La seule pensée que vos soupçons se réalisent paraît vous enchanter, madame.

LA MARQUISE.

Vous disiez donc, monsieur ?

ARISTIDE.

Je disais que M. de Boisceny ne se nomme pas de Boisceny.

LA MARQUISE.

Je savais bien qu'il n'y avait pas de famille de ce nom-là ! C'est un nom de terre, sans doute ?

ARISTIDE.

Oui, madame.

LA MARQUISE.

Un surnom, alors.

ARISTIDE.

De plus, il n'est pas le fils d'une femme veuve comme sa mère le lui a dit. Il est le fils non reconnu d'une ouvrière non mariée, nommée Clara Vignot.

LA MARQUISE, éclatant de rire.

Ce n'est pas possible!

ARISTIDE.

C'est la pure vérité.

LA MARQUISE.

Mais c'est du plus haut comique.

ARISTIDE.

Vous trouvez, madame? Eh bien, voyez comme vous aviez tort de me mal recevoir.

LA MARQUISE.

Je vous remercie, cher monsieur, de venir me donner tous ces renseignements. Alors, vous connaissez particulièrement M. de Boisceny?

ARISTIDE.

Je suis son notaire et son parrain.

LA MARQUISE.

Et c'est lui qui, n'osant pas faire cet aveu lui-même, vous a chargé de le faire à sa place?

ARISTIDE.

Non, madame; Jacques ignore ma démarche, comme il ignore les détails que je viens de vous donner.

LA MARQUISE.

Ce n'est guère croyable.

ARISTIDE.

Je vous l'affirme, madame.

LA MARQUISE.

Laissez donc...

ARISTIDE.

Sur l'honneur.

LA MARQUISE.

Et sa fortune?...

ARISTIDE.

Sa fortune est réelle.

LA MARQUISE.

C'est par simple curiosité que je vous ai posé cette question ; je ne tiens pas à savoir d'où elle lui vient.

ARISTIDE.

D'une source très honorable.

LA MARQUISE.

Je n'en doute pas, monsieur. Est-ce tout ce que vous avez à me dire?

ARISTIDE.

Oh! non, madame, je n'ai pas fini.

LA MARQUISE.

Tant mieux.

ARISTIDE.

Cela vous amuse, madame la marquise?

LA MARQUISE.

Cela m'intéresse.

ARISTIDE.

Vous ne connaissez pas encore le plus intéressant

LA MARQUISE.

De plus fort en plus fort, peut-être?

ARISTIDE.

Comme chez... Vous permettez que je procède par ordre, j'ai mon programme comme ambassadeur, vous voulez bien que je le consulte? (Il tire un petit papier de sa poche et jette les yeux dessus). Je suis méthodique. Je suis notaire. Ici, je dois vous demander si, après ce que vous venez d'entendre, vous consentez au mariage de mademoiselle Hermine avec M. de Boisceny, ou plutôt avec M. Vignot, puisque c'est son nom véritable.

LA MARQUISE, riant toujours.

Non, monsieur, je n'y consens pas.

ARISTIDE.

Ce nom de Vignot ne vous rappelle rien, madame la marquise?

LA MARQUISE.

Rien.

ARISTIDE.

Eh bien, vous allez voir que le hasard s'est amusé à faire une chose bien curieuse. M. Vignot est le cousin de mademoiselle Sternay, car il est votre petit-fils.

LA MARQUISE.

Mon petit-fils et le cousin d'Hermine!

ARISTIDE.

Oui, madame; mademoiselle Hermine n'est-elle pas la fille d'un de vos fils, qui est mort, ainsi que sa femme?

LA MARQUISE.

Oui.

ARISTIDE.

M. de Boisceny est le fils de l'autre qui vit, de M. Sternay et de Clara Vignot, qui a été ouvrière chez vous, et que monsieur votre fils a séduite.

LA MARQUISE, redevenant sérieuse.

Comment! c'est cette fille qui était chez moi il y a vingt-trois ou vingt-quatre ans, et qui a fait je ne sais quel esclandre à l'époque du mariage de mon fils, sous prétexte qu'elle avait un enfant?

ARISTIDE.

Avouez que le prétexte était bon.

LA MARQUISE.

Détestable, monsieur; cet enfant n'était pas à M. Sternay.

ARISTIDE.

N'allons pas jusque-là, madame, c'est inutile; M. de Boisceny est de votre famille.

LA MARQUISE.

Il n'y a famille chez les gens comme nous, monsieur, que lorsqu'il y a alliance.

ARISTIDE reprenant avec le plus grand calme.

J'ai encore à vous demander, madame, si, sachant que M. Vignot est votre petit-fils, vous persistez toujours à lui refuser la main de votre petite-fille?

LA MARQUISE.

Toujours, et tout le temps que la loi la laissera sous ma garde, j'exigerai de l'homme qui voudra l'épouser ce que ma mère a exigé de mon mari, ce que la famille de ma bru a exigé de mon fils : une position sociale, un nom légitime, un passé intact.

ARISTIDE.

Je vous demande pardon, madame, si j'insiste, mais il ne s'agit pas de moi; il faut que j'emploie tous les moyens de conciliation avant...

LA MARQUISE.

Avant?...

ARISTIDE.

Avant de passer à d'autres.

LA MARQUISE.

Quels autres, monsieur?

ARISTIDE.

Ceux-là regardent d'autres personnes.

LA MARQUISE.

On voudra faire un scandale.

ARISTIDE.

Je ne crois pas, madame; la mère de M. Vignot offre, si, vous consentez au mariage, de vivre à l'écart, de ne plus revoir son fils; vous lui demanderiez de se tuer, pour être sûr qu'elle tiendrait sa promesse, qu'elle se tuerait. (Un temps.) Non?

LA MARQUISE, dédaigneusement.

Non, monsieur.

ARISTIDE.

J'ai fini, madame, avec vous du moins; je dois vous dire que je n'avais pas douté un seul moment de votre réponse.

LA MARQUISE.

Vous êtes un homme de loi, monsieur; suis-je dans mon droit, oui ou non?

ARISTIDE.

Vous y êtes parfaitement, madame; et, quoi qu'il arrive, vous n'aurez rien à vous reprocher, ni moi.

LA MARQUISE.

Et qu'arrivera-t-il, monsieur?

ARISTIDE.

Selon toutes probabilités, si M. Vignot aime réellement mademoiselle Hermine Sternay, ce dont je suis sûr; si mademoiselle Hermine Sternay aime réellement M. Vignot, ce que je crois, car il mérite d'être aimé, eh bien, ils se marieront; car il ne faut pas que la faute d'un individu empêche toute une génération d'être heureuse.

LA MARQUISE.

Et ils se marieront malgré moi?

ARISTIDE.

Malgré vous, madame.

LA MARQUISE.

Par quel moyen?

ARISTIDE.

Par un moyen que je leur indiquerai.

LA MARQUISE.

Et qui est?...

ARISTIDE.

Et qui est bien simple. Voilà tout ce que je puis vous dire aujourd'hui, madame la marquise.

LA MARQUISE.

J'avoue que je serais curieuse de voir cela.

ARISTIDE.

Madame la marquise est encore assez jeune pour le voir.

LA MARQUISE.

En attendant, monsieur, veuillez nous épargner la peine de congédier M. Vignot.

ARISTIDE.

Oui, madame.

LA MARQUISE.

Nous n'avons plus rien à nous dire, je pense?

ARISTIDE.

Rien.

LA MARQUISE, très hautaine.

J'ai l'honneur de vous saluer, monsieur.

ARISTIDE.

J'ai l'honneur de vous saluer, madame.

La marquise sort.

SCÈNE IX

ARISTIDE, seul, avec un soupir.

Pauvre garçon!

SCÈNE X

JACQUES, ARISTIDE.

JACQUES, entrant.

C'est vous, parrain?

ARISTIDE.

Oui, mon cher Jacques; tu vas bien?

JACQUES.

A merveille; mais comment vous trouvez-vous ici?

ARISTIDE.

Je suis venu avec ta mère.

JACQUES.

Elle est là?

ARISTIDE.

Non, elle nous attend au Havre, à l'hôtel de France.

JACQUES.

Allons vite la retrouver.

ARISTIDE.

Écoute-moi un peu. Es-tu un homme?

JACQUES.

Que voulez-vous dire?

ARISTIDE.

Je te demande si, comme doit l'être tout homme sensé, tu es préparé à tous les événements de cette vie?

JACQUES.

Ma mère est morte?

ARISTIDE.

Non; et puisque c'est le premier malheur auquel tu as pensé, celui que j'ai à t'apprendre est moins grand.

JACQUES.

Parlez, alors.

ARISTIDE.

On te refuse la main de mademoiselle Sternay.

JACQUES.

Parce que?

ARISTIDE.

Parce que tu es un enfant naturel.

JACQUES, avec indignation.

Qui a dit cela?

ARISTIDE, lui remettant un papier.

Ton acte de naissance; lis.

JACQUES, lisant.

« Un enfant désigné sous le nom de Jacques, né de demoiselle Clara Vignot, père inconnu. » C'est là mon acte de naissance?

ARISTIDE.

Oui.

JACQUES.

Ainsi, j'ai menti, moi! Qu'avait donc fait ma mère pour que mon père ne l'épousât pas? Pourquoi m'a-t-on caché la vérité? Il faut que je sache tout; ce père inconnu à la loi, il avait un nom?

ARISTIDE.

Parfaitement.

JACQUES.

Il vit encore?

ARISTIDE.

Il vit.

JACQUES.

Et il se nomme?

ARISTIDE.

M. Sternay.

JACQUES, se disposant à sortir.

L'oncle d'Hermine?

ARISTIDE.

L'oncle d'Hermine. Où vas-tu?

JACQUES.

Chez mon père.

ARISTIDE.

Quoi faire?

JACQUES.

Mais le voir, puisque je ne l'ai jamais vu.

Il sort.

ACTE DEUXIÈME

Une chambre d'hôtel.

SCÈNE PREMIÈRE

CLARA, seule, met en ordre des papiers près d'une table ; ARISTIDE entre.

CLARA.

Enfin, c'est toi.

ARISTIDE.

Oui, c'est moi ; j'ai cru que cette maudite voiture n'arriverait jamais.

CLARA.

Quelles nouvelles ?

ARISTIDE.

Mauvaises.

CLARA.

Je ne le prévoyais que trop ! La marquise ?

ARISTIDE.

A été ce qu'elle devait être. Rien à attendre de ce côté.

CLARA.

Madame Sternay ?

ARISTIDE.

A l'air d'une bonne femme. Il est vrai qu'au moment où je l'ai vue, elle ne savait rien encore de ce qui m'amenait.

CLARA.

La jeune fille?

ARISTIDE.

Voilà, je crois, ce qu'il y a de mieux dans toute la famille.

CLARA.

Enfin, Jacques?

ARISTIDE.

Tu devines l'effet que la nouvelle a produit, n'est-ce pas?

CLARA.

Il m'a maudite.

ARISTIDE.

Lui? Es-tu folle? Il a voulu connaitre le nom de son père; voilà tout.

CLARA.

Et tu le lui as dit?

ARISTIDE.

Évidemment.

CLARA.

Alors?

ARISTIDE.

Alors, il est allé le voir.

CLARA.

Et dans ce moment?...

ARISTIDE.

Il est chez lui.

CLARA.

Que va-t-il se passer?

ARISTIDE.

Je n'en sais rien.

CLARA.

Il fallait le retenir. Jacques est bon, mais tu sais comme il est violent.

ARISTIDE.

Est-ce qu'on retient un homme emporté par une situation comme celle-là? Tout ce qu'on peut faire, c'est d'essayer de diriger cette situation. Si tu m'avais écouté, tu lui aurais tout dit depuis longtemps. Enfin! Je suis venu te mettre au courant de ma démarche, ce qui m'a paru le plus pressé. Je vais maintenant courir chez M. Sternay, voir un peu ce qui se passe, et je reviens le plus tôt possible. Encore une heure de patience.

SCÈNE II

Les Mêmes, JACQUES.

JACQUES, paraissant.

Ma mère!

ARISTIDE.

Trop tard!

CLARA, sautant au cou de Jacques.

Jacques! mon ami! mon enfant!

JACQUES, après avoir tendu la main à Aristide.

Je viens de chez M. Sternay.

CLARA.

Eh bien?

JACQUES.

Je ne l'ai pas trouvé. Je lui ai laissé mon nom, le nom que je portais il y a deux heures, et mon adresse, le priant de me faire dire à quel moment il serait visible. (A Clara.) Je suis heureux de ce retard, qui me donnera le temps de causer avec toi.

CLARA, à Aristide qui sort.

Ne t'éloigne pas, je tiens à te revoir tout à l'heure.

Aristide sort.

SCÈNE III

CLARA, JACQUES.

JACQUES.

Voyons, ma mère, tu vas tout me raconter, n'est-ce pas?

CLARA.

Interroge.

JACQUES.

Il faut que je connaisse bien la vérité pour pouvoir m'expliquer avec M. Sternay.

CLARA.

Que vas-tu lui dire?

JACQUES.

Cela dépendra de ce que tu m'auras dit.

CLARA.

N'oublie pas qu'il est ton père.

JACQUES.

Pas plus qu'il n'a oublié que j'étais son fils.

CLARA.

Il n'est peut-être pas aussi coupable qu'il le paraît.

JACQUES.

Tu l'excuses déjà?

CLARA.

C'est mon devoir.

ACTE DEUXIÈME.

JACQUES.

Quand un homme t'a abandonnée sans avoir un reproche à t'adresser, car il n'avait rien à te reprocher... n'est-ce pas ?

CLARA.

Rien ! devant Dieu, je le jure. Mais songe bien à ce que tu vas faire.

JACQUES.

Je veux faire la chose du monde la plus simple : je veux savoir quelle raison un père peut avoir pour abandonner son enfant, et je vais le lui demander à lui-même. Si la raison est bonne, je la comprendrai.

CLARA.

Et s'il refuse de te donner cette raison ?

JACQUES.

Parce que ?

CLARA.

Parce qu'il peut nier qu'il soit ton père ; parce que rien ne le prouve.

JACQUES.

Devant la loi ; mais devant nous...

CLARA.

A quoi te mènera cette explication ?

JACQUES.

A connaître la vérité.

CLARA.

Je vais te la dire, car mon seul tort vis-à-vis de toi est de ne pas te l'avoir dite plus tôt. J'ai cru pouvoir te laisser toujours dans cette ignorance, ou du moins jusqu'à ma mort. Je t'ai écarté de toutes les carrières où il eût fallu avouer ta véritable position. Je n'en avais pas le droit, je le reconnais. Aujourd'hui, en présence de ton amour pour mademoiselle Sternay, de la rupture de ton mariage et de la perte de tes espérances, cette révélation prend les proportions d'un malheur irréparable. Il ne l'est pas cependant, car je suis toujours digne de toi et tu es toujours digne d'elle, car j'ai toujours été une bonne mère, et tu seras toujours un honnête homme. Tout dépend donc de l'explication que tu vas avoir avec M. Sternay, avec ton père. Maintenant que les passions sont calmées, que tu es un grand garçon, que je suis une vieille femme, je comprends bien des choses que je ne comprenais pas autrefois. Sois doux et conciliant pendant cette entrevue. En voyant ce qu'est devenu son fils, M. Sternay sera fier de toi ; lui seul peut réparer, sinon matériellement, du moins moralement, le malheur qui te frappe, puisqu'il est le tuteur de mademoiselle Hermine, et qu'après tout, pourvu que tu l'épouses, tu seras heureux. Eh bien, fais appel à ses bons sentiments ; il t'écoutera, il te nommera son fils, j'en suis sûre, non devant tout le monde, mais dans l'intimité de son cœur ; et, après t'avoir exclu de sa famille par son mariage, il t'y fera rentrer par le tien. Voyons, n'est-ce pas le meilleur conseil que je puisse te donner, n'est-ce pas ce qu'en cette triste circonstance tu as de mieux à faire?

JACQUES.

Non, ma mère, non. Crois-tu qu'un homme comme moi, qui depuis vingt-trois ans aime et estime sa mère comme la meilleure et la plus sainte des femmes, va apprendre tout à coup ce que je viens d'apprendre, et que cet homme, se trouvant en face de son père, ne lui demandera pas l'explication de toute sa vie, et oubliera tout ou ne voudra rien savoir, pourvu qu'on lui donne la main de celle qu'il aime? Tu me connais trop, tu as fait de moi un homme trop fier et trop loyal pour penser que je vivrai avec un doute sur toi ou sur moi. Oui, j'aime Hermine, et je faisais de cet amour l'espoir de mon avenir ;

mais il y a deux heures de cela, quand je me croyais un homme comme les autres. Maintenant, c'est autre chose, et mon amour ne doit plus venir qu'après mon honneur. J'aimerai Hermine quand je serai sûr d'être un honnête homme.

CLARA.

Jacques!...

JACQUES.

Tu ne vois donc pas, ma mère, ou tu ne veux donc pas voir, depuis que je suis là, qu'une seule pensée domine mon esprit, qu'une seule question tourmente mes lèvres, tu ne sens donc pas qu'il y a dans ma vie passée et présente un mystère que je ne m'explique pas et dont je n'ose pas te demander l'explication, tant je suis encore habitué à t'aimer et à te respecter, et que cette explication que je veux avoir et que je ne puis te demander, il faut bien que je la demande à un autre?

CLARA.

Tu sauras tout; interroge-moi, juge-moi, je le veux.

JACQUES.

Eh bien, ma mère, puisque tu étais sans fortune, puisque mon père m'a abandonné, comment se fait-il que je sois riche?

CLARA.

Écoute, Jacques, écoute-moi bien, avec calme, je t'en prie. *Le domestique entre.*

JACQUES, au domestique.

Que me voulez-vous?

LE DOMESTIQUE.

Il y a là un monsieur, chez qui vous êtes allé tout à l'heure, qui demande à vous parler : M. Sternay.

JACQUES, poussant une porte latérale.

Entre là, ma mère, écoute ce qui va se passer et

parais quand tu croiras devoir paraître. (Au domestique.) Priez M. Sternay d'entrer.

Il embrasse sa mère.

CLARA.

Tu me promets?

JACQUES.

Je te promets de me conduire en homme d'honneur.

Elle sort au moment où M. Sternay paraît.

SCÈNE IV

JACQUES, STERNAY.

STERNAY.

C'est à M. de Boisceny que j'ai l'honneur de parler?

JACQUES.

Oui, monsieur.

STERNAY.

Vous avez pris la peine de passer chez moi, monsieur, j'étais absent, je le regrette ; mais, en rentrant, j'ai trouvé votre nom et votre adresse ; je me suis empressé de me rendre chez vous, pour vous épargner la peine de revenir chez moi.

JACQUES.

Je vous sais gré, monsieur, de cette prévenance.

STERNAY.

Elle est toute naturelle.

JACQUES.

Madame Sternay, avec qui j'ai eu l'honneur de faire connaissance à la campagne, vous a sans doute déjà parlé de moi?

STERNAY.

En effet, monsieur, dans ses dernières lettres, elle m'entretenait souvent de vous, et dans des termes tels, qu'étant encore un inconnu, vous n'étiez déjà plus un étranger pour moi. Elle me disait que vous aimez ma nièce, et que vous nous avez fait l'honneur de demander sa main. — Ma mère ne devait-elle pas venir à la campagne?

JACQUES.

Elle y est en ce moment.

STERNAY.

Vous l'avez vue?

JACQUES.

Non, monsieur.

STERNAY.

Ah! c'est elle cependant qui s'occupe spécialement d'Hermine. C'est plus convenable... je ne puis que ratifier ce qu'elle fera... mais la cession que j'ai faite de mes droits n'a ni diminué mes devoirs ni atténué mon affection pour Hermine, que j'aime comme si elle était ma fille, et qui sera mon unique héritière, puisque je n'ai pas d'enfants.

JACQUES, le regardant.

Vous n'avez pas d'enfants, monsieur?

STERNAY, tout naturellement.

Non.

JACQUES.

Vous n'en avez jamais eu?

STERNAY, même jeu.

Jamais.

JACQUES, après une pause.

Quand je me suis rendu chez vous, monsieur, c'était pour vous prévenir que mes projets de mariage doivent être considérés probablement comme non avenus.

STERNAY.

Vous retirez votre demande?

JACQUES.

Non. Mais madame votre mère refuse son consentement, et sans doute votre décision sera conforme à la sienne.

STERNAY.

Pourquoi ce refus?

JACQUES.

Parce que, de même que vous n'avez pas d'enfants, ce qui peut s'expliquer, moi, je n'ai pas de père, ce qui ne s'explique pas.

STERNAY.

Pas de père?... Je ne comprends pas.

JACQUES.

Je suis un enfant naturel. Je viens de l'apprendre, il y a deux heures, et je me suis empressé d'aller vous le dire. Ma mère m'avait toujours caché ma position; sans quoi, je ne me serais pas permis de demander la main de votre nièce! Madame votre mère, qui vient d'apprendre la vérité, refuse formellement son consentement au mariage, il ne me reste donc plus d'espoir qu'en vous, monsieur.

STERNAY.

Je m'attendais peu à cette révélation si simplement, si brusquement faite.

JACQUES.

Que votre réponse soit aussi franche que l'aveu a été franc.

STERNAY.

Alors, je vous dirai, monsieur, que votre franchise prouve un honnête homme; malheureusement...

JACQUES.

Malheureusement?

STERNAY.

Nous appartenons, ma mère et moi, elle par sa naissance, moi par mes travaux, à un monde, à deux mondes même, chez lesquels ce que les gens supérieurs appellent un préjugé s'appelle un principe. Hermine n'est pas ma fille, elle n'est que ma nièce. Nous ne pouvons disposer de son sort qu'avec la plus grande circonspection. Le mariage n'est pas seulement l'union de deux personnes, c'est l'alliance de deux familles; il faut donc...

JACQUES.

Que ces deux familles soient, sinon de même rang, du moins de même race?

STERNAY.

Oui, monsieur. Vous m'avez demandé d'être franc, pardonnez-moi, je le suis.

JACQUES.

Et nous allons voir jusqu'où ira cette franchise. Ma mère se nomme Clara Vignot.

STERNAY, se levant.

Clara Vignot?

JACQUES.

Oui, monsieur.

STERNAY.

Vous êtes le fils de Clara Vignot?

JACQUES.

Et le vôtre, par conséquent.

STERNAY.

Monsieur!

JACQUES.

Si vous niez que vous êtes mon père, monsieur, je me retire à l'instant même.

STERNAY.

Je ne nie rien, monsieur.

JACQUES.

Alors, monsieur, pourquoi n'avez-vous pas épousé ma mère? pourquoi ne m'avez-vous pas donné votre nom?

STERNAY.

Je n'ai rien à vous dire.

JACQUES.

Parce que?

STERNAY.

Parce que je ne puis rien réparer.

JACQUES.

Je ne vous demande pas de réparer votre conduite, monsieur; je vous demande de l'expliquer. Je ne viens pas solliciter un nom, je viens demander un renseignement. J'ai été trompé jusqu'à présent sur ma naissance, je veux savoir pourquoi. Vous seul pouvez m'éclairer, monsieur: parlez-moi donc sans détour; je suis un homme et je connais la vie. Veuillez me répondre. Que faisait ma mère quand vous l'avez connue?

STERNAY.

Elle travaillait.

JACQUES.

Pour vivre?... Je ne sais rien de plus honorable. Quelqu'un avait-il le droit de dire quoi que ce fût sur elle?

STERNAY.

Non.

JACQUES.

Et vous l'aimiez?

STERNAY.

Je l'aimais.

JACQUES.

Vous vous êtes fait aimer d'elle en lui promettant de devenir son époux?

STERNAY.

Quand je lui faisais cette promesse, je croyais pouvoir la tenir.

ACTE DEUXIÈME.

JACQUES.

Pourquoi ne l'avez-vous pas tenue?

STERNAY.

Les événements, plus forts que la volonté de l'homme, ma position, ma famille, qui n'eût jamais consenti à ce mariage; des pertes d'argent, qui me faisaient encore plus l'esclave de ma mère et des nécessités sociales...

JACQUES.

Quand vous avez été résolu à vous marier avec une autre femme que la mère de votre enfant, êtes-vous venu apprendre franchement à celle-ci cette séparation? S'y est-elle résignée? Y a-t-elle consenti?

STERNAY.

Non; j'ai dit seulement à votre mère que je partais.

JACQUES.

Pourquoi ce... détour?

STERNAY.

Pourquoi?... pourquoi?... Parce qu'il y a des choses qu'on n'a pas le courage de dire à une femme à laquelle, c'est vrai, on n'a rien à reprocher. J'avais peur des larmes, des récriminations, des reproches. Vous en convenez, monsieur, vous connaissez la vie aussi bien que moi; à quoi bon me forcer de vous dire ce que vous devinez et ce qui peut vous faire de la peine?... Que voulez-vous!... j'avais vingt-cinq ans, j'étais jeune. Ce dénouement était prévu. J'ai agi comme un jeune homme, comme tant d'autres, comme vous-même auriez agi à ma place.

JACQUES.

Je ne crois pas.

STERNAY.

Vous ne croyez pas! parce qu'en ce moment il s'agit de vous. Je voudrais pouvoir réparer ce malheur; mais comment?... Je suis marié, je ne puis pas avouer la vérité à ma femme. Interrogez les sentiments qui vous ont conduit chez moi quand vous avez connu la vérité sur votre naissance, et vous verrez qu'ils n'ont rien de filial. C'est que la famille est plus qu'un lien du sang : c'est une habitude du cœur qui ne se reprend pas quand, par un événement quelconque, elle est brisée depuis vingt années. Tout ce qu'il y a de changé dans votre vie et dans la mienne, c'est que nous savons tous deux une chose que nous ignorions tout à l'heure; qui ne vous apporte à vous qu'un chagrin, à moi qu'un regret, un remords si vous voulez; car, si j'avais su, il y a vingt ans, ce que je sais maintenant, ma vie eût probablement pris une autre direction. Vous n'êtes plus un enfant, et votre cœur et votre raison ne se contenteraient pas du nom de fils donné et reçu en cachette. Vous êtes indépendant, vous n'avez besoin de personne : je n'ai donc rien à vous offrir.

JACQUES.

C'est vrai, monsieur, le premier sentiment que j'ai connu pour vous n'a pas été un sentiment d'amour ; mais, à qui la faute ? Eh bien, soit, je me rends aux froids raisonnements de votre âge, à la nécessité des événements, et ne vous demande rien de ce qu'un fils peut demander à son père ; mais ce que vous n'auriez pas fait pour un enfant naturel qui vous eût été inconnu, ne le ferez-vous pas pour celui dont vous connaissez le père maintenant? — Supposons, comme me le conseillait ma mère, que je fasse appel à votre cœur qu'elle dit être bon, que je réduise les ambitions de mon avenir à la seule satisfaction de mon amour et que je me borne à vous demander la main de votre nièce, me la donnerez-vous ?

STERNAY.

Certes, je le voudrais ; mais comment? Je suis le tuteur de ma nièce, mais ma mère est sa vraie tutrice. Il y a tout un conseil de famille. Il sera impossible de cacher l'irrégularité de votre naissance. On fera alors les suppositions les plus outrageantes pour Hermine, car c'est toujours la femme que l'on accuse. On dira que, pour que ma mère et moi, nous consentions à ce mariage, en admettant que ma mère consente, il faut qu'il y ait des raisons bien graves, et on lui donnera le nom de réparation, peut-être. Faudra-t-il que je dise toute la vérité? Alors on criera bien autrement au scandale. On dira que je fais rentrer chez moi, sous le toit conjugal, avec le titre de belle-mère, la femme à qui j'ai refusé le titre d'épouse; que je fais asseoir à mon foyer, presque avec le titre de gendre, l'enfant à qui j'ai refusé le titre de fils. On ajoutera que je fais passer sur la tête de cet enfant, par le moyen d'un mariage, un bien qui ne m'appartient pas, puisqu'il est l'héritage de mon frère, et que je fais des largesses à mes enfants avec l'argent des autres. Quel est celui de tous ces scandales que vous êtes prêt à accepter pour l'honneur de votre femme, pour la réputation de votre mère, pour votre dignité personnelle?

JACQUES.

Ainsi, toute ma vie est brisée, mon avenir est perdu, mon cœur est condamné pour une faute qui n'est pas la mienne, qui est la vôtre et dont vous rejetez toutes les conséquences sur moi avec la froide logique de l'égoïsme social. Mais prenez garde, monsieur, vos déductions peuvent nous conduire au renversement des lois naturelles les plus sacrées.

STERNAY.

Comment cela?

JACQUES.

Qui me montrera l'endroit de votre raisonnement où la société finit, où la nature commence? Puisque le monde ne sait pas, puisqu'il ne doit pas savoir que je suis votre fils, il ne voit en nous que deux hommes étrangers l'un

7.

à l'autre. Eh bien, supposons que je suive la logique de ma situation comme vous suivez la logique de la vôtre et que je vous demande raison, non plus comme un fils à son père, mais comme un homme à un homme, du déshonneur de ma mère, que me répondrez-vous?

SCÈNE V

Les Mêmes, CLARA.

CLARA, qui est entrée pendant ces dernières paroles, se plaçant entre son fils et Sternay.

Jacques!

JACQUES.

Ne craignez rien, ma mère, nous ne faisons que de la logique, monsieur et moi.

STERNAY.

Eh bien, je vous répondrai que, logiquement encore, vous avez perdu le droit de me dire de ces choses-là en acceptant depuis longtemps une position dans laquelle je n'ai plus rien à faire, et dont ma délicatesse m'empêchait de vous parler. — Vous me contraignez à vous donner des raisons plus positives, je vous les donne. Ce n'est pas à M. Jacques, l'enfant sans nom, ce n'est pas au fils de Clara Vignot, l'ouvrière sans fortune, que je refuse la main de ma nièce ; je la refuse à M. de Boisceny, homme du monde, portant un nom dont je ne connais pas l'origine et ayant vingt-cinq mille livres de rente dont je ne connais pas la source.

JACQUES.

Répondez, je vous prie, ma mère, à cette question à laquelle je ne saurais que répondre, moi, puisque je vous l'ai adressée tout à l'heure.

ACTE DEUXIÈME.

CLARA.

Sois juge alors : M. Sternay lève sous tes yeux le voile du passé; il voudrait, pour s'excuser, arriver à te faire accuser ta mère ; il appelle à son aide une supposition infâme, soit. (S'adressant à Sternay.) Vous savez ce qui eut lieu, n'est-ce pas, une heure après notre dernière entrevue, il y a vingt ans?... Je parvins à vous rejoindre chez votre mère, qui voulut me faire chasser par ses gens, moi, la mère de votre fils. Ce que je vous dis alors, je ne me le rappelle plus, j'étais folle de colère et de douleur. Ce que je sais, c'est que je refusai la donation, l'aumône que vous m'aviez laissée, que je la jetai à vos pieds et que je rentrai chez moi, mourante, désespérée, sans ressources. Dieu m'est témoin cependant que je vous aimais tant à cette époque, que, si vous m'aviez avoué la vérité, au lieu de me mentir, je m'y serais résignée. Croyez bien que, pendant ces longues heures de solitude auxquelles vous me condamniez souvent, tout en berçant mon fils qui est aujourd'hui un homme, qui nous interroge et qui va me condamner peut-être, croyez bien que j'avais prévu ce dénouement fatal. Je n'en disais rien à personne, mais je pensais bien que M. Sternay n'épouserait jamais l'ouvrière Clara, qu'il ne reconnaîtrait jamais son fils ; car, lorsque le cœur d'un père n'a pas eu cette idée le jour même de la naissance de son enfant, elle ne lui vient pas plus tard. Seulement, je me disais : « Quand le moment de notre séparation sera venu, il me l'avouera franchement et loyalement, il me demandera mon pardon, sans lequel il ne saurait être heureux ; il me donnera cette dernière preuve d'estime, je lui donnerai cette dernière preuve d'affection, et, de temps en temps, quand je le rencontrerai, un sourire visible pour moi seule, une larme peut-être me payera de tout ce que j'aurai souffert. »

JACQUES, ému et ne voulant pas l'être.

Ma mère !

CLARA.

Après cette scène violente, je tombai malade. Je fus soignée, comme une sœur par son frère, par un jeune homme qui avait l'âge que tu as aujourd'hui, Jacques. Il était sans parents, sans amis, et, de plus, frappé d'une maladie qui bornait son existence à quelques mois de fièvre et d'insomnie. Et moi qui venais de perdre toutes mes espérances en une journée, qui n'avais que toi à qui conter mes peines, toi qui étais trop jeune pour les comprendre, je fus prise de pitié, d'attachement pour ce pauvre être qui escomptait sa vie à sauver la mienne. J'eus pour lui une sorte d'amour maternel. J'entrepris à mon tour la guérison de ce malade. Je prolongeai sa vie de deux mois au delà du terme fixé par la science; mais c'est tout ce que je pus faire, et, un matin du mois d'avril, il mourut en croyant enfin à la vie, dernière espérance que Dieu accorde souvent à ceux qui vont mourir. Ce fut une grande douleur pour moi, je ne te le cache pas. Quand on ouvrit le testament du mort, on trouva qu'il nous laissait toute sa fortune, que j'acceptai par ambition pour toi et comme une revanche de la destinée. Il n'avait pas de famille, je ne frustrais donc personne. J'achetai une terre que l'on nomme Boisceny. Je m'y retirai avec toi. Les gens du pays me donnèrent plutôt que je ne pris le nom de cette terre; ce nom te resta, consacré par le bien que je te faisais faire autour de toi. Je t'élevai de mon mieux, en te disant que j'étais veuve et que ton père était mort lorsque tu étais tout enfant. Voilà le seul mensonge dont je sois coupable, et Dieu sait dans quelle bonne intention je le faisais.

JACQUES.

Est-ce tout, ma mère?

CLARA.

Oui.

JACQUES, à Sternay.

Vous étiez en droit de me dire ce que vous m'avez dit tout à l'heure, monsieur ; vous êtes en droit de me refuser votre nièce. Recevez mes excuses pour les paroles que je me suis permises. (Mouvement de Sternay.) Maintenant, monsieur, vous pouvez vous retirer, nous n'avons plus rien à nous dire.

Sternay sort.

SCÈNE VI

JACQUES, CLARA.

JACQUES, à Clara.

Adieu, ma mère.

CLARA.

Tu me quittes? où vas-tu?

JACQUES.

Oh! je n'en sais rien. Tout droit devant moi.

CLARA.

Que crois-tu donc?

JACQUES.

Je crois que vous m'avez dit la vérité, ma mère ; je crois que vous n'avez rien à vous reprocher, j'en suis sûr, mais je suis bien malheureux!

CLARA.

Jacques! tu doutes de moi?

JACQUES.

Non ; mais je suis forcé de me dire que mon père est quitte envers moi, envers vous, envers le monde.

CLARA.

Pourquoi?

JACQUES.

Parce que l'intervention immédiate d'un étranger dans

votre abandon et dans votre douleur, l'influence de ce sauveur sur tout votre avenir, donnent quittance à M. Sternay des remords qu'il désirait tant ne pas avoir. Et moi, comment voulez-vous que je vive maintenant? A chaque pas que je ferais, je croirais entendre autour de moi : « Vous voyez bien cet homme, on l'appelle M. de Boisceny; ce n'est pas son nom! Son nom est Jacques. Quant à son père, on ne le connaît pas! — Il est riche... D'où lui vient cette fortune?... D'un jeune homme, d'un enfant qui se mourait, et qui, dominé par la mère de M. Jacques, lui a laissé en mourant tout ce qu'il possédait. »

CLARA.

Jacques!

JACQUES, qui commence à ne plus se contenir.

Voilà ce que, depuis vingt ans, on a dû dire autour de moi sans que je l'entende, voilà ce que j'entendrai, maintenant que je connais la vérité.

CLARA.

J'étais une pauvre fille sans instruction, sans connaissance du monde, je t'adorais; que fallait-il faire?

JACQUES, éclatant.

Il fallait accepter l'aumône de mon père, ou refuser selon ce que votre dignité vous conseillait, mais il ne fallait pas accepter le don de cet étranger, n'eussiez-vous eu à me donner que du pain et de l'eau; puis, quand j'aurais été en âge de comprendre, il fallait m'avouer toute la vérité et faire de moi un ouvrier obscur, sans autre ambition que son pain de chaque jour, sans autre éducation que le respect de sa mère et l'honnêteté de sa vie. Si vous n'aviez pas de quoi me nourrir, il fallait me mettre dans un hospice, il fallait me casser la tête sur un pavé, mais il ne fallait pas faire de moi un faux gentilhomme affublé d'un nom d'emprunt, vivant sans pudeur et sans honte d'un double déshonneur.

SCÈNE VII

Les Mêmes, ARISTIDE.

ARISTIDE, qui est entré pendant les derniers mots, levant la main sur Jacques.

Misérable !...

JACQUES, avec colère

Monsieur !

ARISTIDE, le regardant en face.

Oh ! tu ne me fais pas peur. Je te répète que l'homme qui insulte une femme est un lâche, mais que l'homme qui insulte sa mère est plus misérable qu'un laquais et un voleur. Ne dis pas un mot, ne fais pas un geste... je t'étrangle comme un chien ! Que je suis bête, moi ! je m'emporte... un notaire... et la situation est impossible. (Prenant Jacques par le bras.) Allons, va embrasser ta mère. imbécile !

JACQUES, se jetant aux pieds de sa mère.

Ah ! vous avez raison, je suis un misérable.

CLARA.

Mon pauvre enfant !

JACQUES, tendant la main à Aristide et s'adressant toujours à sa mère.

Pardonne-moi, pardonne-moi, je t'en prie !

CLARA.

Oui ! je te comprends et je te pardonne.

JACQUES.

J'ai eu un moment de folie, mais je m'attendais si peu à cette nouvelle !... maintenant, je suis calme, et nous ne parlerons plus jamais de cela. Mais j'ai besoin de pleurer encore un peu. J'allais avec tant de confiance dans la vie ! Cet homme a été cruel pour moi. Un père !...

C'est étrange! peut-être est-ce ma faute. Il me semble cependant qu'un mot de lui eût suffi pour que je l'aimasse depuis vingt ans. Mais quand il m'a dit si tranquillement qu'il n'avait jamais eu d'enfants, quand je me suis vu si simplement et si facilement rayé de sa vie, j'ai éprouvé une sensation intraduisible, j'ai eu le cœur comme inondé de glace tout à coup; enfin, il paraît que la vie a de ces épreuves-là. Il me reste la conscience que je suis un honnête homme, et votre amour, n'est-ce pas, ma mère?... car tu me pardonnes, et tu m'aimes...

ARISTIDE.

Et bien d'autres encore t'aiment!... moi, par exemple! et mademoiselle Hermine aussi!

JACQUES.

Oui, peut-être... mais ne comptons pas là-dessus. La pauvre enfant n'est pas libre... et puis elle ne savait pas... Il ne faut pas trop demander au cœur d'une femme. Le mieux est de tout prévoir. Nous allons partir. Nous vivrons tous ensemble à la campagne. Nous verrons ce que le temps décidera. (A sa mère.) Cela te convient-il?

CLARA.

Tu le demandes?

JACQUES.

Il y a d'autres gens que nous qui souffrent. Nous tâcherons de faire du bien!

On frappe.

ARISTIDE.

Entrez.

Jacques, qui était aux genoux de sa mère, s'est levé et s'essuie les yeux.

SCÈNE VIII

Les Mêmes, LE MARQUIS.

LE MARQUIS.

M. de Boisceny?

JACQUES.

Me voilà, monsieur.

LE MARQUIS.

Je suis chargé d'une lettre pour vous, monsieur.

Il remet une lettre à Jacques.

JACQUES, lisant.

« Monsieur, vous pouvez remettre en toute confiance M. le marquis d'Orgebac, mon oncle, les papiers dont vous avez bien voulu vous charger pour moi. Je regrette de partir sans avoir pu vous remercier moi-même, mais je vous prie de croire, monsieur, à ma reconnaissance et à l'expression de mes sentiments les plus distingués. Henriette Sternay. » (Il prend les papiers dans sa poche et les donne au marquis.) Voici ces papiers, monsieur; vous prierez madame Sternay de m'excuser si je ne les lui ai pas remis dès que je les ai reçus, mais j'avoue que je les avais oubliés au milieu de préoccupations personnelles.

LE MARQUIS.

Voulez-vous me donner votre main, monsieur?

JACQUES, lui tendant la main.

Avec plaisir.

LE MARQUIS.

Au revoir, monsieur.

JACQUES.

Au revoir.

LE MARQUIS, à Clara.

Vous pouvez être fière de votre fils, madame, c'est un

homme d'honneur. Il avait une vengeance dans les mains, il n'y a pas même pensé.

CLARA.

Merci, monsieur!

JACQUES, au marquis.

Pardon, monsieur le marquis; mais, puisque vous paraissez vous intéresser à moi, voulez-vous me permettre de vous adresser une question?

LE MARQUIS.

Certainement.

JACQUES.

Vous savez ce qui s'est passé entre M. Sternay et moi?

LE MARQUIS.

Oui.

JACQUES.

Et madame Sternay?

LE MARQUIS.

Elle sait seulement que le mariage est rompu, sans connaître les causes de cette rupture.

JACQUES.

Et mademoiselle Hermine?

LE MARQUIS

A reçu l'ordre de ne plus penser à vous, sans autre explication.

JACQUES.

Alors?

LE MARQUIS.

Alors, elle a voulu savoir les raisons de cet ordre; et comme on a refusé de les lui dire, vous connaissez son caractère, elle s'est disposée à venir les demander elle-même à madame votre mère.

JACQUES.

Et?

LE MARQUIS.

Et, comme ma sœur n'a pas trouvé la démarche convenable, elle l'a empêchée ; et, pour n'avoir pas à l'empêcher de nouveau, elle renvoie Hermine au couvent.

JACQUES.

Jusqu'à ?

LE MARQUIS.

Jusqu'à sa majorité.

JACQUES.

Merci, monsieur. (Le marquis salue et sort. — A Aristide, moitié triste, moitié gai.) Eh bien, parrain, je crois que voilà une rude journée.

ACTE TROISIÈME.

Chez le marquis d'Orgebac.

SCÈNE PREMIÈRE

LE MARQUIS, ARISTIDE.

LE MARQUIS.

Ainsi, mon cher monsieur Fressard, vous aurez la bonté de faire cela pour moi : vous avez bien compris ?

ARISTIDE.

Parfaitement. J'ai compris que vous m'avez invité, pendant mon séjour à Paris, à venir passer la journée à la campagne et que vous m'envoyez discuter un bail avec votre fermier.

LE MARQUIS.

Je vous demande pardon, mon cher monsieur Fressard, mais...

ARISTIDE.

Je plaisante, monsieur le marquis. Depuis un an, depuis le jour où nous nous sommes rencontrés pour la première fois, et où vous avez tendu si cordialement la main à Jacques, je vous ai été tout acquis. Vous me faites l'honneur de m'inviter à passer la journée avec vous, et vous me donnez un acte à rédiger : c'est tout bénéfice et je vous en remercie.

LE MARQUIS.

J'aime les natures droites et franches; vous m'avez plu tout de suite. Je vous en veux seulement de ne pas m'avoir amené madame Fressard. Je suis un garçon, c'est vrai, mais un bien vieux garçon.

ARISTIDE.

Ce n'est pas pour cela que Victoire n'est pas venue, mais elle ne va et ne peut aller nulle part à cause de ses enfants.

LE MARQUIS.

Combien avez-vous donc d'enfants.

ARISTIDE.

Neuf : le nombre des Muses.

LE MARQUIS.

Ce sont des filles?

ARISTIDE.

Tous garçons!

LE MARQUIS.

Et quel âge a le dernier de vos garçons?

ARISTIDE.

Le dernier a un mois.

LE MARQUIS.

Alors, madame Fressard est encore souffrante?

ARISTIDE.

Victoire? On voit bien que vous ne la connaissez pas, monsieur le marquis; il y a quinze jours qu'elle trotte comme s'il ne s'était rien passé, et elle est prête à recommencer... si on veut.

LE MARQUIS.

Et vous êtes heureux d'avoir tant d'enfants?

ARISTIDE.

Ma foi, oui! L'aîné a dix-neuf ans. Il est venu au monde

neuf mois, jour pour jour, après mon mariage; il est à Saint-Cyr. Il va très bien : voilà sa carrière trouvée. Le second a dix-sept ans, il a du goût pour le commerce : il sera commerçant. Je veux bien diriger mes enfants, mais je ne veux pas les contrarier. Voyez-vous, monsieur le marquis, j'ai toujours vécu en province. Par ma profession, j'ai été à même de voir de près les vices, les passions, les tendances des hommes. Ils sont dans le faux tant qu'ils sont en dehors de la famille, comme fils, comme époux, comme père. Le but de la nature est que l'homme ait beaucoup d'enfants, qu'il les élève bien pour qu'ils soient utiles, et qu'il les aime bien pour qu'ils soient heureux. Se marier quand on est jeune et sain, choisir, dans n'importe quelle classe, une bonne fille honnête et saine, l'aimer de toute son âme et de toutes ses forces, en faire une compagne sûre et une mère féconde, travailler pour élever ses enfants et leur laisser en mourant l'exemple de sa vie : voilà la vérité. Le reste n'est qu'erreur, crime ou folie.

LE MARQUIS.

Vous êtes un grand philosophe, mon cher monsieur Fressard.

ARISTIDE.

J'ai eu un bon père, j'ai un bon estomac et j'ai une bonne femme : voilà tout. C'est dans les idées ci-dessus que j'ai élevé Jacques, car je remplaçais son père, heureusement; aussi, quand le pauvre garçon a rencontré votre petite-nièce, il ne voulait plus en démordre. Enfin, il y a les gens comme vous, monsieur le marquis, qui, n'ayant jamais été mariés et n'ayant jamais eu d'enfants, sont utiles aux enfants des autres. Ces gens-là, il faut les bénir et les aimer comme je vous aime depuis que je vous connais. Là-dessus, je vais faire votre bail, et il sera bien fait, je vous en réponds.

LE MARQUIS.

Je suis tranquille.

ARISTIDE.

On dîne à six heures?

LE MARQUIS.

A six heures précises.

ARISTIDE.

Je vous préviens que j'aurai faim. La régularité des repas, voilà encore une chose importante dans la vie. L'appétit c'est la conscience du corps!

LE MARQUIS.

Et Jacques vient dîner avec nous?

ARISTIDE.

Il n'est pas sûr de pouvoir dîner. — Il partira peut-être ce soir, mais il viendra toujours vous rendre ses devoirs. A tantôt!

LE MARQUIS.

A tantôt!

Sternay entre au moment où Aristide sort.

SCÈNE II

LE MARQUIS, STERNAY.

STERNAY.

Je connais cette figure-là. Quel est ce monsieur, mon oncle?

LE MARQUIS.

C'est un notaire... c'est mon notaire.

STERNAY.

Je l'ai vu quelque part.

LE MARQUIS.

Tu as dû le voir. Tu dînes avec nous?

STERNAY.

Oui, oui, ainsi que la marquise, ma femme et ma nièce. Vous avez reçu ma lettre?

LE MARQUIS.

Oui, et j'ai invité quelques personnes pour que vous ne vous ennuyiez pas trop et pour fêter ton retour, car voilà près d'un an que nous ne nous sommes vus.

STERNAY.

Onze mois!

LE MARQUIS.

Et vous avez fait un bon voyage?

STERNAY.

Superbe, et qui a fait beaucoup de bien à Henriette. Ce golfe de Naples est magnifique. Et vous, qu'est-ce que vous êtes devenu pendant ce temps-là?

LE MARQUIS.

La Chambre, quelques travaux de commission, une promenade à cheval ou en voiture, la chasse, mes livres, deux ou trois bons amis : voilà.

STERNAY.

Eh bien, moi, mon cher oncle, vous me voyez avec des idées nouvelles.

LE MARQUIS.

Ah! ah!

STERNAY.

Je viens vous les communiquer et vous demander vos conseils. Vous savez combien je vous aime et quelle confiance j'ai dans votre expérience et votre sagesse.

LE MARQUIS.

Tu es bien bon. Je t'écoute.

STERNAY.

J'ai quitté les affaires.

LE MARQUIS.

Depuis longtemps?

STERNAY.

Depuis six mois.

LE MARQUIS.

Est-ce qu'elles étaient mauvaises?

STERNAY.

Excellentes; mais j'ai trouvé à réaliser un beau bénéfice, et puis je voyageais! J'ai vendu ma part.

LE MARQUIS.

Ta mère le désirait?

STERNAY.

Oui.

LE MARQUIS.

Et quand elle veut une chose...

STERNAY.

Elle la veut bien, je vous en réponds.

LE MARQUIS.

Du reste, elle n'a pas à se plaindre. Tu as toujours été très soumis.

STERNAY.

Oh! mon Dieu, en somme, c'est une femme d'un grand sens et d'une grande vertu.

LE MARQUIS.

Oui, oui.

STERNAY.

J'ai donc vendu ma part. Ai-je eu tort?

LE MARQUIS.

Tu as eu raison.

STERNAY.

Vous m'approuvez?

LE MARQUIS.

Je t'approuve.

STERNAY.

Vous ne vous moquez pas de moi?

LE MARQUIS.

A quel propos?

STERNAY.

Cela vous est arrivé souvent. Me voilà donc libre! Que faire? Il m'est venu une idée.

LE MARQUIS.

Qui est?

STERNAY.

Qui est une idée d'ambition.

LE MARQUIS.

Tiens, tiens!

STERNAY.

Mais de cette ambition qui pousse de quarante à cinquante ans.

LE MARQUIS.

Avec le ventre?

STERNAY.

Justement. C'est ennuyeux de ne pas être quelque chose. On s'en aperçoit quand on voyage; il n'est plus permis à un homme de mon âge de ne pas être au moins membre du conseil général et décoré.

LE MARQUIS.

Tu veux avoir de la garde nationale à ton enterrement, je te vois venir.

STERNAY.

Enfin je vois tant d'imbéciles qui ont des positions...

LE MARQUIS.

Que tu dis que tu y as tout autant de droits qu'eux.

ACTE TROISIÈME.

STERNAY.

Vous me comprenez?

LE MARQUIS.

Parfaitement.

STERNAY.

Il n'y a qu'un moyen d'arriver à quelque chose.

LE MARQUIS.

C'est?

STERNAY.

C'est la députation. J'ai une position honorable, une belle fortune, des amis dans mon département. J'ai usé de mon influence pour les autres; à mon tour.

LE MARQUIS.

Eh bien, mon cher ami, tu as eu une idée excellente. Sois un homme politique; ça ne peut faire de mal à personne. Et tu comptes siéger dans l'opposition?

STERNAY.

Oh! ma foi, non.

LE MARQUIS.

Tu te rallies, alors; car ta mère avait cru devoir être légitimiste.

STERNAY.

Il y a si longtemps!

LE MARQUIS.

Elle t'approuve, alors?

STERNAY.

C'est elle qui...

S'arrêtant.

LE MARQUIS.

Achève donc, c'est elle qui t'a donné ce conseil?

STERNAY.

Eh bien, oui.

LE MARQUIS.

C'est un conseil excellent.

STERNAY.

Et vous m'aiderez?

LE MARQUIS.

Comment?

STERNAY.

En me recommandant au ministre, avec qui vous êtes très lié.

LE MARQUIS.

Tu voudrais être le candidat du ministère?

STERNAY.

Dans mon département, où les élections vont avoir lieu.

LE MARQUIS.

Je te présenterai au secrétaire du ministre.

STERNAY.

Quand?

LE MARQUIS.

Tout à l'heure.

STERNAY.

Il va venir?

LE MARQUIS.

Je l'attends; et il a une grande influence sur le ministre.

STERNAY.

A merveille. Le reste ne dépend plus que de vous.

LE MARQUIS.

Il y a donc un reste?

STERNAY.

Oui.

LE MARQUIS.

Voyons-le.

STERNAY.

Vous me répondrez : oui ou non, sans vous gêner

LE MARQUIS.

Mais va donc.

STERNAY.

Eh bien, je viens vous dire tout simplement : Il n'y a que vous qui ayez le titre et le nom de nos aïeux paternels; vous êtes garçon, vous ne comptez pas vous marier. Ce titre et ce nom mourront avec vous. Franchement, ce n'est pas juste, et, puisque vous n'avez qu'un mot à dire pour qu'ils restent dans la famille...

LE MARQUIS.

Comment?

STERNAY.

Adoptez-moi : vous n'avez pas d'enfant.

LE MARQUIS.

Ni toi non plus.

STERNAY.

Moi, je suis marié.

LE MARQUIS.

Et ta femme est encore jeune... On ne sait pas ce qui peut arriver. C'est encore une bonne idée que tu as eue là, mais il y a vingt ans que ta mère l'a eue avant toi. A l'époque de ton mariage, elle m'en a cassé la tête.

STERNAY.

Et vous avez refusé?

LE MARQUIS.

Tu as dû t'en apercevoir.

STERNAY.

Mais aujourd'hui?

8.

LE MARQUIS.

Aujourd'hui, je refuse toujours.

STERNAY.

Me croyez-vous indigne de porter votre nom?

LE MARQUIS.

Non. Mais, puisque tu en as déjà un, qui est celui de ton père et qui est très bien... Sternay... c'est très joli, garde ton nom, je garderai le mien. Ah! si tu n'en avais pas du tout... si tu étais comme ton fils, par exemple, je ne dis pas, et encore, tu as bien refusé ton nom à ton fils quand il est venu te le demander!

STERNAY.

Mon fils? mon fils? D'abord, il n'est pas venu me le demander, et puis c'est tout autre chose, et, puisque vous me parlez de cette histoire...

LE MARQUIS.

Mon cher ami, à ton âge comme au mien on sait ce qu'on fait, et, si tu n'as pas épousé la mère de ton enfant, si tu n'as pas reconnu ton fils, si tu ne lui as pas donné ta nièce, tu avais certainement d'excellentes raisons

STERNAY.

Oui, excellentes.

LE MARQUIS

Je voudrais bien les connaître.

STERNAY.

Ah çà! voyons, mon oncle, est-ce vous qui allez me faire de la morale, après la vie que vous avez menée?

LE MARQUIS.

Moi, mon cher, je n'ai pas à me reprocher d'avoir jamais compromis une femme ou déshonoré une fille. Je n'ai heureusement rencontré que des personnes qui avaient pris leurs précautions avant de me connaître. Je n'ai eu que des amours de table d'hôte. J'ai mangé du plat que me passait mon voisin de droite, je l'ai passé à mon voisin de gauche, j'ai payé et je suis parti. Si j'avais été à ta place...

STERNAY.

Vous auriez fait ce que j'ai fait.

LE MARQUIS.

Non.

STERNAY.

Vous n'auriez pas épousé une ouvrière dont la mère était mercière en province, le père cantonnier et la tante femme de ménage. Voyons, mon oncle, il faut être juste, on ne fait pas de ces mariages-là.

LE MARQUIS.

Soit. Mais on reconnaît l'enfant.

STERNAY.

Pas davantage. On n'embarrasse pas toute sa vie pour une erreur de jeunesse. On assure à l'enfant de quoi vivre, comme je l'ai fait (ce n'est pas ma faute si sa mère n'a pas accepté), et on se conduit, en faisant ainsi, comme deux hommes sur cent. Et ce n'est pas quand un enfant a vingt-trois ans, qu'il y a vingt ans qu'on n'a entendu parler de lui, qu'on n'y pense plus, qu'on est marié, qu'on est vieux, qu'on ne sait pas ce qu'il a pu faire, qu'il porte un autre nom que celui de sa mère, qu'il vient presque vous provoquer, car j'ai vu le moment où il me provoquait, qu'on va le reconnaître, faire un scandale, se brouiller avec sa mère et avec sa femme. Si ce garçon avait été malheureux... mais il est plus riche que moi.

LE MARQUIS.

Oui, s'il avait crevé de faim, tu lui aurais alloué six cents francs de pension et peut-être autant à la mère, mais il n'avait besoin que d'un nom. Alors, à ce qu'il paraît, tu as invoqué la société, la morale! Tu as dû être bien beau ! j'aurais voulu être là ! Et, pour sortir de la fausse situation où tu étais, tu as eu le courage de vouloir faire croire à ton fils que sa mère avait eu un amant... quand tu savais le contraire.

STERNAY.

Il y avait cent à parier...

LE MARQUIS.

Tu mens !... Tu savais très bien à quoi t'en tenir, et, en tout cas, s'il y avait cent à parier, ce n'était pas à toi de tenir le pari, surtout contre ton fils. Et, quand sa mère s'est expliquée devant toi, tu pouvais, tu devais revenir sur ce que tu avais dit. Et, en admettant que tu aies cru avoir de bonnes raisons pour ne pas t'occuper de ton fils, depuis un an ton silence n'a pas d'excuse.

STERNAY.

Mais comment connaissez-vous tous ces détails ?

LE MARQUIS.

Je les connais, peu t'importe comment, et je trouve que tu as commis là une petite infamie, mon bonhomme. Ta conscience ne te dit rien. Tant mieux pour toi, et n'en parlons plus. Ce n'est pas pour cela que tu es venu. Tu veux être député, tu veux être un homme politique, je ne t'en empêche pas ; arrange-toi avec le gouvernement ; c'est ton affaire. Mais tu veux que je t'adopte et que je te donne mon nom et mon titre ? Ceci est autre chose, et je te le refuse net. Chacun a ses petites raisons. Je ne te donne pas les miennes. Qu'il te suffise de savoir qu'elles sont excellentes aussi. Là-dessus, aime toujours bien ta maman, ne fais rien pour lui déplaire et garde le caractère que tu as, tu seras toujours heureux ; c'est moi qui te le dis. Tu ne tiens pas à ce que je t'embrasse, après ce petit discours ; c'est inutile ; nous nous aimerons bien sans cela. (A la marquise, qui entre avec Hermine et madame Sternay.) Bonjour, ma chère sœur.

SCÈNE III

Les Mêmes, LA MARQUISE, HENRIETTE, HERMINE.

LA MARQUISE.

Bonjour, mon ami.

LE MARQUIS.

Vous allez bien, chère Henriette?

HENRIETTE.

A merveille, merci.

LE MARQUIS, à Hermine.

Et toi, l'enfant, on t'a donc permis de sortir du couvent aujourd'hui?

HERMINE.

Pour votre fête, c'était bien le moins.

LE MARQUIS.

En effet, c'est ma fête.

HERMINE, l'embrassant.

Et je vous la souhaite bonne et heureuse.

LE MARQUIS.

Merci, chère petite; mais le couvent te réussit.

HERMINE.

Je ne me suis jamais si bien portée.

LE MARQUIS.

Le fait est que tu as une mine superbe; — tu es engraissée.

HERMINE.

J'ai cinq centimètres de plus à la taille, et j'ai grandi un peu. On est très bien au couvent.

LE MARQUIS.

Tu t'y plais, alors?

HERMINE.

Beaucoup.

Elle va déposer son chapeau sur un meuble.

LA MARQUISE, à son fils.

Eh bien?

STERNAY.

Il a refusé net.

LA MARQUISE.

Sous quel prétexte?

STERNAY.

Sous le prétexte qu'il ne veut pas.

LA MARQUISE.

Je me charge de le décider, moi.

LE MARQUIS, à Henriette.

Ce que dit Hermine est-il vrai?

HENRIETTE.

Je le crois.

LE MARQUIS.

Pas un mot de M. de Boisceny?

HENRIETTE.

Pas une syllabe.

LE MARQUIS.

Même à vous?

HENRIETTE.

Même à moi.

LE MARQUIS.

Que vous a dit la supérieure du couvent?

HENRIETTE.

Qu'Hermine mange, boit, dort, cause et rit avec ses camarades comme autrefois.

LE MARQUIS.

Et vous ne l'avez pas interrogée?

HENRIETTE.

Non. Si Hermine devait répondre franchement à mes questions, elle m'aime assez pour ne pas attendre que je les lui fasse. Je respecte son secret, si elle en a un, d'autant plus facilement que je ne puis rien pour elle.

HERMINE, s'approchant du marquis.

Puis-je lire ce livre, mon oncle? Il n'y a rien dedans qu'une jeune fille ne puisse lire?

LE MARQUIS.

Rien; d'ailleurs, il est en anglais.

HERMINE.

Je sais l'anglais, je l'ai appris cette année.

LE MARQUIS.

Lis-le alors tant que tu voudras, ou plutôt tant que tu pourras.

Hermine va se mettre dans un coin avec son livre et paraît lire très attentivement.

HENRIETTE.

Vous voyez.

LE MARQUIS.

Oui; après tout, un an de couvent change bien une fille.

HENRIETTE.

Elle n'est pas de celles qui changent en un an.

LA MARQUISE, haut.

Mon frère!

LE MARQUIS.

Ma chère sœur?

LA MARQUISE.

Est-ce un secret que vous avez avec madame Sternay?

LE MARQUIS.

Oui.

LA MARQUISE.

Alors, je vous retiens après elle. Il n'y a pas besoin de prendre un numéro?

LE MARQUIS.

C'est inutile, je me le rappellerai. (A Henriette.) Et Hermine ignore toujours pourquoi son mariage n'a pas eu lieu?

HENRIETTE.

Toujours.

LE MARQUIS.

Mais vous, connaissez-vous la cause de cette rupture?

HENRIETTE.

Oui : la marquise m'a dit que M. de Boisceny n'avait pu justifier de la position qu'il s'était donnée, et que, du reste, il avait compris lui-même qu'il ne devait plus prétendre à cette union.

LE MARQUIS.

Voilà tout?

HENRIETTE.

Oui.

LE MARQUIS.

Et Sternay ne vous a rien dit, lui?

HENRIETTE.

Rien. Il a confirmé le dire de sa mère.

LE MARQUIS.

Je vous dirai tout, moi; car il faut que vous sachiez la vérité. Ces gens-là sont par trop égoïstes, et, quand vous serez au courant, vous m'aiderez, si ces deux enfants s'aiment toujours, à conclure leur mariage.

HENRIETTE.

Ce qu'il y a de certain, c'est que M. de Boisceny s'est conduit avec moi comme le plus galant homme du monde.

LE MARQUIS.

C'est vrai.

LA MARQUISE, haut.

Eh bien, mon frère?

LE MARQUIS.

On y va, ma sœur; vous vous ennuyez donc bien avec votre fils? (A madame Sternay.) Et vous? peut-on vous demander comment vous avez fait ce voyage?

HENRIETTE, lui tendant la main.

Bien.

LE MARQUIS.

Vous êtes contente?

HENRIETTE.

Je n'ai jamais été si heureuse.

LE MARQUIS.

M. de Nervaux est marié?

HENRIETTE.

Oui; sa femme est très gentille; nous nous sommes rencontrés à Venise.

HERMINE, s'approchant.

Mon oncle, vous savez l'anglais?

LE MARQUIS.

Oui.

HERMINE.

Que veut dire ce mot : *stubborness*?

LE MARQUIS.

Il veut dire : persévérance, petite rusée!

HERMINE.

Merci.

SCÈNE IV

Les mêmes, JACQUES.

LE MARQUIS, voyant arriver Jacques, à la marquise.

Il faut remettre encore un peu ce que vous avez à me dire, ma chère sœur; heureusement, vous passez la journée avec nous. (Présentant Jacques.) M. Jacques Vignot. (Présentant la marquise.) Madame Sternay, ma sœur, née d'Orgebac. Votre mère ne vous accompagne pas, mon cher Jacques?

JACQUES.

Non, monsieur le marquis; ma mère, vous le savez, sort très peu; et, aujourd'hui, elle active tous mes préparatifs de voyage.

LE MARQUIS.

Vous partez donc, décidément?

JACQUES.

Ce soir. C'est une bonne nouvelle que je viens vous apprendre.

LA MARQUISE, à Sternay.

Quelle est cette plaisanterie? C'est là le fils de Clara Vignot?

STERNAY.

Oui, ma mère; je n'y comprends rien.

LE MARQUIS, présentant Sternay à Jacques.

Mon neveu M. Sternay...

JACQUES, saluant.

J'ai déjà eu l'honneur de me trouver une fois avec monsieur.

LE MARQUIS, le présentant à Henriette.

Madame Sternay...

Jacques salue très respectueusement.

HENRIETTE, à Jacques.

Je demandais tout à l'heure de vos nouvelles, monsieur; seulement, je ne connaissais pas le nom sous lequel vous venez de m'être présenté.

JACQUES.

C'est pour cela que je me suis fait présenter de nouveau, madame. Le nom que je portais ne m'appartenant pas, j'ai dû le quitter et reprendre mon nom véritable.

HENRIETTE.

Quel que soit votre nom, monsieur, il est celui d'un homme que j'estime et à qui je suis heureuse de le dire.

JACQUES.

Je vous remercie, madame.

LA MARQUISE, à elle-même.

Qu'est-ce que tout cela signifie?

JACQUES, allant à Hermine et lui tendant la main.

Bonjour, Hermine.

HERMINE, lui donnant la main.

Bonjour, Jacques; vous n'avez donc pas douté de moi?

JACQUES.

Pas un seul instant.

HERMINE.

Ni moi de vous.

LA MARQUISE.

Est-ce que vous devenez folle, Hermine?

HERMINE.

Je ne crois pas, bonne maman.

LA MARQUISE.

Que veut dire alors cette façon d'être avec monsieur?

HERMINE.

Elle est toute simple : monsieur et moi, nous nous

aimions, l'année dernière, nous nous le sommes dit, et j'ai juré à monsieur d'être sa femme comme il m'a juré d'être mon mari. Vous avez cru devoir vous opposer à notre mariage, sans me dire pourquoi, et je n'ai pu mettre aucun empêchement à votre volonté, puisque je suis mineure. D'ailleurs vous êtes plus âgée que moi, vous avez l'expérience et je pouvais m'être trompée moi-même ; vous agissiez en personne sensée. Mais les gens comme monsieur et moi n'ont qu'une parole, et, quand ils l'ont donnée, c'est pour la vie. Après une année de séparation forcée, nous nous retrouvons chez mon oncle, chez votre frère, chez un homme honorable enfin, qui accueille monsieur comme un ami, ce qui est la preuve que monsieur est toujours digne au moins de mon estime. Nous nous tendons franchement la main devant tout le monde et en toute confiance, ce qui me paraît plus convenable que d'attendre une occasion de nous parler, tout bas, dans un coin. Voilà, bonne maman, l'explication de ma conduite.

LA MARQUISE.

Et peut-on savoir maintenant quels sont vos projets?

HERMINE.

Oui, bonne maman : si vous me les aviez demandés plus tôt, je vous les aurais dits plus tôt. Mes projets sont d'épouser M. Jacques Vignot, puisque je l'aime toujours, comme je voulais épouser M. Jacques de Boisceny ; ce n'est plus le même nom, mais c'est le même homme.

LA MARQUISE.

Et quand comptez-vous épouser monsieur?

HERMINE.

Quand vous ne pourrez plus faire autrement, grand'-mère, que de vous laisser convaincre.

LA MARQUISE.

C'est bien, mademoiselle, mais jusque-là?

HERMINE.

Jusque-là, bonne maman, vous me remettrez, je pense, au couvent où j'étais encore ce matin, et vous aurez bien raison ; car, outre qu'il vous serait sans doute désagréable d'avoir sans cesse auprès de vous une petite-fille aussi désobéissante que moi, de mon côté, c'est l'endroit où je désire le plus rester, jusqu'à vingt et un ans, ayant le grand désir d'apprendre toutes les choses utiles que je ne sais pas encore.

LA MARQUISE.

Alors, si vous voulez, nous partirons tout de suite ; car mon avis à moi est que votre place n'est plus ici.

HERMINE.

Je suis à vos ordres, bonne maman.

LA MARQUISE.

Partons donc.

HERMINE.

Partons.

Elle va prendre son chapeau.

HENRIETTE, conciliante.

Madame...

LA MARQUISE.

Vous n'avez rien à voir là dedans.

STERNAY.

Voyons, ma mère, voyons...

LA MARQUISE.

Vous me trouverez chez moi si vous avez à me parler, mon fils. (Au marquis.) Quant à vous, mon frère, c'est la dernière fois que vous me voyez dans votre maison, et je vous aurais tenu quitte plus tôt de ma présence, si j'avais pu prévoir les rencontres auxquelles vous m'exposeriez.

LE MARQUIS.

Comme il vous plaira, ma chère sœur ; mais vous ne

vous êtes rencontrée chez moi qu'avec des personnes que j'estime et que j'aime.

LA MARQUISE.

Venez, Hermine.

HERMINE.

Me voici, bonne maman. (Très simplement.) Au revoir, Jacques.

JACQUES.

Au revoir, Hermine.

Hermine et la marquise sortent.

STERNAY, à Jacques.

Il faut que je vous parle.

JACQUES.

Je suis tout à vous, monsieur.

LE MARQUIS, à Henriette.

Ces messieurs ont certainement à causer; venez faire un tour de jardin, chère Henriette, que je vous raconte une histoire et que je vous communique une idée.

HENRIETTE.

Je n'y comprends plus rien : qui est-ce qui a raison dans cette affaire?

LE MARQUIS.

Tout le monde : voilà bien où est la difficulté !

Ils sortent.

SCÈNE V

JACQUES, STERNAY.

STERNAY.

Voyons, monsieur, où voulez-vous en venir?

JACQUES.

Moi, monsieur? Mais à rien du tout.

STERNAY.

Votre présence dans cette maison, le jour où j'y reviens pour la première fois, prouve cependant que vous avez un but.

JACQUES.

Vous êtes complètement dans l'erreur, monsieur.

STERNAY.

Qu'êtes-vous venu faire ici?

JACQUES.

Je suis venu voir M. d'Orgebac, lui dire adieu, car je pars ce soir, et j'ignorais non seulement que vous fussiez chez lui, mais encore que vous fussiez de retour et que vous fussiez parti. Je vous avouerai même que, si j'avais su vous rencontrer, vous et madame votre mère, j'aurais refusé l'invitation du marquis pour ne pas nous exposer les uns et les autres aux embarras d'une situation, désagréable pour ceux-ci, pénible pour ceux-là, ridicule pour tous. Le marquis ignorait comme moi que vous lui feriez visite aujourd'hui. Le hasard seul, cette fois encore, a tout combiné.

STERNAY.

Alors, vous êtes très lié avec mon oncle?

JACQUES.

Comme un homme de mon âge peut être lié avec un homme du sien. Une circonstance indépendante de notre volonté à tous deux nous a mis en rapport ensemble l'année dernière, une heure après que je vous connaissais. M. d'Orgebac s'est pris subitement d'amitié pour moi, il a essayé de m'être utile, il a réussi, et j'ai pour lui la plus vive reconnaissance et la plus sincère affection. Je m'attache très facilement. J'ai ce qu'on appelle une nature aimante. Depuis six mois, nous sommes non seulement en relations affectueuses, mais en relations d'affaires; j'ai très souvent des communications à lui transmettre de la part du ministre, dont je suis le secrétaire.

STERNAY.

Comment! c'est vous qui êtes le secrétaire du ministre?

JACQUES.

Oui, monsieur.

STERNAY.

Ah! je vous fais mon compliment. C'est au marquis que vous devez cette position?

JACQUES.

Un peu, monsieur, et à un travail que je lui ai adressé sur la question qui s'agite en Orient et que j'ai beaucoup étudiée. Le ministre a lu ce travail, il a désiré me connaître, le marquis m'a présenté à lui, lui a même raconté mon histoire, en ne nommant que les personnes qu'il devait nommer, bien entendu; le ministre s'est montré très bienveillant à mon égard et m'a demandé si je voulais rester auprès de lui; j'ai accepté, et je crois que je lui suis assez utile.

STERNAY.

Vous êtes dans des idées beaucoup plus sages que l'année dernière.

JACQUES.

Je suis tout simplement dans les idées d'un homme qui a souffert beaucoup en peu de temps. Un moment, j'ai douté de la vie, je me suis abandonné à la colère, à la haine. J'étais jeune, inexpérimenté, étranger aux grandes émotions; mais les sentiments de ma véritable nature ont repris le dessus, et je suis redevenu bon comme ma mère m'avait appris à l'être. Il y a de braves gens dans le monde, et, depuis un an, j'ai vu venir à moi des sympathies que je n'avais pas connues jusqu'alors, qui m'ont conseillé, soutenu, dirigé. J'ai beaucoup d'amis. Et puis les événements les plus douloureux ont quelquefois un bon résultat; souvent une douleur inattendue, un malheur injuste, donnent à l'homme une énergie et une persévérance qu'il n'eût peut-être jamais trouvées dans le bonheur, et tel est devenu un homme supérieur après avoir souffert, qui n'eût été qu'un homme vulgaire s'il eût toujours été heureux. Je ne suis pas un homme supérieur, mais je commence à être un homme utile, et je le dois aux événements imprévus de l'année passée. Je n'ai donc pas à vous en vouloir, monsieur; j'ai presque à vous remercier, quoique le bien que vous m'avez fait, vous me l'ayez fait un peu malgré vous. Je sers mon pays dans la mesure de mes forces, sans bruit et sans ostentation. J'avais le goût naturel de l'obscurité, ma naissance m'en a fait un devoir, et ce ne serait que poussé par une volonté plus forte que la mienne, que je consentirais à en sortir. Je n'ai pas d'ambition et je comprends que je ne puis pas avoir d'orgueil. Je dois le jour à une faute; je n'en rougis ni ne m'en vante; je ne le cache ni ne l'avoue; je l'accepte comme un fait, et je crois que nul ne sera en droit de reprocher cette faute soit à ma mère, soit à moi, en voyant la modestie de notre vie à tous les deux. Cependant, comme Dieu est juste, il m'envoie une compensation dans l'amour de votre nièce. Ni vous ni votre mère ne croyez devoir me la donner, soit; au lieu de tenir ma femme de sa famille, je la tiendrai de la loi qui, si elle a frappé un côté de mon cœur, consolera du moins l'autre. Vous voyez, monsieur, que je n'ai aucune raison d'en vouloir à personne, que j'ai assez bien arrangé ma vie, et que je suis, je le crois du moins, dans le simple, dans le juste et dans le vrai.

STERNAY, à part.

Mais il est charmant, ce gaillard-là! (Allant à lui.) Jacques...

SCÈNE VI

Les Mêmes, HENRIETTE.

JACQUES, voulant éviter toute autre explication.

Voici madame Sternay, monsieur, je vous laisse. (A Henriette, en lui tendant la main.) Adieu, madame.

HENRIETTE.

Vous partez, monsieur?

JACQUES.

Je retourne à Paris à l'instant, et je le quitte ce soir.

HENRIETTE.

Ce soir même?

JACQUES.

Oui. Je suis venu dire adieu au marquis et je n'ai que le temps d'aller embrasser ma mère. Permettez-moi de vous remercier encore une fois, madame, de l'accueil que vous m'avez toujours fait et de la sympathie que vous n'avez cessé de me témoigner.

Il salue et sort.

SCÈNE VII

HENRIETTE, STERNAY.

HENRIETTE.

Eh bien, le marquis m'a tout raconté.

STERNAY.

Qu'est-ce qu'il vous a raconté, chère amie?

HENRIETTE.

Il m'a raconté que Jacques Vignot est votre fils.

STERNAY.

Alors, chère amie, je ne vous le cacherai pas plus longtemps.

HENRIETTE.

Je voudrais même savoir pourquoi vous me l'avez caché.

STERNAY.

Quand aurais-je pu vous le dire?

HENRIETTE.

Avant notre mariage.

STERNAY.

Votre famille m'aurait refusé votre main, et...

HENRIETTE.

Et?...

STERNAY.

Et je vous aimais...

HENRIETTE.

Je le veux bien. En tout cas, si vous n'aviez pas le courage de faire cet aveu avant votre mariage, il fallait avoir l'esprit de le faire après, quand on ne pouvait plus rien empêcher. J'aurais pris cet enfant, je l'aurais élevé auprès de nous.

STERNAY.

Vous auriez fait cela?

HENRIETTE.

Pourquoi pas?

STERNAY.

Mais la mère n'eût pas abandonné son fils.

HENRIETTE.

C'est vrai, on ne pense jamais à la mère dans ces cas-là. Eh bien, monsieur, il fallait épouser la mère. Cela eût probablement mieux valu pour tout le monde.

STERNAY.

Henriette!

HENRIETTE.

Enfin il ne s'agit plus du passé. Quels sont vos projets maintenant?

STERNAY, naïvement.

Qu'est-ce que vous me conseillez?

HENRIETTE.

Je vous conseille de faire tout au monde pour sortir de la position où vous êtes, qui serait honteuse si elle n'était pas ridicule, car vous étiez ridicule tout à l'heure, monsieur, en présence de votre fils. Cette situation se renouvellera toutes les fois que vous vous trouverez ensemble.

STERNAY.

Je ne pouvais rien dire devant ma mère, devant vous et surtout devant Hermine, qui doit ignorer ces secrets de famille; car vous désirez qu'elle les ignore?

HENRIETTE.

Évidemment; mais il faut trouver un moyen de la marier tout de suite avec votre fils, puisqu'elle l'aime toujours.

STERNAY.

Trouvons-le, je ne demande pas mieux

HENRIETTE.

Qu'est-ce que c'est que la mère?

STERNAY.

Quelle mère?

HENRIETTE.

La mère de votre fils; quelle femme est-ce?

STERNAY.

C'est vrai, vous ne la connaissez pas.

ACTE TROISIÈME.

HENRIETTE.

Où voulez-vous que je l'aie connue? Je vois seulement comment elle a élevé son fils, et, à la juger par là, ce serait une honnête femme.

STERNAY.

Clara? c'est la plus honnête femme du monde.

HENRIETTE.

Merci. Eh bien, alors, monsieur, qu'est-ce que vous attendez?

STERNAY.

Pour?...

HENRIETTE.

Pour sauter au cou de votre fils et pour lui donner votre nom.

STERNAY.

J'attends! j'attends!... Vous voyez les choses comme une femme, avec votre cœur; moi, je les vois avec ma raison.

HENRIETTE.

Les rôles sont intervertis, alors; mais votre raison, votre égoïsme même, vous engagent à reconnaître votre fils et à lui donner votre nom.

STERNAY.

Vous croyez?

HENRIETTE.

Si l'on arrive à tirer de vous un père véritable, on aura du bonheur, mais enfin on peut toujours essayer. D'abord c'est votre fils, voilà la meilleure raison; ensuite vous n'avez pas d'enfant; enfin, avec le caractère que je lui connais — car il ne tient pas de vous de ce côté-là, il a du caractère, — à la majorité d'Hermine, votre fils ou non, il épousera votre nièce, après les sommations légales.

STERNAY.

Ce n'est pas douteux.

HENRIETTE.

L'histoire fera du bruit; la vérité transpirera; on se demandera pourquoi vous n'avez pas reconnu cet enfant; on cherchera dans sa vie; qu'est-ce qu'on trouvera? Un homme honorable, intelligent, qui se sera fait sa position tout seul, et l'on dira : « M. Sternay a été bien maladroit de ne pas reconnaître un homme qui pouvait lui être si utile. »

STERNAY.

Comment! lui être si utile?

HENRIETTE.

Supposez que M. Vignot porte votre nom; aimé comme il l'est du ministre, il peut demander tout ce qu'il voudra pour son père.

STERNAY.

C'est vrai.

HENRIETTE.

Vous êtes ambitieux, il vous pousse; vous avez fait votre devoir, et vous servez vos intérêts.

STERNAY.

C'est parfaitement juste; après?

HENRIETTE.

Eh bien, après? Savez-vous ce qui va arriver, si vous ne vous décidez pas tout de suite?

STERNAY.

Qu'arrivera-t-il?

HENRIETTE.

Il arrivera qu'un autre fera ce que vous auriez dû faire, un autre reconnaîtra votre fils.

STERNAY.

Un autre reconnaîtra mon fils! Quel autre?

HENRIETTE.

Le marquis.

STERNAY.

Mon oncle?

HENRIETTE.

Lui-même.

STERNAY.

Quelle plaisanterie!

HENRIETTE.

Je ne plaisante pas plus qu'il ne plaisantait tout à l'heure quand il m'annonçait ses intentions.

STERNAY.

Il vous a dit?...

HENRIETTE.

Que, s'il ne faut qu'un nom à ce jeune homme pour qu'il épouse Hermine, il lui donnera le sien, et il le fera comme il l'a dit.

STERNAY.

Il en est capable, mais je suis là, heureusement. Vous êtes une bonne femme, Henriette, et vous m'avez donné un bon conseil... Jacques portera mon nom... Où est mon chapeau? (Au marquis qui entre.) Ah! c'est vous, mon oncle?

SCÈNE VIII

Les Mêmes, LE MARQUIS.

LE MARQUIS.

Tu es étonné de me voir chez moi?

STERNAY.

Non, mais je pensais à autre chose.

HENRIETTE.

Vous n'avez plus besoin de moi?

STERNAY.

Non, il faut que je cause avec mon oncle. Voulez-vous aller m'attendre à Paris, chez ma mère? Dites-lui... non, ne lui dites rien... seulement, qu'elle attende un peu avant de reconduire Hermine à son couvent.

HENRIETTE.

Adieu, mon oncle.

LE MARQUIS.

Au revoir, ma chère enfant.

<small>Henriette sort.</small>

SCÈNE IX

LE MARQUIS, STERNAY.

STERNAY.

Qu'est-ce qu'Henriette vient de me dire, mon cher oncle, que vous voulez reconnaître Jacques?

LE MARQUIS.

Oui; c'est une idée qui m'est venue tout à l'heure en l'embrassant quand il m'a quitté; j'ai senti que je l'aimais, cet enfant; au fait, il est de ma famille, puisqu'il est ton fils. Il m'a semblé que c'était le moyen de tout arranger. Je n'ai pas les mêmes raisons que toi, et je venais même pour te consulter.

STERNAY.

Je vous remercie bien, mon oncle, mais votre idée devient inutile.

LE MARQUIS.

Parce que?

STERNAY.

Parce que c'est moi qui reconnais Jacques.

LE MARQUIS.

Es-tu sûr de le pouvoir?

STERNAY.

Comment, si je le peux? Le pouvez-vous, vous?

LE MARQUIS.

Parfaitement.

STERNAY.

Eh bien, alors?

LE MARQUIS.

Ce n'est pas la même chose.

STERNAY.

Non, ce n'est pas la même chose; car, moi, je suis le père.

LE MARQUIS.

Quelle mauvaise raison!

STERNAY.

Vous trouvez?

LE MARQUIS.

Tu ne l'es plus, il y a prescription.

STERNAY.

C'est un joli mot; mais vous ne comptez pas me faire concurrence?

LE MARQUIS.

Pourquoi pas? Tu as eu vingt-cinq ans d'avance sur moi, il fallait en profiter. Je trouve un grand garçon que j'aime beaucoup et qui m'aime bien, que personne ne réclame, et qui a besoin d'un nom. J'ai justement un nom dont je ne sais que faire, et la preuve, c'est que tu es venu me le demander et que je te l'ai refusé; je n'ai plus que quelques années à vivre, je ne sais pas pourquoi je ne me donnerais pas le luxe d'un fils pendant ces dernières années. Ce sera de l'amour filial en viager. Si l'enfant était à faire, je ne dis pas; mais, puisqu'il est tout fait...

STERNAY.

Charmant paradoxe, mais je suis là et la loi aussi.

LE MARQUIS.

La loi?

STERNAY.

Oui; la loi, le Code.

LE MARQUIS.

Mais la loi est pour moi, mon bon ami.

STERNAY.

Je serais curieux de voir cela.

LE MARQUIS, voyant entrer Fressard.

Veux-tu le voir tout de suite?

STERNAY.

Je ne demande pas mieux.

SCÈNE X

Les Mêmes, ARISTIDE.

LE MARQUIS.

Voilà justement mon notaire, et il connaît la loi, celui-là, je t'en réponds! — Arrivez, mon cher monsieur Fressard, nous avons besoin de vous pour élucider un point de droit.

STERNAY, se souvenant.

Fressard!

LE MARQUIS, les présentant l'un à l'autre.

Mon neveu, M. Sternay... Mon notaire, M. Aristide Fressard.

ARISTIDE.

De quoi s'agit-il? (Au marquis.) Voici votre bail, monsieur le marquis, et bien en règle.

LE MARQUIS.

Merci.

STERNAY.

Est-ce que vous ne me reconnaissez pas, monsieur Fressard?

ARISTIDE.

En effet, monsieur, il me semble avoir déjà eu l'honneur de me rencontrer avec vous.

STERNAY.

Il y a longtemps, chez...

ARISTIDE.

Chez la mère de mon filleul. Vous allez bien, monsieur, depuis vingt ans?

STERNAY.

Très bien, je vous remercie; et vous?

ARISTIDE.

Pas mal, comme vous voyez.

STERNAY.

Eh bien, mon cher monsieur Fressard, je suis on ne peut plus heureux de vous rencontrer dans les circonstances présentes; vous connaissez mieux que personne tous les détails auxquels il faudrait initier mon notaire à moi, et vous serez heureux, je crois, de me rendre le service que je vais vous demander.

ARISTIDE.

Je suis notaire; mon état est de rendre des services. Qu'est-ce que c'est?

STERNAY.

Voulez-vous parler, mon oncle?

LE MARQUIS.

Non, non, parle d'abord, tu parles bien, et puis tu dirais que j'influence la loi.

STERNAY, à Fressard.

Il s'agit de mon fils.

ARISTIDE.

Vous avez un fils?

STERNAY.

Vous le savez bien….Jacques.

ARISTIDE.

Ah! Jacques est votre fils! depuis quand? car il ne l'était pas l'année dernière.

STERNAY.

Il l'est maintenant.

ARISTIDE.

Pour longtemps?

STERNAY.

Pour toujours.

ARISTIDE.

Vous l'avez reconnu?

STERNAY.

Non; mais je veux le reconnaître! c'est possible?

ARISTIDE.

Oui, oui; on peut toujours reconnaître un enfant.

STERNAY.

Vous voyez bien, mon oncle.

LE MARQUIS.

Va, va.

STERNAY.

Quelles sont les formalités à remplir?

ARISTIDE.

Il faut reconnaître l'enfant par un papier authentique, à la mairie ou devant notaire.

STERNAY.

Ce notaire, ce sera vous, si vous le voulez bien.

ACTE TROISIÈME.

ARISTIDE.

Je suis à vos ordres.

STERNAY.

Voilà tout ?

ARISTIDE.

Voilà tout.

STERNAY.

Eh bien, mon oncle, vous voyez comme c'est simple.

LE MARQUIS.

A mon tour, alors. — Mon cher monsieur Fressard, je veux reconnaître le fils de mon neveu.

ARISTIDE.

Vous le pouvez.

LE MARQUIS.

Ce sont les mêmes formalités à remplir ?

ARISTIDE.

Les mêmes.

LE MARQUIS.

Je compte sur vous.

ARISTIDE.

A votre service.

LE MARQUIS.

Tu vois !...

STERNAY.

Je ferai observer à M. Fressard qu'il s'agit de choses sérieuses, et, comme ami de Jacques et de sa mère, il devrait parler plus sérieusement et prendre au moins leurs intérêts.

ARISTIDE.

Pardon, monsieur, pardon ; il n'a été question que d'un point de droit, et j'y ai répondu catégoriquement, comme la loi elle-même eût répondu. C'est mon devoir de notaire; maintenant, voulez-vous me consulter sur les intérêts de mon filleul? Je les défendrai de mon mieux, c'est mon devoir d'ami. Je vais donc avoir deux côtés pour vous être agréable: (Se touchant l'épaule droite.) côté ami, (Se touchant l'épaule gauche.) côté notaire. Je suis prêt, monsieur; voulez-vous que je réponde ou que j'interroge? Je ne suis qu'une mécanique, je vous en préviens.

STERNAY.

Veuillez poser les questions...

ARISTIDE.

Vous êtes deux personnes qui voulez reconnaître le même enfant; cas nouveau. (A Sternay.) Je commencerai par vous, monsieur; vous voulez reconnaître un enfant?

STERNAY.

Oui.

ARISTIDE.

Avez-vous d'autres enfants?

STERNAY.

Non...

ARISTIDE.

Aimez-vous mieux le légitimer que de le reconnaître?

STERNAY.

Comment?

ARISTIDE.

En épousant la mère.

STERNAY.

Je suis marié.

ARISTIDE.

Avec une autre femme?

STERNAY.

Oui.

ARISTIDE.

Vous ne pouvez donc que reconnaître. (Au marquis.) Vous voulez reconnaître un enfant?

LE MARQUIS.

Oui.

ARISTIDE.

Êtes-vous marié?

LE MARQUIS.

Non.

ARISTIDE.

Vous pourriez donc épouser la mère et légitimer l'enfant?

LE MARQUIS.

Oui.

ARISTIDE, montrant le marquis.

Jusqu'à présent, l'intérêt de l'enfant est de ce côté. (A Sternay.) La reconnaissance peut être contestée par tous ceux qui y ont intérêt; votre femme conteste-t-elle la reconnaissance?

STERNAY.

Non...

ARISTIDE.

Avez-vous encore des parents?

STERNAY.

J'ai ma mère.

ARISTIDE.

Contestera-t-elle? (Un silence.) Répondez.

STERNAY.

Oui.

ARISTIDE.

Plaiderez-vous contre elle?

STERNAY.

Je plaiderai.

ARISTIDE.

Le jeune homme consentira-t-il à laisser traîner le nom de sa mère devant un tribunal pour avoir un nom qu'il ne demande pas? — Vous n'en savez rien. L'enfant n'étant pas là, moi, l'ami de l'enfant, je réponds pour lui : « Non! » (Au marquis.) Avez-vous une mère, un père, un fils naturel, légitime ou légitimé, une femme qui puisse s'opposer à la reconnaissance?

LE MARQUIS.

Non.

ARISTIDE.

Vous pouvez reconnaître ou légitimer à votre choix. monsieur ne le peut pas. L'intérêt de l'enfant est ici.

Il montre le marquis.

STERNAY.

Alors, je l'adopterai.

ARISTIDE.

Soit. Avez-vous des enfants légitimes?

STERNAY.

Non.

ARISTIDE.

Votre femme consent-elle à l'adoption?

STERNAY.

Oui.

ARISTIDE.

Avez-vous cinquante ans révolus?

STERNAY.

Oui.

ARISTIDE.

Pouvez-vous prouver que vous avez fourni à l'adopté,

pendant sa minorité, six ans au moins de secours et de soins non interrompus?

STERNAY.

Mais...

ARISTIDE.

Pouvez-vous le prouver?

STERNAY.

Non.

ARISTIDE.

L'adoption est impossible.

STERNAY.

Alors, un père ne peut pas reconnaître son enfant?

ARISTIDE.

Si, monsieur, le jour de sa naissance.

LE MARQUIS.

C'est ce qu'il y a de plus simple.

ARISTIDE.

Il y a une chose plus simple encore, monsieur le marquis : c'est de n'avoir d'enfants que par le mariage; car, voyez-vous, tant qu'on n'est pas marié, la loi permet de faire des enfants, elle ne permet pas d'en avoir.

STERNAY.

Singulière loi, qu'une loi qui donne plus de facilités à un étranger pour reconnaître un enfant qu'au père lui-même.

ARISTIDE.

La loi a raison, monsieur : un père qui veut donner son nom à son fils au bout de vingt-cinq ans répare à peine une mauvaise action; un étranger qui donne son nom à un enfant sans père en fait une bonne. Personne ne dit plus rien? Adjugé l'enfant à M. le marquis.

LE MARQUIS.

Eh bien?

STERNAY, après une pause.

Vous avez raison, mon oncle : et, s'il y a un moyen que Jacques ait mon nom, il est en votre pouvoir.

LE MARQUIS.

Tu as trouvé un moyen?

STERNAY.

Oui.

LE MARQUIS.

Voyons-le.

STERNAY.

Et je pense que M. Fressard n'y mettra pas d'opposition : c'est un moyen qui arrangerait tout selon le désir de tout le monde.

ARISTIDE.

Conciliation, alors; côté ami...

LE MARQUIS.

Parle.

STERNAY.

Le seul obstacle à la reconnaissance par moi, c'est ma mère.

LE MARQUIS.

Oui.

STERNAY.

Eh bien, mon oncle, vous pouvez obtenir le consentement de ma mère.

LE MARQUIS.

Comment?

STERNAY.

Adoptez-moi, comme elle le désire, à la condition qu'elle me laissera reconnaître Jacques comme je le veux.

ARISTIDE.

Passez-moi le séné, je prendrai la rhubarbe.

LE MARQUIS, à Fressard.

Voyez-vous encore un obstacle?

ARISTIDE.

Comme ami ou comme notaire?

STERNAY.

Comme notaire?

ARISTIDE.

Non.

LE MARQUIS.

Gredin, tu en arriveras à ce que tu veux!

STERNAY.

C'est pour Jacques.

LE MARQUIS.

J'y consens, à cause de ta femme, qui mérite d'être comtesse. (A Aristide.) A tout péché miséricorde; il aimera peut-être son fils.

ARISTIDE, d'un air de doute.

Peut-être.

STERNAY.

Ne perdons pas de temps; je veux voir Jacques avant qu'il parte. A quelle heure part-il?

ARISTIDE.

A sept heures et demie.

STERNAY.

Il est sept heures, dépêchons. Il est plus convenable que Jacques ne parte en mission qu'avec le nom de son père.

ARISTIDE.

Ah! ah! je tiens le bout de l'oreille. — *Teneo lupum auribus.* — Allons.

ACTE QUATRIÈME

Chez Clara. — Salon simple et élégant.

SCÈNE PREMIÈRE

LA MARQUISE, CLARA

LA MARQUISE.

Adieu, chère ; je vous laisse. Vous attendez votre fils aujourd'hui, il faut qu'il vous trouve seule.

CLARA.

Combien je suis touchée de cette nouvelle visite, madame la marquise ! Je ne sais comment vous en remercier.

LA MARQUISE.

Il y a longtemps que nous nous serions vues si j'avais appris plus tôt ce que je sais aujourd'hui. C'est mon fils qui a été le plus coupable. S'il m'avait dit autrefois ce qu'il m'a dit, il y a un mois, j'aurais été la première à lui indiquer ce qu'il avait à faire, puisqu'il ne le savait pas. Il faut lui pardonner, maintenant que vous êtes heureuse et que tout va s'arranger, si toutefois les arrangements dont nous sommes convenus vous agréent toujours.

CLARA.

Toujours.

LA MARQUISE.

Nous devons oublier le passé, les uns et les autres, et ne plus nous occuper que de l'avenir de ce grand garçon, que nous allons tous aimer de façon à réparer nos fautes. Tout le monde a eu ses torts. Il faut donc que tout le monde aujourd'hui y mette un peu du sien. Nous aurons peut-être encore une petite concession à vous demander; mais nous parlerons de cela plus tard. Il ne faut pas attrister la joie de son retour. Allons, adieu; ou plutôt au revoir, car vous me reverrez dans la journée pour la régularisation de tous nos actes. Il n'est pas au courant de ce qui a été convenu en son absence?

CLARA.

Non; le jour où M. Sternay a consenti à la reconnaissance, il est venu nous apporter cette bonne nouvelle une demi-heure après que Jacques était parti.

LA MARQUISE.

Je me le rappelle; ne voulait-il pas courir après son fils! Rien ne pouvait plus l'arrêter! Ces cœurs indécis sont tous les mêmes : le jour où ils se décident à aimer, ils aiment plus que les autres.

CLARA.

Et puis il avait un arriéré à combler.

LA MARQUISE.

Elle est charmante! Mais il n'est pas parti cependant.

CLARA.

La mission de Jacques était secrète; il n'avait dit à personne, pas même à moi, où il allait. J'ai offert à M. Sternay, dès que j'aurais reçu une lettre de Jacques et que je saurais où lui répondre, de faire savoir à mon fils les dispositions où était son père à son égard; mais M. Sternay a préféré lui garder cette bonne surprise pour son retour.

LA MARQUISE.

Et croyez-vous que la surprise lui soit agréable?

CLARA.

J'en suis certaine.

LA MARQUISE.

Pauvre enfant, que j'ai hâte de le voir!

CLARA.

Et mademoiselle Hermine?

LA MARQUISE.

Elle ne sait rien de ce qui se passe ; elle sait seulement que je consens à son mariage.

CLARA.

Que vous êtes bonne, et que je voudrais embrasser cette jeune fille! Où pourrai-je la voir?

LA MARQUISE.

Je vais vous l'amener tantôt.

CLARA.

Vraiment?

LA MARQUISE.

N'êtes-vous pas la mère de l'homme qu'elle aime, et qu'elle aime bien, je vous en réponds! Mais il le mérite, car je l'aime déjà, moi depuis que je vous connais. Êtes-vous contente de nous?

CLARA.

Vous le demandez!

LA MARQUISE.

A tantôt, chère, à tantôt.

Elle embrasse Clara sur le front. En ce moment Aristide paraît.

SCÈNE II

Les Mêmes, ARISTIDE.

ARISTIDE, à lui-même.

De mieux en mieux.

LA MARQUISE.

Ah! c'est vous, mon cher monsieur Fressard; je suis bien aise de vous voir. Tous nos petits actes sont prêts?

ARISTIDE.

Oui, madame.

LA MARQUISE.

A tantôt, alors.

Elle salue et sort.

SCÈNE III

ARISTIDE, CLARA.

ARISTIDE, la regardant s'éloigner.

Elle ne sort donc plus d'ici?

CLARA.

C'est la quatrième fois qu'elle vient.

ARISTIDE.

Lui as-tu rendu ses visites?

CLARA.

Je le voulais, mais elle s'y est opposée. Elle ne veut pas que je me dérange.

ARISTIDE.

Elle ne veut pas qu'on te voie chez elle, voilà tout. Tu donnes dans ces amitiés-là, toi?

CLARA.

Quel intérêt aurait-elle à me flatter? Je ne puis rien pour elle, moi !

ARISTIDE.

Tu peux empêcher ton fils d'entrer dans leur combinaison.

CLARA.

Je m'en garderai bien.

ARISTIDE.

Tu es contente, alors?

CLARA.

J'ai droit de l'être ; je n'ai eu qu'un rêve, qu'une ambition toute ma vie, ç'a été que Jacques portât le nom de son père ; il va le porter, je puis mourir demain, je mourrai heureuse.

ARISTIDE.

Et tu leur rendrais un fier service !

CLARA.

Pourquoi?

ARISTIDE.

J'ai mon idée, moi : je ne crois pas qu'à l'âge de la marquise on démente, en vingt-quatre heures, les théories, les habitudes, les préjugés de toute sa vie, sans une raison d'intérêt, et d'intérêt puissant. Elle te flatte, pas autre chose. Elle n'est pas femme à devenir sensible tout à coup. Qui n'a pas de cœur étant jeune, n'en a jamais. Le cœur n'est pas un fruit d'hiver, il ne pousse pas dans la neige.

CLARA.

Que crois-tu donc?

ARISTIDE.

Et madame Sternay, est-elle venue te voir, elle?

CLARA.

Non; elle est à la campagne, chez sa mère, ou près de son père malade, je ne sais plus bien : c'est un prétexte.

ARISTIDE.

Probablement, mais au moins ce n'est pas de l'hypocrisie. Elle ne saurait pas se jeter à ton cou, comme le fait la marquise, elle attend que les circonstances vous rapprochent, elle a raison, et je la tiens pour une bonne femme; mais le père, mais la marquise... Ah! si j'étais Jacques...

CLARA.

Je t'en prie, ne lui donne pas de mauvais conseils.

ARISTIDE.

Tu peux être tranquille, ce serait la première fois. Je me suis promis de ne rien dire, je ne dirai rien; mais tu ne peux pas m'empêcher de voir et de juger les faits, les simples faits. M. Sternay n'a pas reconnu son fils pendant vingt-cinq ans; au bout de vingt-cinq ans, il consent à le reconnaître. Pourquoi? Parce que son fils est en position de lui faire honneur, et parce qu'il y gagne le titre de son oncle. La marquise, sa mère, a voulu te faire chasser de chez elle, quand tu es venue réclamer contre l'abandon de ton enfant, et, aujourd'hui, elle reconnaît Jacques pour son petit-fils; depuis quand? Depuis que son frère consent à donner à M. Sternay son titre, et par conséquent sa fortune, qui est de six à sept cent mille francs. Elle vient te faire quatre visites en quatre jours. Pourquoi n'est-elle pas venue plus tôt? Parce qu'elle ne savait pas ce qu'elle a appris, il y a quatre jours, que Jacques vient de remplir une mission importante; que tous les journaux parlent de lui... qu'il ne peut que jeter de l'éclat sur sa famille... qu'il va être très bien en cour et que, par son influence, on obtiendra tout ce qu'on voudra. La marquise aime peut-être son fils... M. Sternay aime peut-être sa mère... mais qu'elle t'aime, toi, mais que M. Sternay aime

Jacques, non!... non!... mille fois non!... c'est de l'orgueil, c'est du calcul, c'est de l'ambition, c'est tout ce qu'on voudra, mais ce n'est pas de l'amour paternel; je m'y connais; je sais ce que c'est que d'être père, je le suis assez souvent; on ne m'en remontrera pas là-dessus. J'ai dit.

CLARA.

Est-il de l'intérêt de Jacques que sa position sociale soit régularisée, que la famille de son père l'admette comme un enfant légitime?

ARISTIDE.

Évidemment.

CLARA.

Alors, mon bon ami, quelle que soit la raison qui fasse agir cette famille, nous gagnons trop au résultat pour discuter les causes.

ARISTIDE.

Et tu crois que ces gens-là vont te recevoir comme si tu étais des leurs?

CLARA.

La marquise vient de me le dire il y a cinq minutes.

ARISTIDE.

Eh bien, nous en reparlerons dans un mois.

SCÈNE IV

Les Mêmes, LE MARQUIS.

LE MARQUIS, entrant.

Est-il arrivé?

Il tend la main à Clara.

CLARA.

Pas encore.

LE MARQUIS.

Bonjour, mon cher monsieur Fressard. — Il ne peut pas tarder; le ministre l'attendait ce matin à dix heures.

CLARA.

Vous avez vu le ministre?

LE MARQUIS.

Il est enchanté de Jacques.

CLARA.

Qu'a-t-il donc fait?

LE MARQUIS.

Des choses superbes, dit-on; mais il faut lui laisser le plaisir de vous les conter lui-même.

ARISTIDE.

Et M. Sternay, l'avez-vous vu?

LE MARQUIS.

Je l'aperçois de temps en temps; il court, il se démène; il va chez l'un, il va chez l'autre. « Mon fils par-ci, mon fils par-là. — Vous aviez donc un fils? — Mais oui; comment! vous ne le saviez pas? Un grand garçon! » J'ai toutes les peines du monde à lui faire comprendre qu'il doit se taire; rien n'est encore fait.

CLARA.

Est-ce que vous revenez sur votre décision?

LE MARQUIS.

Non, madame, loin de là; ce que j'ai consenti à faire pour tout concilier, je serais très fier que Jacques l'acceptât; mais...

CLARA.

Mais!...

LE MARQUIS.

Mais il est seul juge maintenant dans la question, et mon avis est que nous serons trop heureux qu'il entre dans notre famille pour ne pas attendre qu'il y entre volontairement.

ARISTIDE, à Clara.

Que te disais-je? (Au marquis.) A la bonne heure, monsieur le marquis. Voilà comme parlent les gens de cœur.

SCÈNE IV

Les Mêmes, STERNAY.

STERNAY, entrant, courant à Clara et lui prenant les mains. Aristide va s'asseoir près du feu dans un grand fauteuil.

Ah! chère Clara! où est-il?...

CLARA.

Est-ce qu'il est arrivé?

STERNAY.

Mais oui.

CLARA.

Vous l'avez vu?

STERNAY.

Non; je le croyais ici. L'huissier du ministre vient de me dire qu'il l'avait vu et qu'il était reparti. Il sera peut-être allé tout de suite voir Hermine chez la marquise.

CLARA.

Non, il viendra ici d'abord.

STERNAY.

Vous croyez?

CLARA.

J'en suis sûre.

ARISTIDE, à part.

Il ne manquerait plus qu'il ne vînt pas voir sa mère avant tout le monde!

LE MARQUIS.

L'huissier t'aura dit cela pour se débarrasser de toi, il ne te connaît pas.

STERNAY.

Comment, il ne me connaît pas! Il sait bien que je suis le père de Jacques.

LE MARQUIS.

Tu l'as dit même à l'huissier?

STERNAY.

La première fois que j'ai demandé une audience au ministre.

LE MARQUIS.

Tu as donc vu le ministre?

STERNAY.

Naturellement, pour avoir des nouvelles de Jacques, puisque je ne savais pas où lui écrire.

LE MARQUIS.

Alors le ministre sait?...

STERNAY.

Il sait tout; il m'a tenu au courant de la mission de Jacques depuis qu'elle peut être connue. Il m'a communiqué les dépêches de mon fils.

CLARA, souriant.

De notre fils.

STERNAY.

Oui, chère amie, oui. C'est merveilleux de clarté, d'intelligence, d'habileté! J'ai vu aussi les lettres de notre ambassadeur et du sultan lui-même, traduites, bien entendu. Ils reconnaissent tout simplement que Jacques les a sauvés.

CLARA.

Qu'a-t-il donc fait?

STERNAY.

Il ne vous l'a pas écrit ?

CLARA.

Non, ce n'était pas son secret.

STERNAY.

Alors, vous ne savez rien ?

CLARA.

Rien.

STERNAY.

Mais Jacques vient de sauver l'Europe !

CLARA.

Mon fils !

STERNAY.

Notre fils, chère amie ! Mais oui, Ibrahim-Pacha allait franchir le Taurus, et le Taurus franchi, c'était la guerre européenne. C'était l'Angleterre contre la Russie, c'était la France forcée de prendre fait et cause ; c'était l'Autriche... Certes, la France était en position ; mais le commerce, les intérêts...

ARISTIDE, à part.

Barbote, va, barbote...

CLARA.

Et c'est Jacques ?

STERNAY.

C'est Jacques qui, au moment où les autres puissances ne savaient plus où donner de la tête, a eu une idée et l'a communiquée au ministre.

CLARA.

Et cette idée était ?...

STERNAY.

Cette idée était... bonne, à ce qu'il paraît.

CLARA.

Vous ne la connaissez pas?

STERNAY.

Non.

ARISTIDE, à part.

Avec ça que le ministre va lui raconter ses affaires...

STERNAY.

Mais ce qu'il y a de certain, c'est que, depuis que Jacques a vu Méhémet-Ali...

ARISTIDE.

Je croyais que c'était Ibrahim.

STERNAY.

Méhémet est le père; Ibrahim est le fils.

ARISTIDE, haut.

Et père et fils, c'est la même chose.

STERNAY, apercevant Fressard.

Ah! c'est vous, mon cher monsieur Fressard? Je ne savais pas qui me parlait; je ne reconnaissais pas la voix de mon oncle.

ARISTIDE.

Mais vous répondiez tout de même, emporté par l'amour paternel. Vous allez bien, du reste?

STERNAY, lui tendant la main.

Et vous?

ARISTIDE.

A merveille!... Vous disiez donc?... Vous parliez du Taurus...

STERNAY.

Eh bien... je disais qu'il s'agissait d'obtenir de Méhémet-Ali qu'Ibrahim ne franchît pas le Taurus; c'était une négociation très difficile, tout le monde avait échoué. Jacques est parti. Je ne sais pas ce qu'il a dit à Méhémet-Ali, mais ce qu'il y a de certain, c'est qu'Ibrahim a déposé les armes et que la paix est faite. Or, je le répète, la paix faite en Orient, c'est la paix du monde! c'est la civilisation avancée de cinquante ans peut-être! car, voyez un peu...

ARISTIDE, à part.

Il s'exerce pour la Chambre...

CLARA, au marquis.

Croyez-vous que tout cela soit vrai, monsieur le marquis?

LE MARQUIS.

Je ne sais pas si votre fils, chère madame, a fait absolument tout ce que dit Sternay, mais il a certainement rendu un grand service à son pays. On peut tout attendre d'un homme de cœur à qui le malheur a donné le courage et l'ambition. C'est une preuve de plus qu'il ne faut évaluer un homme que sur son œuvre, quelle que soit son origine. Qui sait si cet enfant du peuple, qui court nu-pieds dans la rue avec les gamins de son âge, n'ajoutera pas un jour une découverte au catalogue de l'humanité, et si ce pauvre petit être, que sa mère fait inscrire en pleurant parmi les enfants sans nom, ne porte pas dans son cerveau la destinée d'un monde! Dieu est partout; laissons-le faire et ne le jugeons que lorsqu'il a fini. L'autre soir, on parlait de Jacques dans une réunion, et je ne sais qui disait, du bout des lèvres : « Il paraît que c'est un enfant naturel que son père n'a jamais voulu reconnaître. » — Tant pis pour son père, a dit l'ambassadeur d'Angleterre, qui était présent; quand on est le fils de ses œuvres, on est de la meilleure famille du monde, et le nom qu'on se fait vaut toujours mieux que celui qu'on reçoit... »

ARISTIDE.

Très bien! Qu'en pensez-vous, monsieur Sternay?

STERNAY.

C'est très joli, au point de vue politique peut-être, mais non au point de vue moral et social; et la preuve, puisqu'on ne parle ici que par preuves, c'est que Jacques, quand le ministre lui a fait demander ce qu'il voulait, a répondu qu'il voulait un consulat en Égypte, lui qui maintenant peut prétendre à tout, à la pairie, à une ambassade, si bon lui semble. Or, pourquoi demande-t-il si peu? Parce que, comme il me l'a dit lui-même, sa naissance le condamne à l'obscurité. Éclairons sa naissance, nous élargirons sa route!

ARISTIDE, en regardant Sternay et à lui-même.

A-t-il assez peur maintenant que son fils ne le reconnaisse pas!

STERNAY, à Clara.

Vous avez vu ma mère?

CLARA.

Oui.

STERNAY.

Vous êtes contente d'elle?

CLARA.

Elle paraît très bonne pour moi.

STERNAY.

Elle vous adore. C'est une bonne femme quand on la connaît. Henriette m'a chargé de l'excuser auprès de vous.

CLARA.

Mais elle est auprès de son père, qui est malade?

STERNAY.

Oui.

CLARA.

Aristide m'a fait comprendre, d'ailleurs, que, dans les premiers moments, notre position vis-à-vis l'une de l'autre pouvait être embarrassante pour toutes deux, et qu'il était préférable d'attendre.

STERNAY.

Vous êtes dans les idées les plus sensées. Vous avez toujours été une femme supérieure. Ah! c'est étrange de se retrouver ainsi. Bonne Clara! Ma mère ne vous a pas dit autre chose?

CLARA.

Non. Avait-elle quelque chose à me dire?

STERNAY.

Non, rien.

ARISTIDE, à part, en regardant Sternay

Il faut que j'aie ton dernier mot, à toi.

STERNAY, à Aristide.

Et vous, mon cher monsieur Fressard, vous ne m'en voulez plus?

ARISTIDE.

J'aimais Jacques, je prenais parti pour lui.

STERNAY.

C'était tout naturel. Vous ne nous avez pas amené votre femme; ça n'est pas bien. Nous aurions été enchantés de la connaître. Ma mère m'en parlait hier encore.

ARISTIDE.

Victoire est très timide. Je vous suis vraiment bien reconnaissant de la façon dont vous me faites l'honneur de me traiter.

STERNAY.

Vous êtes presque de la famille.

ARISTIDE.

Presque me suffit.

STERNAY.

Voyons, le temps passe, Jacques va arriver, précisons

bien ce que nous allons faire. Il va voir le ministre
d'abord, c'est son devoir ; ensuite il voudra embrasser sa
mère, c'est trop juste ; nous signerons nos actes tout de
suite : que ce soit une chose faite ! Puis, comme il aura
besoin de repos, nous partirons, ma mère, Hermine,
lui et moi pour la Touraine, où j'ai une terre que je lui
donne en signant le contrat. Il se mariera là-bas...

CLARA.

Et moi, mon cher monsieur Sternay ? que faites-vous
de moi, dans tout cela ?

STERNAY.

Vous venez avec nous, évidemment. Est-ce que je ne
l'avais pas dit ?

CLARA.

Non.

STERNAY.

C'est un oubli.

ARISTIDE.

Dites-moi, mon cher monsieur Sternay... (Le prenant à
part.) Il y a une chose à laquelle je pense depuis quelque
temps, et la conduite toute naturelle de madame Sternay
à l'égard de Clara, et la réflexion que Clara vient de faire,
me décident à vous en parler : ceci est tout à fait entre
nous, n'est-ce pas ?

STERNAY.

Certainement.

ARISTIDE, baissant la voix.

Ne trouvez-vous pas que la position de Clara va être
bien fausse dans votre maison ?

STERNAY, avec un soupir.

A qui le dites-vous !

ARISTIDE.

Et ne croyez-vous pas que si, après le service qu'il
vient de rendre à son pays, Jacques demande si peu, c'est...

STERNAY.

C'est à cause de sa mère. J'en suis sûr, le pauvre garçon a compris...

ARISTIDE.

Nous nous comprenons.

STERNAY.

Je croyais que ma mère avait déjà touché deux mots à Clara.

ARISTIDE.

Elle a voulu d'abord être bien avec elle; c'est de la délicatesse et du tact. Mais voulez-vous que je sonde le terrain?

STERNAY.

Vous pensez pouvoir obtenir?...

ARISTIDE.

Clara n'offrait-elle pas autrefois de vivre à l'écart, de se retirer pour que son fils épousât votre nièce?

STERNAY.

Oui; mais, depuis, son fils a pris de l'importance. Elle est fière d'être sa mère, elle voudra le dire à tout le monde.

ARISTIDE.

Elle n'a pas d'orgueil, elle l'aime, voilà tout. On obtient tout de ces amours-là.

STERNAY.

Ma mère voulait d'abord laisser faire le mariage, et, après, tout doucement...

ARISTIDE.

Si l'on doit prendre un parti, mieux vaut le prendre tout de suite. En tout cas, dans les actes, j'ai laissé le nom de la mère en blanc.

STERNAY.

Dans les actes, cela ne fait pas grand'chose.

11.

ARISTIDE.

Il est inutile cependant de dire qu'elle a été ouvrière, à cause de votre position. Jacques est votre fils, voilà; votre nom couvre tout. Sa mère, était-ce une grisette, était-ce une grande dame? On n'en sait rien.

STERNAY.

J'avais trouvé un moyen : qu'elle passât pour une de ses parentes aux yeux du monde, pour sa tante, par exemple, pour la sœur de sa mère. Ce titre de mère, à côté de ma femme, c'est bien embarrassant. Qu'elle fasse un petit voyage d'un an.

ARISTIDE.

Ou deux.

STERNAY.

Ou deux, avec une de ses amies, ou qu'elle aille chez vous à la campagne, avec madame Victoire. Et puis, que dire à Hermine? Comment lui expliquer?... Vous êtes un homme de cœur, mon cher Fressard, arrangez cette affaire. Je me fie à vous.

ARISTIDE.

Comptez sur moi; Clara ne paraîtra même pas au contrat.

STERNAY.

Mais que dire à Jacques? Il l'aime!

ARISTIDE.

Elle trouvera une raison.

STERNAY.

En somme, c'est une bonne femme... Quel malheur!... quel malheur!

ARISTIDE.

Comptez sur moi! seulement, allez tout de suite prévenir madame votre mère pour qu'elle ne dise rien. Il vaut mieux que le conseil vienne d'un vieil ami.

STERNAY.

Vous avez raison, j'y vais. Si jamais vous avez besoin de moi...

ARISTIDE.

On ne sait pas! Quand vous serez à la Chambre... Je suis maire de ma commune depuis sept ans.

STERNAY.

Un peu de ruban rouge ne ferait pas mal. (D'un air protecteur.) Nous verrons. (Au marquis.) Venez-vous, mon oncle?

LE MARQUIS.

Où vas-tu?

STERNAY.

Venez toujours, j'ai à causer avec vous. (Bas.) Laissons M. Fressard avec madame Vignot, il a quelque chose à lui lire.

ARISTIDE, à Sternay.

Je vais descendre avec vous. Si je lui parlais tout de suite de ce que nous venons de dire, elle verrait que c'est concerté entre nous. (Haut.) Je descends avec vous, messieurs. J'ai quelques papiers à aller prendre.

STERNAY, à Clara.

A bientôt, chère...

CLARA.

A bientôt.

STERNAY.

Que Jacques nous attende s'il arrive avant nous.

ARISTIDE, à Clara, bas.

Il y a du nouveau.

CLARA.

Quoi donc?

ARISTIDE.

Je vais revenir.

LE MARQUIS.

Au revoir, chère madame.

CLARA.

Au revoir, monsieur le marquis

Ils sortent. Pendant ce temps, Jacques ouvre la porte de gauche et s'approche de sa mère sans qu'elle le voie.

SCÈNE VI

JACQUES, CLARA.

JACQUES, à demi-voix derrière Clara.

Maman!

CLARA, se retournant.

Jacques!

Ils se jettent dans les bras l'un de l'autre.

JACQUES.

Pas si haut! je ne veux pas qu'ils nous entendent. J'étais ici, j'attendais qu'ils fussent partis. Je voulais te voir tout seul... Je les aime bien, mais je t'aime mieux et je veux t'embraser à mon aise.

CLARA.

Comme tu dois être fatigué!

JACQUES.

Non. Il y a des retours qui reposent tout de suite du voyage.

CLARA, touchant la boutonnière de Jacques.

Qu'est-ce que tu as là?

JACQUES.

Ce sont des petits rubans. Il y en a un peu de tous les pays et de toutes les couleurs.

CLARA.

Cher enfant, c'est donc vrai?

ACTE QUATRIÈME.

JACQUES.

Quoi?

CLARA.

Ce que nous disait ton père?

JACQUES.

Comment, mon père? Quand cela?

CLARA.

Tout à l'heure.

JACQUES.

Il était donc ici?

CLARA.

Oui.

JACQUES.

Je n'ai pas reconnu sa voix. Comment se trouvait-il chez toi?

CLARA.

Il s'est passé bien des choses depuis ton départ. Je te les conterai tout à l'heure. Oui, ton père nous disait que tu venais de sauver l'Europe.

JACQUES.

Et tu l'as cru?

CLARA.

Je suis prête à croire bien autre chose.

JACQUES.

Je n'ai rien sauvé, ma pauvre mère; j'ai rempli avec intelligence une mission dont on m'avait chargé, voilà tout.

CLARA.

Mais tous les journaux parlent de toi!

JACQUES.

Cela te fait plaisir?

CLARA.

Oui.

JACQUES.

Alors, ils ont raison.

CLARA.

Chaque jour, on venait savoir de tes nouvelles. Il y a là des cartes et des lettres des plus grands personnages. Le ministre m'a écrit un mot charmant. Sois modeste avec tout le monde; mais avec moi c'est inutile, et surtout embrasse-moi encore!

Ils s'embrassent.

JACQUES.

Chère mère!

CLARA.

Voyons, dis-moi tout.

JACQUES.

Eh bien, je crois que j'ai été assez adroit, mais il ne faut rien s'exagérer. En France, on est ainsi; on porte aux nues les hommes nouveaux, quitte à les laisser retomber sans les prévenir, pour courir à un autre. Profitons de la situation, ma chère mère, mais ne nous laissons pas tourner la tête et remercions les événements qui m'ont aidé. J'ai bien mené ma barque, mais j'avais le courant pour moi. Aussi, quand le ministre m'a dit de choisir ce que je voulais, je lui ai demandé un simple consulat, où nous irons vivre tranquillement, jusqu'à ce qu'il se présente une nouvelle occasion d'être un héros.

CLARA.

Tu as toujours raison! Et tu m'emmèneras?

JACQUES.

Pourrais-je me passer de toi?

CLARA.

Bien vrai?

JACQUES.

Est-ce que tu en doutes?

CLARA.

Que je suis heureuse et que je suis fière! car je suis ta mère, il n'y a pas à dire, n'est-ce pas?... Pensais-tu quelquefois à moi, là-bas?

JACQUES.

Je t'ai écrit exactement.

CLARA.

Et je t'en remercie bien. Mais pensais-tu quelquefois combien je devais être heureuse, plus encore que ne le serait une autre mère? Car tu es tout pour moi, Jacques; je n'ai ni père, ni mère, ni mari. Tu es tout mon passé, tout mon présent, tout mon avenir. Tu es ma seule raison d'être dans ce monde. Si tu mourais, je mourrais!

JACQUES.

Qu'as-tu, chère mère? et pourquoi ces tristes pensées au moment le plus heureux de notre vie?

CLARA.

C'est toujours aux moments les plus heureux que nous viennent les pensées tristes, comme pour nous avertir que le bonheur n'a pas toujours été, et qu'il ne sera pas toujours. Et puis...

JACQUES.

Et puis... quoi?... Voyons, qu'y a-t-il?...

CLARA.

Il y a que ton père consent à te reconnaître, il est venu ici, dans ce but, un quart d'heure après ton départ.

JACQUES.

Que me dites-vous là?

CLARA.

La vérité! Si je ne te l'ai pas écrite, c'est que ton père voulait te faire cette surprise à ton retour.

JACQUES.

Quelle surprise, en effet! Mais la marquise?

CLARA.

La marquise accepte, madame Sternay aussi, tout le monde est d'accord. Le marquis a été charmant. Il adopte son neveu, il lui concède son titre, pour que la marquise consente à ce que son fils te reconnaisse.

JACQUES.

Que de complications, mon Dieu!

CLARA.

Qu'importe, cher enfant, pourvu...

JACQUES.

Pourvu?

CLARA.

Pourvu que tu sois heureux! Tu épouseras Hermine.

JACQUES.

Et toi?

CLARA.

Oh! mon Dieu... moi! je me sacrifierai encore s'il le faut...

JACQUES.

Te sacrifier? Ils t'ont demandé encore quelque chose? Ils t'ont fait souffrir?...

CLARA.

Non, ils ne m'ont rien demandé. C'est moi qui ai réfléchi, qui songe à ta position, qui me dis que, pour ton avenir, le nom de ton père te sera plus utile que le mien, et, pour cette jeune fille qui t'aime, qui a été patiente et dévouée, le nom et le titre de sa famille sont préférables. Je n'avais que mon nom, mon pauvre enfant, je te l'ai donné. C'est le nom de gens bien obscurs, bien pauvres, bien ignorants, et, quand je le lisais accompagné de tant d'éloges, je ne pouvais m'empêcher de penser à ceux qui le portaient avant nous, à ma mère, à mon père, qui ne savait pas lire... et (En souriant.) qui a un petit-fils qui sauve le monde. Sais-tu que Dieu a été bien bon pour nous! Mais tu as toujours aimé ta mère, et voilà ceux qu'il protège. Tu étais si aimant, si caressant, quand tu étais petit! Je te vois encore, jouant près de la table sur laquelle je travaillais, moi, jusqu'à deux ou trois heures du matin; tu comprenais alors que c'était pour toi que je travaillais. Tu me prenais dans tes petits bras et tu me disais : « Sois tranquille, va, petite mère, quand je serai grand, je travaillerai à mon tour, et tu seras riche !... riche !... » Cher enfant!... ces souvenirs-là font pleurer, mais ils font tant de bien!

Ils se jettent dans les bras l'un de l'autre en pleurant ensemble.

JACQUES.

Mais je ne veux pas que tu pleures, ma chère mère! tu vas être heureuse, au contraire, plus que tu ne l'as jamais été.

CLARA.

Oh! non, je vois bien que, maintenant que tu es célèbre, ils ne veulent plus que tu sois mon fils.

JACQUES.

Mais tu ne sais donc pas?...

SCÈNE VII

Les Mêmes, ARISTIDE.

ARISTIDE.

Comment! on pleure déjà ici, à onze heures du matin?

JACQUES.

Oui, un peu, pour n'en pas perdre l'habitude.

ARISTIDE.

Il fallait donc me prévenir, je serais revenu plus tôt, nous aurions pleuré tous ensemble. Enfin, ce sera pour une autre fois. Alors, tu étais là quand nous sommes venus tout à l'heure? Tu nous as laissés partir pour rester seul avec ta mère. Tu as eu joliment raison ; mais le domestique m'a fait un signe, j'ai compris, j'ai accompagné le marquis un peu, et puis je l'ai quitté sous un prétexte quelconque. C'est un excellent homme, mais je voulais t'embrasser avant lui.

Il embrasse Jacques.

JACQUES.

Répondez-moi, parrain. Qu'est-ce que c'est que cette reconnaissance dont me parle ma mère?

ARISTIDE.

Ah ! au fait! Tu vas t'appeler M. Sternay; M. le comte Sternay, même, car tu vas être noble, par suite de la combinaison que M. Sternay a trouvée. Oui, oui, oui, tout est convenu : ton mariage, ton nom, ce que tu dois demander au gouvernement; tu n'as plus à t'inquiéter de rien. Tu vas aller vivre avec M. Sternay et sa femme; quel honneur! C'est ton petit papa qui a arrangé ça! Il t'aime joliment, ton petit papa! Ça lui est venu un peu tard, mais, sapristi ! il se rattrape. Il va amener la marquise. Tiens-toi bien ! Quant à ta mère, tu comprends, elle t'a élevé depuis vingt-cinq ans, elle ne t'a pas quitté, elle t'aime; mais elle ne peut servir à rien maintenant : chacun son tour; elle va s'en aller en province, à l'étranger; pourvu qu'on ne la voie plus, c'est l'important... Voilà.

JACQUES.

C'est complet, alors?

ARISTIDE.

Oh! complet, je t'en réponds.

JACQUES.

Vous avez dû bien rire quand vous avez vu tout cela !

ARISTIDE.

Non, je t'ai attendu pour en rire avec toi.

SCÈNE VIII

Les Mêmes, STERNAY.

STERNAY, entrant.

Enfin, mon cher Jacques !

Il le prend dans ses bras avant que Jacques ait pu s'en défendre.

JACQUES, poli, mais froid.

Bonjour, mon cher monsieur Sternay, bonjour ; je suis enchanté de vous voir.

STERNAY.

Comment ! « mon cher monsieur Sternay ?... » mais tout le monde connaît la vérité... Dans mes bras !... dans mes bras !...

JACQUES.

Tout à l'heure, tout à l'heure... Et madame la marquise, comment va-t-elle ?

STERNAY.

Elle vient avec ma nièce, mais j'ai tous ses pouvoirs. Le marquis les accompagne ; moi, j'ai voulu venir avant eux, tant j'avais hâte...

JACQUES.

Alors, monsieur, puisque c'est vous qui représentez tout le conseil de famille et que je suis revenu exprès pour me marier et pour chercher ma mère, je profiterai de ce que mademoiselle Hermine n'est pas encore arrivée, pour vous renouveler officiellement la demande que je vous ai faite autrefois. Je me nomme Jacques

Vignot, je n'ai que ma mère, ma fortune est de cinq cent mille francs, je suis chevalier de la Légion d'honneur et consul. J'aime mademoiselle votre nièce, je suis aimé d'elle; j'ai l'honneur de vous demander sa main.

STERNAY.

Mais nous vous l'accordons, mon cher Jacques, c'est convenu; seulement, vous vous êtes trompé, vous ne vous appelez plus Jacques Vignot, vous vous appelez Jacques Sternay.

JACQUES.

Moi, monsieur! depuis quand?

STERNAY.

Depuis que j'ai consenti à vous reconnaître, vous jugeant digne de mon nom.

JACQUES.

Vous êtes vraiment bien bon, monsieur; mais vous auriez dû me prévenir plus tôt.

STERNAY.

Parce que?...

JACQUES.

Parce que, n'ayant pas de nom, je m'en suis fait un, et que celui-là me suffit.

STERNAY.

J'ai dit partout, moi, que vous étiez mon fils.

JACQUES.

Je suis forcé de vous dire, monsieur, que vous avez eu tort; car, moi, je ne me suis permis de dire nulle part que vous étiez mon père.

STERNAY.

Mais le mariage ne peut se faire sans cette reconnaissance.

JACQUES.

Alors, je ne puis rien décider avant d'avoir pris conseil...

STERNAY.

De qui donc?

SCÈNE IX

Les Mêmes, LE MARQUIS, LA MARQUISE, HERMINE.

JACQUES, voyant entrer Hermine, le marquis et la marquise.

De ma femme : puisqu'elle doit porter le même nom que moi, elle a le droit de choisir dans le nombre.

LA MARQUISE, à Clara.

Bonjour, chère...

Elle lui donne la main.

CLARA.

Bonjour, madame...

JACQUES, allant à Hermine.

Vous arrivez bien, Hermine. Je viens de demander de nouveau votre main à votre oncle, il me l'a accordée; cependant, il est encore un consentement qu'il me faut obtenir.

HERMINE.

Lequel?

JACQUES.

Le vôtre.

HERMINE.

Ne l'avez-vous pas depuis longtemps?

JACQUES.

Mais, quand vous me l'avez donné, vous ignoriez bien des choses que vous ignorez encore, et qu'il faut que vous sachiez. Quand vous les connaîtrez, vous serez libre de reprendre votre parole.

HERMINE.

Qu'est-ce donc? Parlez.

JACQUES.

Depuis le jour où je me suis permis de vous dire que je vous aimais, Hermine, bien des événements inattendus ont traversé ma vie. A l'époque où je vous ai connue, je croyais n'avoir rien à faire dans ce monde que de vous aimer.

HERMINE.

Ne m'aimez-vous donc plus?

JACQUES.

Au contraire, je vous aime davantage; mais j'ai vieilli de dix ans pendant les dix-huit mois qui viennent de s'écouler. Je ne suis plus un homme du monde, je ne suis plus un jeune homme, malgré mon âge. Je suis un homme de travail et de lutte peut-être. Je n'appartiens plus à mes seuls sentiments, j'appartiens à mon pays, qui récompense avec exagération le service que j'ai eu le bonheur de lui rendre. Il me faut vivre loin de la France, loin des habitudes et des affections de votre jeunesse. N'est-ce pas trop vous demander?

HERMINE.

N'ai-je pas vécu au couvent, pendant dix-huit mois, pour atteindre au jour où je pouvais être votre femme? et, entre nous, ce n'est pas bien amusant, le couvent. Croyez-vous que, pendant ces dix-huit mois, je n'aie pas réfléchi et que je n'aie pas deviné qu'il y avait un chagrin à consoler dans votre cœur, un mystère à respecter dans votre vie, un malheur à vous faire oublier dans l'avenir, et qu'il fallait vous aimer, non pas plus, cela m'eût été impossible, mais mieux; vous me comprenez, n'est-ce pas? et qu'il fallait être plus que votre femme, qu'il fallait être votre amie? J'ai bien réfléchi, Jacques, je vous le répète, et je crois être la compagne qu'il vous faut.

JACQUES.

Maintenant, mon devoir est de vous apprendre le malheur que vous aviez pressenti. L'homme que vous aimez,

Hermine, est un enfant naturel. Ma mère n'a jamais été mariée, mon père ne m'a jamais reconnu pour son fils. Voilà pourquoi la marquise s'opposait à notre mariage. Elle me reprochait ma naissance et ne me la pardonnait pas. Consentez-vous cependant à ce que ma mère vous nomme sa fille ?

HERMINE.

Elle est votre mère, Jacques ; je n'ai pas besoin de savoir autre chose.

JACQUES.

Alors, donnez-moi un conseil... Mon père vit encore. Il m'a oublié pendant plus de vingt ans, il m'offre son nom aujourd'hui. Dois-je accepter ce nom et le titre qui l'accompagne, ou garder le nom de ma mère ?

HERMINE.

Vous devez garder le nom que vous avez déjà illustré et que vous illustrerez encore. Ce nom porté par vous, c'est l'absolution de votre mère et la récompense de ce qu'elle a fait pour son fils. Pour ma part, je n'en veux pas d'autre, tant je suis fière de celui-là.

JACQUES.

Chère enfant ! votre cœur est bien fait pour le mien, et vous m'aviez bien compris. (Présentant Clara à Hermine.) Ma mère, Hermine.

CLARA, embrassant Hermine.

Ma fille !

LA MARQUISE.

Pardon, mais...

JACQUES.

Je sais ce que veut dire madame la marquise : que, du moment que je n'accepte pas les conditions faites, elle est dégagée de sa promesse.

LA MARQUISE.

C'est cela, monsieur.

JACQUES.

Et que mon refus fait perdre un titre à M. Sternay. Heureusement, pendant que M. Sternay voulait bien s'occuper de moi, j'avais l'idée de m'occuper de lui, et j'avais trouvé, pour tout concilier, un moyen qui va nous servir. (A Sternay.) Le ministre m'a demandé avec beaucoup de grâce, monsieur, quelle faveur particulière je désirais au moment de mon mariage. Je lui ai répondu que, moi, je n'avais besoin de rien; que, cependant, j'entrais dans une famille honorable, mais bourgeoise; et j'ai demandé le titre de comte pour le chef de cette famille, sachant que depuis longtemps il ambitionnait ce titre, qui, du reste, avait appartenu à ses ancêtres, et qu'il n'avait perdu que par le mariage de sa mère. Le ministre a obtenu de Sa Majesté cette exception en ma faveur, et il m'a remis les lettres qui confirment sa promesse. Les voici, monsieur. A partir d'aujourd'hui, vous êtes comte.

STERNAY.

Vous vous vengez noblement, Jacques; mais, si vous ne voulez pas m'appeler votre père, vous me permettrez bien de vous appeler mon fils?

JACQUES, en souriant.

Oui, mon oncle. — (A Fressard.) Eh bien, parrain, qu'est-ce que vous faites là?

ARISTIDE.

Moi? Je pleure.

FIN DU FILS NATUREL

UN PÈRE PRODIGUE

COMÉDIE EN CINQ ACTES

Représentée pour la première fois, à Paris,
sur le théâtre du Gymnase-Dramatique, le 30 novembre 1859.

A

EDMOND ABOUT

PRÉFACE

Aujourd'hui, si vous le voulez bien, nous parlerons métier.

Aussi bien doit-on faire au métier la part qui lui revient dans l'art dramatique; part si grande, que l'un arrive quelquefois à passer pour l'autre. Du reste, de toutes les différentes formes de la pensée, le théâtre est celle qui se rapproche le plus des arts plastiques, que l'on ne peut exercer que si l'on en connaît tous les procédés matériels, avec cette différence que dans les autres arts on apprend ces procédés, et que, dans celui-ci, on les devine, ou, pour mieux dire, on les a en soi.

On peut devenir un peintre, un sculpteur, un mucisien même à force d'étude; on ne devient pas un auteur dramatique. On l'est tout de suite ou jamais, comme on est blond ou brun, sans le vouloir. C'est un caprice de la nature qui vous a construit l'œil d'une certaine façon pour que vous puissiez voir d'une certaine manière qui n'est pas absolument la vraie, et qui cependant doit paraître la seule, momentanément, à ceux à qui vous voulez faire voir ce que vous avez vu. L'homme qui est appelé à écrire pour le théâtre révèle cette faculté très rare, dès sa première tentative, dans une farce de collège ou dans une charade de salon. C'est une science d'optique et de perspective qui permet de dessiner un personnage, un caractère, une passion, une action de l'âme d'un seul trait de plume. Le *trompe-l'œil* est si complet, qu'il arrive souvent au spectateur, quand il se fait lecteur et veut se donner de nouveau à lui seul l'émotion qu'il a ressentie avec la foule, non seulement de ne plus retrouver cette émotion dans la *chose* écrite, mais encore de ne plus retrouver l'endroit où elle est. Un mot, un regard, un geste, un silence, une combinaison purement atmosphérique, l'avaient tenu sous le charme. C'est là qu'est le génie du métier, si ces deux mots peuvent se trouver ensemble. On pourrait comparer l'œuvre de théâtre, par rapport aux autres formes littéraires, avec la peinture de plafond, par rapport aux peintures de muraille ou de chevalet. Malheur au peintre s'il oublie que sa composition doit être vue à distance, de bas en haut, la lumière en dessous!

Un homme sans aucune valeur comme penseur, comme moraliste, comme philosophe, comme écrivain, peut donc être un homme de premier ordre comme auteur dramatique, c'est-à-dire comme metteur en œuvre des mouvements purement extérieurs de l'homme; et, d'un autre côté, pour être au théâtre un penseur, un moraliste, un philosophe, un écrivain que l'on écoute, il faut, indispensablement, être muni des qualités particulières et naturelles de cet homme sans valeur sonnante. Bref, pour être un maître dans cet art, il faut être un habile dans ce métier.

Si l'on ne peut jamais communiquer ces qualités naturelles à ceux qui ne les ont pas, rien n'est plus facile que de les reconnaître et de les développer dans ceux qui les ont.

La première de ces qualités, la plus indispensable, celle qui domine et commande, c'est la logique, — laquelle comprend le bon sens et la clarté. La vérité peut y être absolue ou relative, selon l'importance du sujet et le milieu qu'il occupe : la logique devra être implacable entre le point de départ et le point d'arrivée, qu'elle ne devra jamais perdre de vue dans le développement de l'idée ou du fait. Il y faut encore la mise en saillie continuelle sous les yeux du spectateur du côté de l'être ou de la chose pour ou contre lesquels on veut conclure ; puis la science des contre-parties, c'est-à-dire des *noirs*, des ombres, des oppositions en un mot, qui constituent l'équilibre, l'ensemble et l'harmonie ; puis la concision, la rapidité, qui ne permettent pas à celui qui écoute d'être distrait, de réfléchir, de respirer, de discuter en lui-même avec l'auteur ; puis la connaissance des plans, qui ne laisse pas s'en aller vers le fond la figure qui doit être en lumière ni avancer dans la lumière les figures de demi-teinte ; puis la progression mathématique, inexorable, fatale, qui multiplie la scène par la scène, l'événement par l'événement, l'acte par l'acte jusqu'au dénouement, lequel doit être le total et la preuve ; enfin, la notion exacte de nos limites, qui nous interdit de faire notre tableau plus grand que notre cadre, car l'auteur dramatique qui a le plus à dire doit dire tout de huit heures du soir à minuit, dont une heure d'entr'actes et de repos pour le spectateur.

Je n'ai pas parlé d'imagination, parce que c'est le théâtre qui, en dehors de l'auteur, la fournit dans ses interprètes, dans ses décors, dans ses accessoires, puisqu'il met en chair, en os, en verbe, en images enfin, devant le spectateur, les individus, les lieux et les choses que celui-ci serait forcé d'imaginer, s'il était en face d'un livre. Je n'ai pas parlé non plus d'invention, par cette raison excellente que l'invention n'existe pas pour nous. Nous n'avons rien à inventer, nous n'avons qu'à voir, à nous souvenir, à sentir, à coordonner et à restituer, sous une forme spéciale, ce que tous les spectateurs doivent se rappeler immédiatement avoir senti ou vu sans avoir pu s'en rendre compte jusqu'alors. Le réel dans le fond, le possible dans le fait, l'ingénieux dans le moyen, voilà ce qu'on peut exiger de nous.

L'art dramatique, qui a besoin d'un métier à part, doit-il avoir aussi un style à part? Oui. On n'est complètement un auteur dramatique que si l'on a une manière d'écrire comme une manière de voir, absolument personnelle. Une œuvre dramatique doit toujours être écrite comme si elle ne devait être que lue. La représentation n'est qu'une lecture par plusieurs personnes pour ceux qui ne veulent pas ou ne savent pas lire. — C'est par ceux qui vont au théâtre que l'œuvre réussit, c'est par ceux qui n'y vont pas qu'elle s'affirme. Le spectateur la fait retentissante, le lecteur la fait durable. La pièce qu'on n'a pas envie de lire sans l'avoir vue, ni de relire après l'avoir lue, est morte, eût-elle deux mille représentations de suite. Seulement, il faut, pour que l'œuvre vive sans le secours de l'interprète, que le style de l'écrivain ait su transporter sous les yeux du lecteur les solidités, les proportions, les formes et les tonalités que les spectateurs applaudissent. La langue des plus grands écrivains n'est pour l'auteur dramatique qu'un renseignement : elle ne lui apprend que des mots, et encore est-il nombre de ces mots qu'il doit exclure dès le principe de son vocabulaire, parce qu'ils manquent du relief, de la vigueur, de la bonhomie, je dirai presque de la trivialité nécessaires pour cette mise en action de l'homme vrai sur ce terrain faux. Le vocabulaire de Molière est des plus restreints, il emploie toujours les mêmes expressions : il joue toute l'âme humaine sur cinq octaves et demie.

La langue du livre, c'est-à-dire de la pensée présentée directement aux lecteurs, peut être fixée une fois pour toutes. Quiconque écrira un récit, voire même un dialogue, destiné à la seule lecture, peut s'approprier la forme d'un maître du même ordre que lui, de Bossuet, de Voltaire, de Pascal, de Jean-Jacques, de Sand, de Hugo, de Lamartine, de Renan, de Théophile Gautier, de Sainte-Beuve, de Flaubert, d'About ; non seulement on ne lui en voudra pas, mais on lui saura gré de cet hommage à la tradition et à la pureté. On ne reconnaîtra peut-être pas les origines : on le sentira, on le proclamera un écrivain, il en sera un en effet, même si son style élégant et pur ne contient pas une idée neuve. Nous voyons tous les jours ce spectacle : la forme faisant croire au fond.

Au théâtre, rien de pareil. Dès que nous imitons le langage d'un de nos maîtres, nous ne sommes plus des disciples révérencieux, nous sommes des pasticheurs insupportables. Ce qu'il faut prendre aux maîtres dans cet art, c'est leur manière de voir et non leur manière de dire. Chacun d'eux a sa marque de fabrique qu'on ne peut imiter sans être un faussaire. Lisez Corneille, Racine, Molière, Marivaux, Beaumarchais, pour nous en tenir aux morts, et voyez les différences. Comme chacun d'eux a versé son alcool particulier dans cette eau courante que l'on appelle la langue !

Ce langage du théâtre a-t-il besoin d'être correct ? Non, dans le sens grammatical. Il faut, avant tout, qu'il soit clair, coloré, pénétrant, incisif.

Je t'aimais inconstant ; qu'aurais-je fait, fidèle ?

est une abominable faute de grammaire que le vers ne nécessitait pas ; cependant, s'il eût eu à peindre le même sentiment en prose, Racine, *qui savait son métier*, l'aurait présenté avec la même incorrection. Il y a des tours de phrases, des mots qui en eux-mêmes ont une saillie, une sonorité, une ligne qui les font de nécessité et qu'il faut absolument laisser entrer, au risque de se compromettre. Aussi les écrivains académiques ne comprennent-ils rien à notre forme et nous traitent-ils de barbares. C'est ce malentendu entre les deux manières qui fait dire à La Bruyère cette vérité absurde : « Il n'a manqué à Molière que d'éviter le jargon et d'*écrire purement*. »

Fénelon pensait et disait comme La Bruyère en parlant de notre chef de file.

La Bruyère avait raison et il avait tort : voilà pourquoi je me suis permis cette expression : « vérité absurde », en parlant de l'opinion d'un écrivain que je révère plus que personne, qui a affermi la langue du livre, qui a inondé le monde de vérités qu'il eût été incapable d'énoncer au théâtre, parce qu'il aurait gravé en creux là où il faut sculpter en relief.

Supposez maintenant que vous êtes Fénelon, ce qui ne peut pas vous blesser. Votre caractère sacré ne vous permet pas d'aller au spectacle ; néanmoins, vous voulez être au courant des choses de l'esprit, puisque vous êtes un écrivain, précepteur d'un prince, dans l'époque la plus littéraire que la France ait encore connue. Vous avez entendu parler d'un certain Molière, excommunié d'ailleurs, comédien et valet de chambre du roi, qui écrit des comédies immorales, disent les uns, sublimes, dit Boileau ; vous ouvrez au hasard une de ces comédies, et vous lisez ces lignes :

« Pour moi, je *vous l'avoue*, je me *repais* un *peu* de gloire. Les applaudissements me touchent, et je tiens *que*, dans tous les beaux-arts, c'est un supplice assez fâcheux *que* de se produire à des sots, *que* d'essuyer sur des compositions la barbarie d'un stupide. Il y a plaisir, ne m'en parlez point, à travailler pour des personnes *qui* soient capables de sentir les délicatesses d'un art, *qui* sachent faire un doux accueil aux beautés d'un ouvrage, et, par de chatouillantes approbations, vous régaler de votre travail. Oui, la récompense la plus agréable *qu'on* puisse recevoir des choses *que* l'on fait, c'est de les voir connues, de les voir caresser d'un applaudissement *qui* vous honore, il n'y a rien, à mon avis, *qui* nous paye mieux *que* cela de toutes nos fatigues ; et ce sont des douceurs exquises *que* des louanges éclairées. »

Vous êtes Fénelon ! Vous n'allez pas plus loin : vous

jetez là *le Bourgeois gentilhomme*, en disant : « Voilà un pauvre écrivain ! » et vous n'en démordez plus.

Maintenant, vous n'êtes pas Fénelon, ce qui est extrêmement facile ; vous êtes le premier venu, mais vous vous occupez de littérature et vous connaissez naturellement les œuvres de Fénelon et celles de Molière ; on vous offre d'être l'un ou l'autre : lequel des deux voulez-vous être ? Molière : cela ne fait pas un pli ; — et voilà tout ce que je voulais dire.

Ces incorrections, si choquantes à la lecture, non seulement passent inaperçues à la scène dans l'intonation de l'acteur et dans le mouvement du drame, mais encore elles donnent quelquefois la vie à l'ensemble, comme des petits yeux, un gros nez, une grande bouche et des cheveux ébouriffés donnent souvent plus de grâce, de physionomie, de passion, d'accent à une tête que la régularité grecque — dont on a fait le type dominant de la beauté parce qu'il faut toujours établir dans un art un idéal déterminatif ; après quoi, chacun s'en va de son côté avec son tempéramment propre, et déplace la tradition s'il est assez fort pour cela. C'est ainsi que les écoles se fondent et que les hommes discutent, ce qui n'est pas une mauvaise manière de tuer le temps, qui a ses longueurs, comme nous disons au théâtre.

« Alors, d'incorrections en incorrections, le style de M. Scribe, par exemple, vous suffit ? »

Parfaitement, si le style de M. Scribe recouvre une pensée. Que m'importe l'étoffe de la robe, pourvu que la femme soit belle !

« C'est cependant par la forme, me direz-vous, que M. Scribe périt. »

Erreur ! Ce n'est jamais par la forme qu'on périt, c'est par le fond. La traduction est la preuve de ce que j'avance. Tous les jours, nous admirons les écrivains étrangers dans des traductions qui n'ont rien à envier au style de M. Scribe ; parce que, la pensée étant forte et solide, elle surgit et se dessine à travers cette forme incolore et molle, comme les hautes montagnes à travers les brouillards du matin. Pensez comme Eschyle et écrivez comme M. Scribe; on ne vous en demande pas davantage. Malheureusement, ou heureusement plutôt, cette discordance est impossible. L'expression sera toujours, malgré vous-même, au niveau de la pensée : juste et ferme si la pensée est élevée, flasque ou boursouflée si la pensée est vulgaire. L'élévation et la sincérité manquent chez M. Scribe, l'expression ne vient pas; n'étant pas convaincu, il ne peut pas être éloquent. A liqueur sans valeur, vase sans prix. D'ailleurs il ne cherchait pas la comédie, il ne cherchait que le *théâtre*; il ne voulait ni instruire, ni moraliser, ni corriger les gens; il voulait les amuser. Il ne demandait pas la gloire qui immortalise le mort, il se contentait du succès qui popularise le vivant et de la fécondité qui l'enrichit. Prestidigitateur de première force, joueur de gobelets merveilleux, il vous montrait une situation comme une muscade, vous la faisait passer, tantôt rire, tantôt larme, tantôt terreur, tantôt chien, tantôt chat, sous deux, trois ou cinq actes, et vous la retrouviez dans le dénouement. C'était bien la même, il n'y avait rien à dire. La prose dont il accompagnait ces tours de passe-passe avait mission d'égarer, de dépister l'auditoire et de gagner du temps jusqu'à l'effet promis, le moment où la muscade devient boulet de 48 et rentre tout de même dans le gobelet; c'était, passez-moi ce mot de place publique, un *boniment* de faiseur de tours. La séance finie, les bougies éteintes, les muscades remises dans le sac à la malice, les gobelets rentrés les uns dans les autres, le chien et le chat couchés, l'intonation morte, le lazzi envolé, il ne restait dans l'esprit et dans l'âme du spectateur ni une idée, ni une réflexion, ni un enthousiasme, ni une espérance, ni un remords, ni l'agitation, ni le bien-être. On avait regardé, on avait écouté, on avait été intrigué, on avait ri, on avait pleuré, on avait passé la soirée, on s'était amusé, ce qui est beaucoup ; on n'avait rien appris. On en parlait peut-être, on n'en causait pas. Bref, M. Scribe avait toutes les qualités qui dénotent le talent, pas une de celles qui dénoncent le génie. Trois fois ses figures ont pris l'apparence, non pas de la vie réelle, mais de la vie épique, quand Meyerbeer leur a prêté son souffle puissant ; une fois, tout seul, il a entre-bâillé la porte du temple, il a surpris les mystères de la Bonne Déesse, il a touché à la grande comédie en mettant en scène cette *Camaraderie* dont il avait eu autant à se louer qu'à se plaindre. Il a prouvé, ce jour-là, qu'il aurait pu être de la famille des observateurs et qu'en se concentrant, en ambitionnant moins la richesse et en respectant plus l'art, il aurait pu être un grand homme. Il ne l'a pas voulu ; que sa volonté soit faite !

Cependant, le théâtre lui doit une innovation tout à fait imprévue et qui constate la poétique particulière de l'auteur. Jusqu'à son avènement, l'amour et le mariage avec la femme aimée avaient été la récompense finale du héros de la comédie. Le poète représentait cette femme aussi belle, aussi chaste, aussi passionnée, en un mot aussi intéressante que possible. M. Scribe crut devoir ajouter à toutes ces qualités, un appât de première classe pour lui : le 3 pour 100. Pas de bonheur probable dans le mariage qui couronne tout, si la jeune fille n'apporte pas une grosse dot au jeune homme. Et c'était si bien là l'idéal du public auquel s'adressait M. Scribe, que ce public l'a reconnu tout de suite pour son représentant ; et, pendant un tiers de siècle, le grand prêtre de cette religion bourgeoise a servi la messe tous les soirs sur l'autel du petit écu, se retournant de temps en temps au milieu de la cérémonie pour dire à ses ouailles, la main sur son Évangile en partie double : *Ego vobiscum !*

Les collaborateurs, les élèves, les imitateurs, les entrepreneurs n'ont pas manqué à ce travail facile, agréable, productif, qui, en même temps qu'il faussait le goût public, faisait dévier l'art sérieux. Le Scribe avait passé dans les mœurs. Hors de cet article, pas de salut. Malheureusement, le maître abusa et l'on finit par se lasser des colonels, des femmes veuves, des pensionnaires riches dont on chassait la dot à courre, des artistes entretenus par des femmes de banquier, des croix d'honneur pêchées dans l'adultère, des millionnaires tout-puissants et des demoiselles de magasin qui faisaient aller les reines comme elles voulaient. On éprouvait le besoin d'entendre quelque chose qui eût le sens commun et qui relevât, encourageât, consolât l'espèce humaine, qui n'est ni aussi égoïste ni aussi bête que M. Scribe le déclare. Un esprit robuste, loyal et fin se présenta, et *Gabrielle*, avec son action simple et touchante, avec son beau et noble langage, fut la première révolte contre ce théâtre de convention. Le mari intelligent, paternel, lyrique, fut exalté sur cette même scène où l'on bafouait depuis plus de vingt ans le mari, toujours ridicule, toujours aveugle, toujours trompé par une épouse amoureuse, au marc le franc, avec deux autres femmes, d'un commis, d'un artiste ou d'un diplomate habillé, chauffé, décoré par sa maîtresse et finalement enrichi par sa cousine pour cause de remords !

« Pourquoi cette prise à partie de M. Scribe? me direz-vous. A quel propos cette attaque? »

Je n'attaque pas M. Scribe ; je ne bats pas la caisse devant ma baraque pour vous empêcher d'entrer dans celle de mon voisin; mais, étant donnée cette question du *métier*, j'étudie et j'explique l'homme qui en est l'incarnation et qui en a poussé la science si loin, que, comme je le disais plus haut, on l'a quelquefois pris pour l'art lui-même. Personne n'a jamais su mieux que M. Scribe, sans conviction, sans naïveté, sans but philosophique, mettre en action et en valeur sinon un caractère, sinon une idée, du moins un sujet, une situation surtout, et en faire sortir logiquement les effets scéniques ; nul n'a mieux su, dès le premier choc, s'assimiler la pensée du premier venu, l'adapter au théâtre, quelquefois dans des proportions et dans un sens absolument opposés aux combinaisons du premier auteur, en utilisant tout, depuis les dispositions, le début, le nom, la beauté, la laideur, la grosseur, la maigreur, les bras, les pieds, les regards, la couleur des cheveux, l'élégance, la bêtise, l'esprit des comédiens et des comédiennes, jusqu'aux goûts, aux passions, aux préjugés, aux hypocrisies, aux lâchetés du public auquel il s'adressait et dont il voulait tirer sa fortune et sa liberté. C'est l'improvisateur le plus extraordinaire que nous ayons eu au théâtre, celui qui a le mieux su faire mouvoir des personnages qui ne vivaient pas. C'est le Shakespeare des ombres chinoises.

Eh bien, sur les quatre cents pièces qu'il a écrites, seul ou en collaboration, laissez tomber *Il ne faut jurer de rien*, ou *le Caprice*, ou *Il faut qu'une porte soit ouverte ou fermée*, c'est-à-dire un petit proverbe du poète le plus naïf, le moins expert dans le métier, et vous verrez tout le théâtre de Scribe se dissoudre et se volatiliser, comme le mercure à une chaleur de 350 degrés ; parce que Scribe travaillait pour le public sans y mettre rien de son âme ni de son cœur, tandis que Musset écrivait avec son cœur et son âme pour l'âme et pour le cœur de l'humanité, et que la sincérité donnait à celui-ci, sans même qu'il s'en doutât, toutes les ressources de métier qui faisaient le seul mérite de l'autre.

« Et la conclusion ? »

Est que l'auteur dramatique qui connaîtrait l'*homme* comme Balzac et le *théâtre* comme Scribe serait le plus grand auteur dramatique qui aurait jamais existé.

Mai 1868.

PERSONNAGES

		Acteurs qui ont créé les rôles.	
		Gymnase.	Vaudeville.
LE COMTE DE LA RIVONNIÈRE	MM.	Lafont.	Ad. Dupuis.
LE VICOMTE ANDRÉ DE LA RIVONNIÈRE		Dupuis.	P. Berton.
DE TOURNAS		Lesueur.	Parade.
DE LIGNERAY		Landrol.	E. Vois.
DE PRAILLES		Luguet.	Georges.
DE NATON		Dieudonné.	Dieudonné.
JOSEPH, domestique		Baptiste.	Roche.
Un Garçon de Banque		Amédée.	Karl.
Un Cocher		Louis.	Vaillant.
Deux Domestiques		{ Ismael. { Léon.	Bource. Cottet.
ALBERTINE DE LA BORDE	Mmes	Rose Chéri.	B. Pierson.
HÉLÈNE		Delaporte.	Réjane.
MADAME DE CHAVRY		Bloch.	De Cléry.
MADAME GODEFROY		Mélanie.	Reynold.
VICTORINE		Georgina.	Wegler.

A Paris.

UN PÈRE PRODIGUE

ACTE PREMIER

Un salon chez André.

SCÈNE PREMIÈRE

ANDRÉ, VICTORINE.

ANDRÉ, *rangeant ses papiers, à Victorine qui entre.*
J'ai sonné pour avoir Joseph. Où est-il?

VICTORINE.
Il est sorti.

ANDRÉ.
L'avez-vous envoyé quelque part?

VICTORINE.
Il n'y a pas besoin de l'envoyer quelque part pour qu'il sorte : il est toujours dehors.

ANDRÉ.
Qu'y a-t-il pour déjeuner?

VICTORINE.
Rien, monsieur.

ANDRÉ.

J'ai commandé à dîner hier, et je n'ai pas dîné ici.

VICTORINE.

C'est qu'il m'est arrivé des parents de la campagne, et alors...

ANDRÉ.

Ils vont bien, messieurs vos parents?

VICTORINE.

Très bien, monsieur, je vous remercie.

ANDRÉ.

Vos parents vous empêchent-ils de nous faire déjeuner?

VICTORINE.

Monsieur a du monde?

ANDRÉ

Une dame.

VICTORINE.

La dame en noir?

ANDRÉ.

Non, mademoiselle Victorine; ce n'est pas la dame en noir, c'en est une autre que vous prierez, quand elle viendra, de m'attendre un peu, parce qu'il faut que je sorte.

VICTORINE.

Ah! monsieur, j'y pense, M. de Tournas est venu ce matin; il va revenir; il a absolument besoin de parler à monsieur.

ANDRÉ.

Je sais ce qu'il a à me dire. Vous le flanquerez à la porte, M. de Tournas.

VICTORINE.

Je m'en doutais. Monsieur me donnera de l'argent avant de sortir?

ACTE PREMIER.

ANDRÉ.

Vous n'en avez déjà plus?

VICTORINE.

Non, monsieur; mais tout est écrit.

ANDRÉ, lui remettant un billet.

Faites changer.

SCÈNE II

Les Mêmes, JOSEPH.

JOSEPH entre. On voit qu'il est gris, mais il se tient très bien.

Madame Godefroy...

ANDRÉ.

D'où venez-vous?

JOSEPH.

De chez le tailleur. Il m'a apporté un habit qui ne m'allait pas...

ANDRÉ.

Que veniez-vous dire?

JOSEPH.

Madame Godefroy est en bas dans une voiture. Elle demande si elle peut parler à monsieur.

ANDRÉ.

Madame Godefroy?

JOSEPH.

Oui, monsieur.

ANDRÉ.

Dites-lui d'entrer.

JOSEPH.

Monsieur dit?

ANDRÉ, s'approchaut de Joseph.

Il est parfaitement ivre.

VICTORINE.

Si matin! Est-ce possible?

ANDRÉ, à Victorine.

Dites à madame Godefroy d'entrer. Si la dame que j'attends pour déjeuner vient pendant que madame Godefroy sera ici, vous l'introduirez là. (Il montre l'appartement de son père. Victorine sort. A Joseph, qui dort debout.) Joseph!

JOSEPH.

Monsieur?

ANDRÉ.

Donnez-moi un mouchoir, et allez vous coucher.

JOSEPH.

Me coucher?

ANDRÉ.

Oui, vous êtes ivre.

JOSEPH.

Cela ne m'empêche pas de faire mon service. C'est la chaleur de l'appartement qui m'a un peu porté à la tête, en revenant du grand air.

ANDRÉ, voyant entrer madame Godefroy.

Allez! allez!

Joseph sort et ferme la porte.

SCÈNE III

ANDRÉ, MADAME GODEFROY.

ANDRÉ, à madame Godefroy.

Comment! c'est vous, chère madame!

MADAME GODEFROY.

Moi-même, qui viens vous apporter les renseignements que vous m'avez demandés dans votre dernière lettre.

ANDRÉ.

Vous avez quitté la campagne exprès pour cela?

MADAME GODEFROY.

Non; mais j'avais besoin de venir à Paris pour quelques affaires; j'ai profité de l'occasion et j'ai pris la liberté de me présenter chez vous.

ANDRÉ.

Il fallait m'écrire d'aller vous voir.

MADAME GODEFROY.

Ce que j'aurais fait, si je ne vous avais pas trouvé; mais à quoi bon vous déranger? Tout est permis à une femme de mon âge; d'ailleurs, se gêne-t-on entre amis, car j'espère que vous avez un peu d'amitié pour moi?

ANDRÉ.

J'ai beaucoup d'amitié pour vous, madame, et depuis longtemps.

MADAME GODEFROY.

Bien vrai?

ANDRÉ.

Bien vrai.

MADAME GODEFROY.

J'en suis heureuse; car, moi, je vous aime comme j'aimerais mon fils, si j'en avais un! (Voyant Joseph qui vient préparer sur une chaise le paletot d'André.) Vous êtes pressé, vous alliez sortir?

ANDRÉ.

Quelques courses avant mon départ; mais j'ai le temps.

MADAME GODEFROY.

Vous allez à Dieppe?

ANDRÉ.

Rejoindre mon père, qui m'écrit lettres sur lettres pour que j'arrive.

MADAME GODEFROY.

Je l'avais invité à venir avec vous chasser chez moi ; il m'a répondu, comme toujours, que ni lui ni vous vous ne pouviez venir.

ANDRÉ.

En effet...

MADAME GODEFROY.

Vous avez peur tous les deux de vous ennuyer ; vous ne vous trompez peut-être pas. Enfin, ce n'est pas de cela qu'il s'agit.

JOSEPH, à André.

Le mouchoir de M. le vicomte, la monnaie du billet et les journaux.

Il dépose le tout sur la table et sort.

MADAME GODEFROY.

Votre père a retrouvé à Dieppe une ancienne amie à lui, madame de Chavry, avec la nièce de laquelle vous avez été élevé, pour ainsi dire. Pour une raison ou pour une autre, vous désirez, avant de retourner chez elles, avoir des renseignements sur ces deux dames, que vous avez perdues de vue depuis huit ans ; et, comme ma propriété est à une demi-lieue de Dieppe, vous m'avez priée de prendre tous les renseignements possibles et de vous les faire connaître.

ANDRÉ.

C'est cela même ; vous avez dû supposer, chère madame...

MADAME GODEFROY.

Je n'ai rien supposé du tout ; vous me direz, quand le moment sera venu, ce que vous croirez devoir me dire, et, moi, je vais vous dire ce que j'ai recueilli. (Elle tire un petit papier de son portefeuille. Lisant.) « Madame de Chavry vivait depuis huit ans à l'étranger, séparée de son mari, qui était un assez mauvais sujet ; elle s'était, en dernier lieu, fixée à Venise. Elle y a appris, il y a dix-huit mois, la mort du marquis. A la fin de son deuil, elle est revenue en France pour marier sa nièce, qui tient à s'établir ici ; le lendemain du mariage de sa nièce, elle repartira pour son palais du Grand-Canal, dont elle ne saurait plus se passer. »

ANDRÉ.

Et mademoiselle Hélène ?

MADAME GODEFROY.

Restée orpheline de très bonne heure, élevée par sa jeune tante, qui est un peu mondaine, un peu frivole, un peu folle même, disent ses amis, mademoiselle Hélène a reçu l'éducation superficielle que reçoivent aujourd'hui presque toutes les jeunes filles de son monde ; cependant elle a l'aspiration et le sentiment du bien ; elle sera ce que nous sommes toutes, une bonne ou une mauvaise femme, selon le mari qu'elle aura choisi. Elle est du caractère le plus aimable et le plus facile ; aucune coquetterie, pas même une de ces coquetteries de pensionnaire si fréquentes chez les filles de son âge, élevées librement. Voilà, mon cher monsieur André, tout ce que j'ai pu apprendre.

ANDRÉ.

Vous êtes, chère madame, la meilleure femme que je connaisse ! Je vais partir aujourd'hui même pour Dieppe, d'où j'irai vous voir avec mon père.

MADAME GODEFROY.

Que ce serait bien à vous de l'amener ! Mais je crois que je l'ennuie.

ANDRÉ.

Vous vous trompez, madame. Mon père a pour vous la plus sincère affection et la plus profonde estime. S'il va plus souvent où il s'amuse qu'où on l'aime, il n'en faut accuser que l'habitude. Il est bien difficile de se transformer à son âge, à moins que la nécessité ne s'en mêle, et peut-être va-t-elle s'en mêler.

MADAME GODEFROY.

Sa fortune?...

ANDRÉ.

Sa fortune commence à ne plus avoir aucun rapport avec ses goûts. J'hésite toujours à le lui apprendre, mais il faudra pourtant en arriver là, et, qui sait? cette mauvaise nouvelle aura peut-être de bons effets.

MADAME GODEFROY.

Ah! si vous vouliez, mon cher monsieur André, ce serait le moment de nous rendre tous heureux.

ANDRÉ.

J'y pense quelquefois.

MADAME GODEFROY.

Vraiment!

ANDRÉ.

Oui, et, si cela dépendait de moi seul.

MADAME GODEFROY.

Mais cela ne dépend que de vous. Votre père fera tout ce que vous voudrez. A travers les folies de sa vie d'aventures et de dissipation, vous avez été et vous êtes son seul amour. Il vous reconnaît en outre plus de raison qu'à lui. Il a en vous une confiance illimitée; il a même un peu peur de vous. Je ne dois rien vous cacher, mon cher monsieur André. Votre père m'a fait la cour autrefois, comme il la faisait à toutes les femmes. Je n'étais qu'une simple bourgeoise, mais j'étais jolie, disait-on; mon mari ne m'appréciait pas à ma valeur. Cependant M. Godefroy était un honnête homme, j'étais une honnête femme, et pour rien au monde je ne l'eusse trompé. Entre nous, j'ai eu du mérite... Le comte était bien séduisant... il le sera toujours. — Lorsque je suis devenue veuve, il y a de cela dix ans (je ne l'avais pas souhaité, mais enfin je l'étais), j'ai tout simplement offert au comte de devenir sa femme. Il a eu la générosité de me répondre qu'à cause de vous il ne voulait pas se remarier. La vérité est que la petite bourgeoise ne lui plaisait plus, et qu'il ne voulait pas enchaîner sa liberté. Lui demandais-je autre chose pour moi, dans le mariage, que la joie de le rendre heureux comme il l'eût entendu?... J'aurais tenu sa maison, je lui aurais créé un intérieur confortable, j'aurais eu soin de lui et de vous, je l'aurais choyé comme un enfant; car c'est un grand enfant que votre père. Il n'a pas voulu. Cependant il ne sera pas toujours jeune, même de caractère. Si vous vous mariez, saura-t-il vivre tranquillement entre son fils et sa bru? et, s'il ne vit pas ainsi, que deviendra-t-il? Vous me comprenez, son avenir vous inquiète aussi... Vous aimez votre père; vous connaissez mon affection pour lui; faites de votre mieux.

ANDRÉ.

Je suis très heureux de cette explication, chère madame... et...

SCÈNE IV

Les Mêmes, DE TOURNAS.

DE TOURNAS, qui est entré pendant la dernière phrase, et qui cherche un journal sur la table.

C'est moi, cher ami; pardon, je vous croyais seul... Je vais vous attendre, ne vous occupez pas de moi.

ANDRÉ, très contrarié.

Excusez-moi, mais...

DE TOURNAS.

Ne vous gênez pas, j'attendrai... je prends seulement

le journal pour voir les nouvelles... (Il cherche le journal sur la table.) C'est celui d'hier... Ah! voici celui d'aujourd'hui...

Il sort en courant sur la pointe du pied et en affectant la discrétion la plus grande vis-à-vis de madame Godefroy.

ANDRÉ, qui a sonné, à madame Godefroy.

Vous permettez, madame?

SCÈNE V

ANDRÉ, MADAME GODEFROY, JOSEPH.

JOSEPH, entrant.

Une lettre pour monsieur

ANDRÉ, à Joseph qui entre.

Qui a ouvert la porte à M. de Tournas? J'avais défendu qu'on le reçût.

JOSEPH.

Il est entré pendant que j'étais dans l'appartement de M. le comte; j'avais laissé la porte de l'antichambre ouverte; d'ailleurs (Montrant madame Godefroy.) je pensais que monsieur ne serait pas fâché...

ANDRÉ.

Assez! Vous n'êtes plus à mon service.

JOSEPH.

Monsieur le vicomte me renvoie?

ANDRÉ.

Oui.

JOSEPH.

Quand devrai-je quitter la maison, monsieur le vicomte?

ANDRÉ.

Quand vous voudrez...

ACTE PREMIER.

JOSEPH.

J'étais très attaché à mon maître; monsieur me regrettera.

Il sort.

MADAME GODEFROY.

Comme vous êtes tourmenté! votre temps ne vous appartient plus; je vous quitte, car je suis importune comme les autres. J'ai fait apporter à votre intention, en venant à Paris, quelques petites provisions d'hiver : vous voudrez bien les accepter, n'est-ce pas? entre autres, des confitures que votre père adore, et que j'ai faites moi-même. Tâchez que ce ne soit pas, comme l'année dernière, vos domestiques qui les mangent.

ANDRÉ.

J'y veillerai, chère madame, car, moi aussi, j'adore les confitures.

Il prend son mouchoir.

MADAME GODEFROY.

Regardez donc votre mouchoir!

ANDRÉ, voyant son mouchoir déchiré.

Si vous voyiez ceux de mon père, c'est bien autre chose!

MADAME GODEFROY.

Je suis ridicule, peut-être, mais ces choses-là me désolent. Enfin!... Adieu. (Elle va pour sortir. Se ravisant.) Vous êtes sûr que le comte ne fait pas la cour à madame de Chavry?

ANDRÉ.

J'en suis sûr; ce serait la première chose qu'il m'aurait écrite.

MADAME GODEFROY, très contente.

Allons, au revoir, mon cher monsieur André... N'oubliez pas votre promesse.

ANDRÉ.

Soyez tranquille, chère madame, et merci mille fois pour cette bonne visite!

<small>Au moment où madame Godefroy sort, Tournas se précipite du dehors, prend un battant de la porte, le tient ouvert et salue obséquieusement madame Godefroy. Elle salue et sort. Il entre.</small>

SCÈNE VI

ANDRÉ, DE TOURNAS.

DE TOURNAS.

Vous allez bien, cher?

ANDRÉ.

Très bien, je vous remercie.

DE TOURNAS.

Qu'est-ce que vous me conterez de neuf?...

ANDRÉ.

Je ne sais rien de neuf, mon cher; d'ailleurs, je suis très pressé. Vous permettez que je lise cette lettre?

DE TOURNAS.

Lisez, mon cher, lisez.

ANDRÉ, <small>décachetant la lettre. Lisant.</small>

« Mon bien cher ami, je suis seule à Paris jusqu'à demain. Je vous expliquerai comment cela se fait. Que je suis heureuse de ce jour de liberté sur lequel je ne comptais pas hier! Je puis donc encore vous voir aujourd'hui, et nous allons nous voir tous les jours ensuite. Attendez-moi de midi à une heure. J'ai hâte de vous redire combien je vous aime et ce que j'ai fait pour vous le prouver. Toute ma vie est à vous. » <small>(Il met la lettre dans sa poche et sonne. A de Tournas.)</small> Je suis désolé mon cher ami, mais il faut que je sorte.

DE TOURNAS.

Tant pis! je venais vous chercher pour vous offrir à déjeuner au cabaret.

ANDRÉ.

Impossible aujourd'hui.

DE TOURNAS.

Vous avez déjeuné?...

ANDRÉ.

Non... mais je déjeune avec quelqu'un.

DE TOURNAS.

Une femme! Ah! mon gaillard... Vous avez raison, vous êtes jeune, amusez-vous, mais n'abusez pas... Qu'est-ce que vous cherchez?

ANDRÉ, sonnant de nouveau.

Je cherche mon chapeau.

DE TOURNAS.

Le voici... Ah! non, c'est le mien. Vous y perdriez probablement. Voulez-vous que je le demande, votre chapeau?

ANDRÉ, voyant entrer Joseph.

Je vous remercie, Joseph va me le donner. (A Joseph.) Si la dame en noir vient, que je sois ici ou que je n'y sois pas, vous lui direz que je suis parti ce matin pour Dieppe.

JOSEPH.

Oui, monsieur.

ANDRÉ.

Donnez-moi mon chapeau.

Joseph sort.

DE TOURNAS.

Qu'est-ce que c'est que la dame en noir?

ANDRÉ.

C'est une dame qu'on désigne ainsi, probablement parce qu'on ne veut pas la faire connaître.

DE TOURNAS.

Il y a un mari!... Que de bonnes fortunes vous devez avoir!

ANDRÉ.

Si vous venez du même côté que moi...

DE TOURNAS.

A propos, je ne vous ai pas revu depuis que vous avez eu la bonté de me prêter ce que je vous ai demandé. Vous ne m'en voulez pas d'être encore votre débiteur?

ANDRÉ.

Non.

DE TOURNAS.

Si vous en aviez besoin...

ANDRÉ.

Non.

DE TOURNAS.

Entre nous, je vais entrer, je crois, dans une grande affaire; n'en parlez pas, je viendrai vous donner des détails un jour que vous aurez le temps. Tenez, il y aurait peut-être pour vous de l'argent à gagner là dedans. J'y songerai. Jusque-là, j'ai toujours mon affaire de succession, qui n'en finit pas. — Cependant, j'ai de l'espoir. — Je suis allé voir mes juges, ils m'ont très bien reçu, et, dans deux ou trois mois, je pense...

ANDRÉ, mettant la main à sa poche.

Voyons! combien?

DE TOURNAS.

Prêtez-moi quinze louis.

ACTE PREMIER.

ANDRÉ.

Les voici.

DE TOURNAS.

Je vous rendrai le tout ensemble. Oh! je n'oublie rien. Les bons comptes font les bons amis. (Il met les quinze louis dans sa poche, après avoir jeté un regard dessus comme pour s'assurer que le compte y est.) Et le père, comment va-t-il? Avez-vous de ses nouvelles? Toujours jeune, hein? toujours en train? Quelle nature!... Il y a vingt-cinq ans que nous nous connaissons. Ah! je l'aime bien, et je crois qu'il m'aime bien aussi. Nous en sommes-nous donné ensemble!... Vous étiez haut comme ça (Il met la main à deux pieds de terre.) quand je l'ai connu.

JOSEPH, apportant le chapeau à André.

A-t-on dit à monsieur que madame de la Borde est là?

ANDRÉ.

Non; où est-elle?

JOSEPH.

Elle est arrivée pendant que madame Godefroy était avec monsieur. Je l'ai fait attendre dans l'appartement de M. le comte.

ANDRÉ, à Joseph.

C'est bien. (Joseph sort.) Déjà onze heures... (A lui-même.) Tiens... (En regardant de Tournas.) Mes quinze louis vont me servir à quelque chose. (A de Tournas.) Voulez-vous me rendre un service?

DE TOURNAS.

Deux, cher ami, deux!

ANDRÉ.

Vous m'avez offert à déjeuner?

DE TOURNAS.

Et je vous l'offre toujours.

ANDRÉ.

Merci, c'est moi qui vous invite.

DE TOURNAS.

Encore mieux. Mais je ne vois pas quel service je vous rends.

ANDRÉ.

Le service, c'est de tenir compagnie à la personne qui va entrer pendant que je serai sorti et jusqu'à ce que je revienne.

DE TOURNAS.

Très volontiers.

ANDRÉ, ouvrant la porte et appelant.

Albertine !

SCÈNE VII

ALBERTINE, ANDRÉ, DE TOURNAS.

ALBERTINE, entrant et donnant la main à André.

Bonjour, cher ami. Quel est cet appartement où l'on m'a fait attendre si longtemps? On dirait l'appartement d'une femme.

ANDRÉ.

C'est l'appartement de mon père, qui communique avec le mien par le salon où nous sommes. Je vous demande pardon de ne vous avoir pas reçue plus tôt.

ALBERTINE.

Vous aviez du monde, on me l'a dit : vous êtes tout excusé.

ANDRÉ.

Alors, permettez-moi de vous présenter monsieur, en compagnie de qui je vous prierai de m'attendre un instant.

ALBERTINE.

Vous sortez?

ANDRÉ.

Un quart d'heure.

ALBERTINE.

Voilà ce que vous appelez donner à déjeuner à vos amis ! Que diable voulez-vous que je fasse avec monsieur ?

ANDRÉ.

Ce n'est pas cela qui peut embarrasser une femme d'esprit comme vous. Je dois sortir depuis ce matin et je ne puis pas y arriver. Il y a toujours du monde ici.

ALBERTINE.

Peut-on savoir au moins où vous allez ?

ANDRÉ.

J'ai un rendez-vous chez mon notaire.

ALBERTINE.

Tout le monde va donc chez son notaire, ce matin.

ANDRÉ.

Vous êtes allée chez le vôtre ?

ALBERTINE.

Non, j'y vais aller en sortant d'ici, lui porter dix mille francs que j'ai touchés hier. Je n'aime pas garder de l'argent chez moi.

On frappe à la porte.

ANDRÉ.

Entrez !

SCÈNE VIII

Les Mêmes, le Cocher, un Garçon de banque.

LE COCHER, entrant.

Monsieur...

Pendant ce temps, Albertine ôte son chapeau et son châle, les dépose sur une chaise, tire un petit peigne de sa poche, lisse ses cheveux devant une glace, puis tire une petite boîte de poudre de riz de son autre poche, et se met de la poudre sur la figure. De Tournas a mis son lorgnon et l'examine des pieds à la tête sans qu'elle paraisse le remarquer.

ANDRÉ.

Qu'est-ce que c'est ?

LE COCHER.

Joseph et Victorine sont sortis, et l'on vient de la Banque.

ANDRÉ.

Pour ?...

LE COCHER.

Pour un effet.

ANDRÉ.

Quel effet ?

LE COCHER.

Un effet, un billet à payer.

ANDRÉ.

De qui ?

LE COCHER.

De vous, monsieur.

ANDRÉ.

De moi ? Il y a erreur, je n'ai jamais fait de billets. Dites au garçon de recettes d'entrer.

LE COCHER, à la porte.

Voulez-vous entrer, monsieur ?

Le garçon de recettes entre et salue. — Le cocher sort.

ANDRÉ.

Vous venez pour toucher un effet ?

LE GARÇON.

Oui, monsieur, une traite de six mille francs sur M. le vicomte de la Rivonnière.

ANDRÉ.

Voyons!

LE GARÇON, lui passant la traite.

Voilà, monsieur.

ANDRÉ.

C'est mon père qui tire à vue sur moi. (Au garçon.) Je n'attendais pas cette traite.

LE GARÇON.

Faut-il la retourner?

ANDRÉ.

Non pas. Laissez-moi le bulletin de la Banque.

LE GARÇON, lui remettant le bulletin.

Bureau numéro 5, avant deux heures.

Il sort.

ANDRÉ, avec un mouvement de mauvaise humeur.

Il ne manquait plus que ça!

ALBERTINE.

Si vous n'avez pas ce qu'il vous faut, je vais vous le donner, vous me le rendrez tantôt.

ANDRÉ.

Merci. Je ne suis pas assez riche pour me créditer dans une maison comme la vôtre.

ALBERTINE.

Avare!

ANDRÉ, à Albertine et à de Tournas.

Je reviens.

Il sort.

SCÈNE IX

ALBERTINE, DE TOURNAS, puis JOSEPH.

ALBERTINE.

Il n'est pas content, le bourgeois!

DE TOURNAS.

Moi, j'ai l'idée qu'il est en train de se ruiner.

ALBERTINE.

Vous croyez qu'André se ruine?

DE TOURNAS.

Je le vois souvent de mauvaise humeur depuis quelque temps.

ALBERTINE.

Cela ne prouve rien. Les gens qui se ruinent sont toujours gais; c'est lorsqu'ils sont ruinés qu'ils sont de mauvaise humeur.

DE TOURNAS.

Vous en avez vu beaucoup dans cet état-là?

ALBERTINE.

Non. Quand ils étaient dans cet état-là, je ne les voyais plus.

DE TOURNAS.

Et Lorédan, qu'est-ce que vous en avez fait?

ALBERTINE.

Vous avez connu Lorédan? Quel gentil garçon!

DE TOURNAS.

Je vous ai vue quelquefois chez lui, dans son petit hôtel de la rue Chauchat.

ALBERTINE.

On s'amusait alors!

DE TOURNAS.

Il y a dix ans!

ALBERTINE.

J'en avais quinze.

DE TOURNAS.

Hum!

ALBERTINE.

Vous avez quelque chose dans la gorge?

DE TOURNAS.

J'ai avalé de travers.

ALBERTINE.

Il faut bien dire de ces choses-là. Tout le monde n'a pas les amygdales aussi sensibles que vous. Mais vous qui plaisantez les autres, vous n'êtes pas un enfant. (Montrant les cheveux de Tournas.) Il y a du petit-gris là-dessous.

DE TOURNAS.

Alors vous dites que Lorédan?...

ALBERTINE.

C'est à n'y pas croire! quand il a été ruiné, mais tout à fait ruiné...

DE TOURNAS.

Je me fie à vous; je suis sûr que la chose était proprement faite.

ALBERTINE.

D'où venez-vous? Ce n'est pas moi qui ai ruiné Lorédan... Qu'est-ce qu'il m'a donné? Trois cent mille francs en quatre ans. Vous voyez, ce n'est pas une affaire. (Elle sonne.) Est-ce que vous n'avez pas faim?

DE TOURNAS.

Si...

ALBERTINE à Joseph, qui rentre.

Servez-nous.

JOSEPH.

On attend M. le vicomte.

ALBERTINE.

Je ne vous demande pas si l'on attend M. le vicomte; je vous dis de nous servir ici, n'importe quoi, sur un coin de table. Allez. (Joseph sort.) Je le connais, ce domestiquelà; il a été chez Monséjour. Il m'a reconnue; il va nous servir tout de suite, soyez tranquille. Pour en revenir à Lorédan, je suis peut-être la seule personne qui lui ait tendu la main dans sa déconfiture. Je lui ai porté quinze mille francs. C'était un très honnête garçon : il les a refusés. Je pensais bien qu'il les refuserait; mais, enfin, j'ai fait ce que je devais faire.

DE TOURNAS.

Quinze mille francs, juste l'intérêt de son argent! Et alors?...

ALBERTINE.

Alors, quand il n'a plus eu un sou, quand il a eu payé tout ce qu'il devait, au lieu de se marier, ce qui lui était très facile, car il était joli garçon et de bonne famille, il a demandé et obtenu à grand'peine une place de trois mille francs dans un chemin de fer étranger. Il a maintenant six mille francs d'appointements; il se porte bien, et il est très heureux.

DE TOURNAS.

Et il a votre estime?

ALBERTINE.

Et il a mon estime, oui, mon cher, et tout le monde ne l'a pas. Les hommes qui se ruinent pour nous sont des imbéciles, je vous l'accorde; mais il y en a d'honnêtes, qui restent honnêtes encore après, et ce n'est pas facile. Làdessus, inutile de nous dire des choses désagréables, n'est-ce pas? Les loups ne se mangent pas entre eux. Car, moi aussi, je vous connais. Vous êtes M. de Tournas, et j'ai entendu parler de vous souvent. Sous le prétexte que vous avez mangé jadis un petit patrimoine de cent cinquante mille francs, depuis vingt-cinq ans que cela est arrivé, vous trouvez moyen d'avoir toujours cinq louis dans votre poche. Ce n'est pas bête, et je vous admire parce que c'est moins commode pour un homme que pour une femme, mais ce n'est pas une raison pour débiner ceux qui ont mieux aimé faire autrement. Voilà, mon bon; et, quand vous ne saurez où aller dîner, venez dîner chez moi, vous me ferez plaisir.

DE TOURNAS, après un court silence.

A quelle heure dîne-t-on chez vous?

ALBERTINE.

Allons, vous êtes un homme d'esprit... A sept heures. (Pendant ces derniers mots, Joseph a servi sur un coin de table.) En attendant, déjeunons... Qu'est-ce que c'est que ça? Du filet de bœuf et de la fricassée de poulet, à cette heure-ci! C'est un déjeuner de conducteur de diligence; donnez-moi un morceau de fromage et un fruit.

DE TOURNAS.

Moi, je mangerai un peu de bœuf; j'ai si mal dîné hier!

ALBERTINE.

Où avez-vous donc dîné?

DE TOURNAS.

Chez moi.

ALBERTINE.

Espérons que, lorsque André sera marié, sa maison sera tenue autrement.

DE TOURNAS.

Pour ce que nous y gagnerons! Mais est-ce qu'il va se marier?

ALBERTINE.

Il donne du filet de bœuf à déjeuner; il n'est plus bon qu'à faire un mari.

DE TOURNAS.

Alors, cela vous est indifférent?

ALBERTINE.

Tout à fait.

DE TOURNAS.

Je croyais, en vous voyant ici...

ALBERTINE.

Que j'aimais André, peut-être?

DE TOURNAS.

Aimer, non; mais, enfin...

ALBERTINE.

Voilà longtemps que je connais André; il a eu une espèce de passion pour une de mes amies... Dans ces derniers temps, il m'a fait une espèce de cour. On ne sait pas ce qui peut arriver. Je lui ai demandé à déjeuner ce matin. Je voulais connaître l'intérieur de la maison; mais une femme dans ma position ne peut avoir qu'une liaison sérieuse. En cinq minutes, j'ai su à quoi m'en tenir : mauvaise maison, mauvais service, mauvais entourage. S'il faisait un beau mariage!... et encore... non... ce n'est pas cela qu'il me faut.

DE TOURNAS.

Qu'est-ce qu'il vous faut donc?

ALBERTINE.

Je suis la meilleure fille du monde; mais, que voulez-vous! j'ai de l'ordre, c'est dans ma nature. Aussi on dit du mal de moi, parce que j'ai eu l'esprit de mettre un peu d'argent de côté.

DE TOURNAS.

Vous êtes riche?

ALBERTINE.

Non : j'ai une trentaine de mille livres de rente; j'en veux quarante.

DE TOURNAS.

C'est votre chiffre?

ALBERTINE.

On ne peut pas vivre à moins. Quand j'aurai mes quarante mille livres de rente, je dis adieu au monde; je vends les diamants, les voitures, les chevaux en vente publique, c'est ce qu'il y a de mieux. J'ai horreur de tous ces brimborions-là, mais il faut en avoir, sans cela on ne vous regarderait pas. J'achète un bon petit hôtel dans un coin de Paris, je le meuble bien modestement avec du palissandre et de l'acajou, rien de plus; j'y reçois quelques bons amis, des artistes, ils sont amusants; pas de femmes, bien entendu : je les connais, ces dames! et alors, n'ayant plus d'inquiétudes matérielles, je m'occuperai d'aimer, ce que je n'ai pas encore pu faire, si toutefois je trouve un cœur qui comprenne le mien...

DE TOURNAS.

Oh! vous trouverez ça!...

Pendant la réplique de Tournas le comte a ouvert la porte de son appartement.

SCÈNE X

Les Mêmes, LE COMTE.

LE COMTE, très bas.

Joseph! Joseph!

JOSEPH.

C'est vous qui m'appelez, monsieur le comte?

LE COMTE.

Oui, j'arrive. Silence, silence!... André n'est pas ici?

JOSEPH.

Non, monsieur le comte.

LE COMTE.

Il va rentrer?

JOSEPH.

Bientôt.

LE COMTE.

Vous viendrez me prévenir dès son retour. Occupez-vous des personnes qui sont là.

JOSEPH.

Il n'y a pas à se gêner avec elles!

ALBERTINE, qui a levé la tête et vu le groupe du comte et de Joseph, bas, à de Tournas.

Quel est ce monsieur qui cause avec Joseph?

DE TOURNAS après avoir regardé, haut.

C'est le comte... (A Albertine.) Le père d'André...
Il se lève et va au-devant du comte.

LE COMTE.

Tiens, c'est vous, Tournas! Comment va, cher?

DE TOURNAS.

Très bien, vous voyez; nous déjeunons sans cérémonie, madame et moi, chez André, en l'attendant. Voulez-vous me permettre de vous présenter madame de la Borde?

LE COMTE.

Présentez-moi plutôt à madame.

DE TOURNAS.

M. le comte Fernand de la Rivonnière.

ALBERTINE.

Vous devez être fort étonné, monsieur le comte, de trouver, installée chez votre fils, presque chez vous pendant qu'il est absent, une personne que vous ne connaissez pas comme une de ses amies?

LE COMTE.

Ce qui m'étonne, madame, c'est que mon fils soit absent de chez lui pendant que vous y êtes. Je vous demande pardon de vous avoir dérangée, mais j'ignorais qu'il y eût du monde chez André...
Il salue.

ALBERTINE.

Vous nous quittez déjà?

LE COMTE.

Si mon fils rentrait...

ACTE PREMIER.

ALBERTINE.

Eh bien?...

LE COMTE.

Peut-être me gronderait-il d'être resté...

ALBERTINE.

Il vous gronde donc?

LE COMTE.

Quelquefois.

ALBERTINE.

Le méritez-vous?

LE COMTE.

Souvent.

ALBERTINE.

Je prends la chose sur mon compte... Restez et permettez-moi de faire les honneurs de la maison, bien que je n'en aie pas le droit.

LE COMTE.

Tant pis pour André.

ALBERTINE.

Et d'abord, avez-vous déjeuné?

LE COMTE.

Non.

ALBERTINE, à Joseph.

Mettez un couvert...

LE COMTE.

Et servez-moi deux œufs.

JOSEPH.

Quel vin, monsieur le comte?

LE COMTE.

De l'eau!... Vous savez bien que ne bois jamais que de l'eau...

Joseph sort.

ALBERTINE, à de Tournas.

Il est mieux que son fils.

DE TOURNAS, qui a pris son chapeau.

Il n'y a pas de comparaison!

LE COMTE, à Tournas, bas.

Quelle est donc cette dame?...

DE TOURNAS.

Comment la trouvez-vous?

LE COMTE.

Charmante!

DE TOURNAS.

Eh bien... c'est une dame charmante, voilà tout. Je vous laisse. (A Albertine.) Adieu, chère madame.

ALBERTINE, à Tournas.

Attendez-moi, mon cher monsieur de Tournas, je m'en vais avec vous.

DE TOURNAS.

Parfaitement... (A Joseph.) Alors, donnez-moi du café.

Il va prendre son café au fond du théâtre.

LE COMTE, voyant Albertine reprendre son chapeau et son châle.

Vous m'abandonnez?... C'est une trahison!

ALBERTINE.

Vous repartez dans quelques heures... Si vous êtes venu à Paris, c'est que avez à y faire autre chose que de causer avec moi. Et, d'ailleurs de quoi causerions-nous? Nous ne nous connaissons pas.

LE COMTE.

Ce ne serait pas là la difficulté... Nous ferions connaissance.

ALBERTINE.

Mal...

LE COMTE.

Mon fils est fort heureux!...

ALBERTINE.

De quoi?

LE COMTE.

De connaître bien une personne comme vous!...

ALBERTINE.

Le vicomte me connait depuis six mois; c'est la seule différence qui existe entre vous deux.

LE COMTE.

Votre parole?...

ALBERTINE.

Ma parole...

LE COMTE.

Restez, alors!

ALBERTINE.

Non, j'ai toutes sortes de raisons pour m'en aller...

LE COMTE.

On vous attend?

ALBERTINE.

Peut-être; et puis que dirait madame de Genson, par exemple, si elle me savait ici?

LE COMTE.

Madame de Genson...

ALBERTINE.

Ou madame de Villerveux, ou madame de Norbois; car, si je n'ai pas l'honneur de vous connaître, je connais beaucoup de vos amis, et vos amis sont indiscrets. Vous n'aimez que les femmes du monde, et, jusqu'à présent, vous n'avez jamais voulu mettre le pied sur notre territoire. Je ne veux pas me reprocher de vous avoir avoir fait passer la frontière, surtout à votre âge.

LE COMTE.

« A votre âge » est méchant.

ALBERTINE.

Vous le voyez, je ne saurais causer une demi-heure avec vous sans dire une sottise.

LE COMTE, lui prenant la main.

Quand vous reverra-t-on?

ALBERTINE.

Quand vous voudrez, 26, rue de la Paix, de une heure à deux : c'est l'heure où je reçois mes meilleurs amis.

LE COMTE.

Et votre meilleur ami?

ALBERTINE.

Celui-là choisit son heure.

LE COMTE.

Savez-vous que vous avez de l'esprit!

ALBERTINE.

Chez nous, il faut bien tenir un peu de tout, il y a tant de concurrence!

LE COMTE.

Ne dites pas de ces choses-là; les vilaines paroles vont mal aux jolies bouches.

ALBERTINE.

Comme vous êtes sentimental!

LE COMTE.

C'est de mon âge...

ALBERTINE.

Vous direz au vicomte que je le remercie bien du déjeuner qu'il m'a donné; mais je saurai maintenant ce que ses invitations veulent dire. Heureusement, vous êtes là, et je ne le regrette plus du tout. On vous verra?

LE COMTE.

Puisque vous le permettez...

ALBERTINE.

A votre retour, bien entendu. Où allez-vous?

LE COMTE.

A Dieppe.

ALBERTINE.

A Dieppe? J'y ai un ami.

LE COMTE.

Le meilleur?

ALBERTINE.

Un des meilleurs : M. de Naton.

LE COMTE.

Je le connais beaucoup, c'est un jeune homme charmant.

ALBERTINE.

En êtes-vous bien sûr? Si j'allais le voir?

LE COMTE.

Voilà une bonne idée. Venez donc.

ALBERTINE.

Pourrais-je compter sur votre visite?

LE COMTE.

Certes.

ALBERTINE.

Alors, je ne dis pas non. Si j'y vais, ce sera très prochainement. En tout cas, je vous le ferai savoir.

LE COMTE.

Hôtel Royal.

ALBERTINE.

C'est dit. Je n'ai pas besoin de vous recommander la discrétion vis-à-vis de M. de Naton.

LE COMTE, lui baisant la main.

J'avais compris.

ALBERTINE.

Venez-vous, mon cher Tournas?

DE TOURNAS.

Me voici.

Ils sortent.

SCÈNE XI

LE COMTE, JOSEPH, puis ANDRÉ.

JOSEPH, qui a servi pendant ce temps.

M. le comte est servi.

LE COMTE.

Bien. Vous irez chez mon fleuriste, chez Lemoine, le fleuriste de l'Opéra, vous le connaissez bien, et vous lui direz d'envoyer aujourd'hui avec ma carte, — il a des cartes à moi d'avance, à mademoiselle Albertine de la Borde, 26 ou 28, rue de la Paix, je ne me rappelle plus bien le numéro qu'elle m'a donné...

JOSEPH.

26.

LE COMTE.

Vous connaissez son adresse?

JOSEPH.

Oh! oui, monsieur.

LE COMTE.

D'envoyer un bouquet de lilas blanc et de roses du Roi. Je n'ai pas besoin de vous, allez tout de suite. (Joseph remet une grande enveloppe au comte.) Qu'est-ce que c'est que ça?

JOSEPH.

Ce sont des papiers timbrés qui sont venus en l'absence de M. le comte, et que je n'ai pas cru devoir lui envoyer à Dieppe.

LE COMTE, sans prendre les papiers.

Vous avez bien fait. Mon fils ne les a pas vus?

JOSEPH.

Non, monsieur le comte.

LE COMTE.

Eh bien, qu'il ne les voie pas, et mettez-les avec les autres.

JOSEPH.

Je me permettrai de demander à M. le comte d'intercéder pour moi auprès de monsieur son fils.

LE COMTE.

A quel propos?

JOSEPH.

M. le vicomte m'a dit de chercher une place, et je suis si attaché à la maison...

LE COMTE.

J'arrangerai cela. Si mon fils vous renvoie, je vous prendrai. Allez chez le fleuriste, allez.

ANDRÉ, entrant sans voir son père.

Madame de la Borde est partie?

JOSEPH.

Oui, monsieur, et M. de Tournas aussi. M. le vicomte a déjeuné?

ANDRÉ.

Non.

LE COMTE.

Eh bien, tu vas déjeuner avec moi. (A Joseph.) Apportez un couvert.

Joseph sort.

SCÈNE XII

LE COMTE, ANDRÉ, puis JOSEPH.

ANDRÉ.

Comment, te voilà ?...

LE COMTE.

Je suis là depuis une heure, et les honneurs de chez toi m'ont été faits pas une fort aimable personne.

ANDRÉ.

Il s'agit bien d'aimables personnes! C'est toi qui es aimable...

LE COMTE.

Qu'y a-t-il?

ANDRÉ.

Je suis furieux.

LE COMTE.

Contre qui?

ANDRÉ.

Contre toi.

LE COMTE.

Qu'est-ce que j'ai fait?

ANDRÉ.

Tu as fait une lettre de change.

LE COMTE.

Moi?

ANDRÉ.

La voici.

LE COMTE.

Ce n'est pas une lettre de change, c'est une traite. Je sais ce que c'est, elle vient de Londres; c'est pour le bateau.

ANDRÉ.

Elle vient de Londres et c'est pour le bateau; cela ne l'excuse pas. Qu'est-ce que c'est encore que ce bateau?

LE COMTE.

Mais on ne devait la présenter que le 15.

ANDRÉ.

Eh bien?

LE COMTE.

C'est aujourd'hui le 15?

ANDRÉ.

Tu le sais bien.

LE COMTE.

Je croyais que ce n'était que le 14. Tu as payé?

ANDRÉ.

Naturellement!

LE COMTE.

Je te dois six mille francs, voilà tout.

ANDRÉ.

Oui, voilà tout. Mais tu ne m'avais pas prévenu; je n'avais pas d'argent ici; il m'a fallu en demander à mon notaire. Je te prierai à l'avenir...

LE COMTE.

Pauvre garçon! mais, entre nous, tu aurais mieux fait, puisque tu ne m'as pas vu depuis un mois, et que tu m'aimes bien, de m'embrasser en me revoyant, que de me dire tout ce que tu m'as dit.

ANDRÉ, l'embrassant.

Ça n'empêche pas...

LE COMTE.

Le second mouvement est bon chez toi, je le sais bien, aussi tu devrais commencer par celui-là. Je ne t'en demande pas moins pardon de l'embarras que je t'ai causé (Prenant des billets de banque dans sa poche.) Voici tes six mille francs. (Il lui tend le reste.) Et, puisque tu as besoin d'argent, prends.

ANDRÉ.

D'où vient cet argent-là?

LE COMTE.

C'est de l'argent que j'ai touché.

ANDRÉ.

Tu n'avais rien à recevoir.

LE COMTE.

On a toujours quelque chose à recevoir quand on cherche bien. Ah çà! parlons de choses sérieuses; est-ce que tu es amoureux?

ANDRÉ.

Pourquoi cela?

LE COMTE.

Je ne vois que cette raison de rester à Paris au mois de septembre. J'y suis depuis deux heures et j'y étouffe. Si ce n'était pas pour t'en arracher...

ANDRÉ.

C'est pour cela seulement?

LE COMTE.

Pas pour autre chose. Il y a une partie superbe organisée pour après-demain avec madame de Chavry, sa nièce, de Ligneraye... Tu ne connais pas Ligneraye?

ANDRÉ.

Non.

LE COMTE.

C'est un aimable garçon qui te plaira beaucoup; mais il habite presque toujours l'Italie pour sa santé, et parce que madame de Chavry l'habite.

ANDRÉ.

Ah!

LE COMTE.

Oui, oui ; mais ça nous regarde pas. Il y aura Naton ; tu le connais, lui !

ANDRÉ.

Trop ! Alors, voilà de qui tu fais ta société ?...

LE COMTE.

Oui, j'aime les jeunes gens. Enfin, j'ai engagé ma parole que tu serais des nôtres ; et, puisque mes lettres ne servaient de rien, je suis venu te chercher moi-moi. Que dis-tu de ce père-là ?

ANDRÉ.

Ah ! c'est un bon père ! Mais il est bien venu un peu aussi pour dire adieu à madame de Genson, qui m'a écrit de venir la voir et qui m'a annoncé son départ.

LE COMTE.

Elle est partie hier : elle va rejoindre son mari en Écosse.

ANDRÉ.

Eh bien, mais tu devrais être d'une tristesse affreuse.

LE COMTE.

C'est vrai... Je ne sais pas comment cela se fait, je supporte assez bien ce malheur.

ANDRÉ.

Tu ne l'as pas vue, alors ?

LE COMTE.

Si !... je suis arrivé hier à Paris. Seulement, je n'ai eu que le temps de changer de chemin de fer ; je l'ai accompagnée jusqu'à Boulogne. Entre nous, je crois qu'il y a un peu de secrétaire d'ambassade sous ce voyage-là. Du reste, nous nous sommes quittés convenablement. Elle a bien fait les choses; elle a pleuré, et, moi-même, lorsque j'ai vu s'éloigner le bateau à vapeur qui l'emportait, je n'ai pu retenir une larme... Le cœur est encore l'étoffe qui se déchire le plus facilement.

ANDRÉ.

Et qui se raccommode le plus vite.

LE COMTE.

C'est vrai, car...

ANDRÉ.

Qu'est-ce qui se passe?

LE COMTE.

J'ai à te parler d'affaires.

ANDRÉ.

Moi aussi! Ça se trouve bien. Je t'écoute.

LE COMTE.

Non... commence, pour m'encourager.

ANDRÉ.

C'est donc bien grave?

LE COMTE.

Oh! très grave!...

ANDRÉ.

Eh bien, voici ce que c'est... (Joseph entre.) Que voulez-vous?

JOSEPH.

Que monsieur ne parle pas si haut...

ANDRÉ.

Parce que?...

JOSEPH.

La dame en noir est là!

ANDRÉ.

Comment! la dame en noir est là? Cependant, vous lui avez dit?...

ACTE PREMIER.

JOSEPH.

Oui, mais elle a voulu absolument écrire un mot à M. le vicomte, et elle est là, dans la chambre ; je n'ai pas osé refuser. Que monsieur prenne garde !...

Il sort.

LE COMTE.

Veux-tu que je te laisse ?

ANDRÉ.

Au contraire...

LE COMTE.

Si tu as quelqu'un à recevoir ?...

ANDRÉ

Personne... Seulement, ne fais pas de bruit...

LE COMTE.

Tu as fait dire que tu n'étais pas chez toi ?

ANDRÉ.

Oui... mais je crois qu'on se doute que j'y suis.

LE COMTE.

Veux-tu que j'aille recevoir la personne ? Je dirai que tu es parti...

ANDRÉ.

Inutile !...

LE COMTE.

C'est une femme ; il faudrait y mettre des formes.

ANDRÉ.

Ce n'est pas la peine...

LE COMTE.

Alors, va pousser ton verrou...

ANDRÉ.

Tu as raison... (Il pousse tout doucement le verrou. Au même moment, du dehors, on essaye d'ouvrir la porte.) Il était temps!

Il regarde par le trou de la serrure.

LE COMTE.

Tu vois... je me connais mieux en femmes que toi.

ANDRÉ.

Elle s'en va... (Au comte.) Je te demande pardon.

LE COMTE.

N'es-tu pas chez toi?

JOSEPH, entrant.

Partie... et voici la lettre qu'elle a remise pour M. le vicomte...

ANDRÉ, lisant.

« Je sais que vous êtes chez vous, André!... Vous me chassez donc pour une autre femme!... Je m'étais arrangée de manière à vous retrouver à Dieppe. Je venais vous annoncer cette bonne nouvelle. Je comprends que je vous ennuierais. Vous ne me reverrez plus! Adieu, André... »

LE COMTE.

« Soyez heureux!...

ANDRÉ.

« Soyez heureux!... » ça y est!...

LE COMTE.

Toujours la même lettre. C'est une femme de trente ans?...

ANDRÉ.

Oui...

LE COMTE.

Jolie?...

ANDRÉ.

Jolie...

LE COMTE.

Veuve?

ANDRÉ.

Mariée...

LE COMTE.

Un mari jeune?...

ANDRÉ.

Quarante ans...

LE COMTE.

C'est tout jeune. Il n'est pas ton ami, n'est-ce pas?

ANDRÉ.

Je ne l'ai jamais vu...

LE COMTE.

Il ne se doute de rien?

ANDRÉ.

Heureusement, car il est jaloux comme un tigre...

LE COMTE, lui prenant la main.

Tu sais que je n'ai que toi...

ANDRÉ.

Sois tranquille! D'ailleurs, tu le vois, tout est en train de se rompre. Elle vient passer deux ou trois mois de l'année à Paris, je la vois trois ou quatre fois pendant ce temps-là, et, le reste du temps, elle m'écrit des lettres de huit pages... J'en ai plein une malle. En voilà assez. Elle avait trouvé moyen de venir à Dieppe! Ç'aurait été gai!...

LE COMTE.

Romps, mon ami, romps!... Toutes ces liaisons légères, toutes ces amours du monde, tout cela est bien creux, en somme, et il vient un moment..

ANDRÉ.

Où il faut se ranger...

LE COMTE.

Certainement!...

ANDRÉ.

Serais-tu disposé à te ranger, toi ?

LE COMTE.

Qu'appelles-tu me ranger?

ANDRÉ.

Faire des économies, par exemple.

LE COMTE.

Des économies... je le veux bien.; mais je ne vois pas sur quoi nous pourrions en faire, nous vivons aussi modestement que possible. Cet hôtel nous appartient. Nous avons quatre chevaux de selle, quatre chevaux d'attelage, deux chevaux de nuit... on ne peut pas avoir moins... deux cochers, deux valets de chambre, deux hommes d'écurie, une cuisinière. Nous n'avons même pas d'intendant...

ANDRÉ.

Il ne manquerait plus que ça!

LE COMTE.

Nous ne recevons que des hommes ; nous ne faisons pas d'excès de table. Moi je déjeune de deux œufs et d'un verre d'eau... Il me semble qu'avec notre fortune...

ANDRÉ.

Notre fortune? Sais-tu dans quel état elle est, notre fortune ?

LE COMTE.

Tu dois le savoir mieux que moi, puisque c'est toi qui tiens la maison depuis ta majorité.

ANDRÉ.

Alors, je connais les dépenses; or, tu n'as énuméré que celles de Paris, et tu n'as pas parlé de celles de la campagne.

LE COMTE.

La campagne... c'est l'économie.

ACTE PREMIER.

ANDRÉ.

Ainsi, c'est une économie que ta terre de Vilsac?

LE COMTE.

Naturellement. Nous y avons tout, depuis les œufs jusqu'aux bœufs.

ANDRÉ.

Et même jusqu'au sanglier, quand il te plait d'en tirer un. Or, voici sa position, à ta terre de Vilsac, que tu appelles une économie. D'abord, elle ne rapporte rien.

LE COMTE.

Elle n'a jamais rien rapporté.

ANDRÉ.

Elle est hypothéquée pour deux cent mille francs.

LE COMTE.

C'est de ma jeunesse.

ANDRÉ.

Alors, tu te figures que les hypothèques finissent par s'user au bout d'un certain temps? Je le veux bien, moi; mais je crois que tu te trompes, et, en attendant, tu payes tous les ans des intérêts hypothécaires. Ensuite, dans cette terre d'agrément...

LE COMTE.

Où nous passons septembre, octobre, novembre, ce qui est une véritable économie...

ANDRÉ.

Ensuite, dans cette terre d'agrément où nous passons septembre, octobre et novembre, ce qui est une véritable économie, et la preuve, c'est que nous sommes en plein septembre et que nous allons partir pour Dieppe...

LE COMTE.

Une fois, par hasard! et, d'ailleurs, nous serons bien forcés d'y aller à la fin du mois; j'ai invité tous ces messieurs à venir y chasser.

ANDRÉ.

Dans cette terre d'agrément où tu as invité tous ces messieurs à venir chasser à la fin du mois...

LE COMTE.

On y mourrait d'ennui sans cela.

ANDRÉ.

Tu as douze gardes.

LE COMTE.

Oui, mais c'est une des plus belles chasses de France, et il y a tant de braconniers...

ANDRÉ.

Tu as deux piqueurs, une meute de quarante chiens, dix chevaux et tout un équipage de chasse. Je ne parle pas des indemnités que les voisins te font payer tous les ans, rien que pour les lapins!

LE COMTE.

Le fait est qu'il y en a des milliers. Mais c'est un tir si amusant, le lapin!

ANDRÉ.

Ajoutons à cela les fêtes qu'il te vient à l'esprit d'y donner de temps en temps, avec joutes sur le lac et feux de Bengale, le soir.

LE COMTE.

Ça fait plaisir aux paysans, qui m'adorent; mais, entre nous, c'est bien mesquin. Ah! si j'avais été riche, j'aurais fait de belles choses! On ne sait pas dépenser l'argent en France. En Russie, à la bonne heure! Voilà des gens qui s'entendent à donner une fête! Mais qu'est-ce qu'on peut faire avec deux cent mille livres de rente?

ANDRÉ.

On peut faire ce qui tu as fait, on peut se ruiner.

LE COMTE.

Comment! se ruiner?

ANDRÉ.

A la mort de ma mère, ta fortune personnelle était, en effet, de deux cent mille livres de rente, et celle que me laissait ma mère, et dont tu avais l'usufruit jusqu'à ma majorité, de cent vingt mille.

LE COMTE.

Je t'ai rendu tes comptes.

ANDRÉ.

Parfaitement exacts... Seulement...

Il hésite.

LE COMTE.

Seulement?...

ANDRÉ.

Seulement, tu avais fort entamé ton capital.

LE COMTE.

Pourquoi ne me l'as-tu pas dit à cette époque-là?

ANDRÉ.

Parce que, moi aussi, je ne demandais qu'à dépenser de l'argent.

LE COMTE.

Tu aurais dû me prévenir.

ANDRÉ.

Mais je faisais naturellement ce que te voyais faire : je vivais comme tu m'avais appris à vivre.

LE COMTE.

Ce n'est pas un reproche?...

ANDRÉ.

Dieu m'en garde! Je t'explique seulement pourquoi je n'ai pas mieux mené ta maison que toi-même.

LE COMTE.

Alors, moi, je vais t'expliquer pourquoi je t'ai élevé comme je l'ai fait.

ANDRÉ.

Inutile, mon cher père. — Il n'y a plus à revenir là-dessus, et je sais bien...

LE COMTE.

Tu ne sais rien du tout, au contraire, et tu me permettras de parler; ce sera une consolation. Tout a une raison, même les choses déraisonnables, et, si je t'ai élevé d'une certaine manière, c'est que, moi, j'avais souffert d'un autre genre d'éducation. J'ai été élevé très sévèrement, moi, tel que tu me vois. A vingt-deux ans, je ne connaissais rien de la vie. J'étais né et j'étais resté à Vilsac entre mon père et ma mère, qui étaient des saints, mon grand-oncle qui avait la goutte, et mon précepteur qui était abbé. Doué d'une constitution de fer, je chassais pendant des mois entiers, à pied ou à cheval, je mangeais comme un ogre; je montais tous les chevaux et je faisais des armes comme saint Georges; mais, pour le reste, il n'y fallait pas songer; je n'avais pas un écu dans ma poche, et, quant aux femmes, j'avais entendu dire qu'il y en avait quelque part, mais je ne savais pas où. Un jour, mon père me demanda si je voulais me marier; je m'écriai : « Oh ! oui ! » avec une explosion devant laquelle il ne put s'empêcher de rire, lui qui ne riait pas souvent; je fus présenté à une jeune fille d'une grande vertu et d'une grande beauté. J'éprouvai instantanément pour elle une passion qui effraya d'abord cette nature craintive et délicate, mais qu'elle partagea bientôt. C'était ta mère, mon cher André, et je lui dois les deux plus heureuses années de ma vie; il est vrai que je lui dois aussi ma plus grande douleur, car elle mourut au bout de deux ans; mais, il faut le dire à la honte ou à la louange de la nature, les organisations comme la mienne résistent aux plus grandes secousses. Je me trouvai donc, à vingt-quatre ans, riche, veuf, libre et jeté, avec un enfant d'un an, au milieu de ce monde de Paris que je

ne connaissais pas. Devais-je te condamner à la vie que
j'avais menée à Vilsac et qui m'avait si souvent ennuyé?
J'ai obéi à ma nature, je t'ai donné mes qualités et mes
défauts, sans compter. J'ai recherché ton affection plus
que ton obéissance et ton respect; je ne t'ai pas appris
l'économie, c'est vrai, mais je ne la savais pas; d'ailleurs, je n'avais pas une maison de commerce et une
enseigne à te laisser. Mettre tout en commun, notre cœur
comme notre bourse, tout nous donner et tout nous
dire, telle fut notre devise. Les puritains se croient en
droit de blâmer cette trop grande intimité; laissons-les
dire; nous y avons perdu, à ce qu'il paraît, quelques centaines de mille francs, mais nous y avons gagné de pouvoir compter, toi sur moi, moi sur toi, et d'être toujours
prêts à nous faire tuer l'un pour l'autre; c'est le plus
important entre un père et un fils : le reste ne vaut pas
la peine qu'on s'en occupe, qu'en penses-tu?

ANDRÉ.

Tout cela est vrai, mon cher père, et je t'aime comme
tu m'aimes. Loin de moi l'idée de te reprocher quoi que
ce soit! mais à mon tour je vais te faire un aveu. Tu es
une exception dans notre société : ta jeunesse contenue,
ton veuvage précoce sont tes excuses, si tu en as besoin.
Puis tu es né à une époque où la France entière avait la
fièvre et où les individus comme les masses cherchaient
à dépenser, par tous les moyens possibles, une surabondance de vitalité. Poussé vers la vie bruyante par nature,
par curiosité, par tempérament, tu as aimé les choses
dignes d'être aimées, celles-là seulement, les fêtes, les
chasses, les beaux chevaux, les grands artistes, les belles
personnes nobles et distinguées. Au milieu de tout cela,
tu as payé ton tribut à ton pays, tu as acquitté la dette
de ton rang et de ton nom. Mais, moi, comme presque tous
ceux de ma génération, initié dès l'enfance à la vie mondaine, né dans une époque de lassitude et de transition,

j'ai mené cette vie par laisser aller, par imitation, par oisiveté. Je n'en ai pris alors que les ridicules, les désordres, les excès, le jeu, l'orgie, les femmes faciles et compromettantes. Bref, tout compte fait, c'est le mot, cette existence ne m'amuse plus, et, te le dirai-je? elle ne m'a jamais amusé. Passer des nuits à retourner des cartes, se lever à deux heures, atteler des chevaux, faire le tour du lac, en voiture, ou de l'allée des Poteaux, à cheval; vivre dans le jour avec des maquignons et le soir avec des parasites comme M. de Tournas ou des demoiselles comme Albertine...

LE COMTE.

Elle est jolie...

ANDRÉ.

Elle est jolie, soit; mais laisser dans cette vie le plus clair de sa fortune et quelquefois les meilleurs de ses sentiments, y perdre un peu de sa considération et beaucoup de ses cheveux, enfin s'ennuyer et se ruiner, ceci me paraît le comble de la folie. Au fond, tu penses comme moi, et, puisque nous en sommes aux explications sérieuses, prenons une détermination irrévocable. Veux-tu me laisser disposer de ta vie à venir comme de ma propre vie? veux-tu avoir confiance en moi, et, après m'avoir élevé à ta façon, veux-tu qu'à mon tour, quand il en est temps encore, je t'élève à la mienne?

LE COMTE.

Va!

ANDRÉ.

Eh bien, aux grands maux les grands remèdes. Tu tiens à la terre de Vilsac?

LE COMTE.

J'y suis né, je ne serais pas fâché d'y mourir.

ANDRÉ.

Nous allons te la conserver, prendre sur autre chose, pour rembourser l'hypothèque.

ACTE PREMIER.

LE COMTE.

Sur quoi?

ANDRÉ.

Ceci me regarde; seulement, on renverra les deux piqueurs et six gardes.

LE COMTE.

Pauvres gens!

ANDRÉ.

On n'aura plus que quatre chevaux; on ne donnera plus de fêtes; il n'y aura plus de feux de Bengale; on recevra seulement deux ou trois bons amis, si l'on en trouve deux ou trois bons parmi tous ceux que nous avons aujourd'hui, et tu passeras à Vilsac sept ou huit mois de l'année.

LE COMTE.

Seul?

ANDRÉ.

Attends un peu, je n'ai pas fini. Il faut vendre la maison où nous sommes, mettre à la porte les domestiques, qui sont des voleurs, et n'avoir plus à Paris qu'un pied-à-terre.

LE COMTE.

Veux-tu me permettre de respirer?

ANDRÉ.

Ne bouge pas, ou l'opération va manquer. Tes dettes payées, il te restera...

LE COMTE.

Il me restera?

ANDRÉ.

Quarante mille livres de rente, et autant à moi... et encore, pendant deux ou trois ans, tu n'auras pas le capital à ta disposition.

LE COMTE.

Quelle chute!

ANDRÉ.

Acceptes-tu?

LE COMTE.

Il le faut bien.

ANDRÉ.

Alors, signe-moi ceci.

Il tire des papiers de sa poche.

LE COMTE.

Qu'est-ce que c'est?

ANDRÉ.

Ce sont des papiers que je viens de prendre chez mon notaire, et que je comptais te faire signer à Dieppe et lui renvoyer. Mais, puisque tu es ici...

LE COMTE, signant.

Autant les signer tout de suite, tu as raison. Voilà.

ANDRÉ.

Très bien... Maintenant, comme, à mon avis, tant que tu resteras livré à toi-même, tu retomberas dans les mêmes erreurs...

LE COMTE.

Qu'est-ce que tu vas faire encore?

ANDRÉ.

Devine!

LE COMTE.

Tu vas me faire interdire...

ANDRÉ.

Es-tu fou? Je vais te marier.

LE COMTE.

Me marier!

ANDRÉ.

Sans rémission...

LE COMTE.

Et toi?

ANDRÉ.

Moi... après... Commence, pour l'exemple.

LE COMTE.

Tu sais quelque chose?

ANDRÉ.

Quelle chose?

LE COMTE.

On te l'a dit.

ANDRÉ.

On ne m'a rien dit.

LE COMTE.

Ta parole?

ANDRÉ.

Ma parole! Explique-toi.

LE COMTE.

Toi seul as eu cette idée de mariage?

ANDRÉ.

Moi seul.

LE COMTE.

Niez donc la sympathie!

ANDRÉ.

Qu'y a-t-il encore?

LE COMTE.

Il y a... (Prenant son fils dans ses bras.) Tiens, embrasse-moi!

ANDRÉ.

Mais tu acceptes?

LE COMTE.

Si j'accepte!... Ma chose sérieuse que je voulais te dire... ma chose sérieuse...

ANDRÉ.

Eh bien?

LE COMTE.

C'est justement ça. Le mariage! c'est mon idée fixe.

ANDRÉ.

Depuis quand?

LE COMTE.

Depuis un mois.

ANDRÉ.

Ce n'est pas vieux. Pourquoi ne m'en parlais-tu pas?

LE COMTE.

Je craignais de te contrarier en té donnant une nouvelle famille.

ANDRÉ.

Je ne compte plus, moi, je ne suis plus ton fils; je suis ton père!

LE COMTE.

Mais tu es le roi des pères! Allons, partons!

ANDRÉ.

Où allons-nous?

LE COMTE.

Voir la jeune fille!

ANDRÉ.

Quelle jeune fille?

LE COMTE.

Celle que je veux épouser.

ANDRÉ.

Un instant, il ne s'agit pas d'une jeune fille!

LE COMTE.

De qui s'agit-il donc?

ACTE PREMIER.

ANDRÉ.

Il s'agit d'une femme veuve, posée...

LE COMTE.

Madame Godefroy?...

ANDRÉ.

Madame Godefroy.

LE COMTE.

Une bourgeoise!

ANDRÉ.

Une honnête femme.

LE COMTE.

Quarante-deux ans!

ANDRÉ.

Soixante mille livres de rente.

LE COMTE.

Qui va au marché elle-même!

ANDRÉ.

On n'en dîne que mieux.

LE COMTE.

Épouse-la!

ANDRÉ.

Mais, moi...

LE COMTE.

Donne mille francs et mets-moi à Sainte-Périne, c'est bien plus simple! Madame Godefroy! Tu ne l'as donc pas regardée! Mais je deviendrais fou! Tu l'as vue dernièrement?

ANDRÉ.

Ce matin.

LE COMTE.

Elle m'a demandé en mariage?

ANDRÉ.

Presque.

LE COMTE.

C'est une bonne femme!

ANDRÉ.

Eh bien!... Je t'assure...

LE COMTE.

Mais elle est ennuyeuse comme la pluie! Tu as voulu plaisanter, c'est très drôle! Maintenant, viens voir l'autre. Vingt ans, pas très grande, un peu grasse, et de jolies ondulations de cou, comme un gros pigeon au soleil, et blonde! Tu m'as toujours dit que tu aimais les blondes; ainsi tu n'as rien à objecter.

ANDRÉ.

Il ne s'agit pas de moi!

LE COMTE.

Mais si, car je veux que ma femme te plaise.

ANDRÉ.

Et cette jeune fille, c'est?

LE COMTE.

Devine!

ANDRÉ.

Comment veux-tu?

LE COMTE.

Hélène de Brignac!

ANDRÉ.

La nièce de madame de Chavry! C'est toi qui plaisantes à ton tour.

LE COMTE.

Rien n'est plus sérieux.

ANDRÉ, souriant.

Tu sais quelque chose!

LE COMTE.

Quoi?

ANDRÉ.

Madame Godefroy t'a écrit?

LE COMTE.

Rien du tout; explique-toi!

ANDRÉ.

Alors, tu aimes Hélène?

LE COMTE.

J'en suis fou!

ANDRÉ.

Et elle?

LE COMTE.

Je ne me suis pas encore déclaré, n'ayant pas ton assentiment; mais, maintenant que je l'ai, entre nous, je crois être bien reçu.

ANDRÉ.

Et sa tante?...

LE COMTE.

Sa tante ne demande pas mieux. Nous arrivons à Dieppe, tu revois Hélène, vous renouvelez connaissance, tu la questionnes à mon sujet, tu fais la demande en mon nom; c'est assez original; tu avoues que je suis moins riche qu'on ne le croit; mais ce n'est pas une question dans cette maison-là... et, si elle accepte, dans trois semaines je suis marié, rangé, heureux; je deviens le modèle des maris et l'exemple des familles! Tu te maries à ton tour, et nous vivons tous ensemble, où tu voudras. Qu'importe l'endroit quand on est heureux, et nous le serons! Quelle belle vie!... A quoi penses-tu?

ANDRÉ, sérieux.

Tu es bien décidé?

LE COMTE.

Tout ce qu'il y a de plus décidé.

ANDRÉ.

Et tu seras heureux?

LE COMTE.

L'homme le plus heureux du monde.

ANDRÉ.

Partons alors, et faisons vite!

LE COMTE, lui prenant la tête et l'embrassant avec force.

Je t'adore!... (Il sonne.) Joseph n'a que le temps de faire ta malle!... (Il ouvre la porte et appelle.) Joseph!... Ah! j'oubliais que je l'ai envoyé...

ANDRÉ.

Où donc?

LE COMTE.

Porter des fleurs à mademoiselle Albertine.

ANDRÉ.

Voilà ce que tu appelles être amoureux?

LE COMTE.

Affaire d'habitude; mais, une fois marié, tu comprends... (Il appelle.) Jules! Jules!...

ANDRÉ, appelant de son côté.

Victorine! Elle sera sortie avec sa famille.

LE COMTE, ouvrant la fenêtre.

Pierre!... Pierre!... Personne!... Tu as raison, il faut mettre tous ces gens-là à la porte. En attendant, faisons ta malle nous-mêmes; je crois que ce sera le plus court.

ACTE DEUXIÈME

Un salon chez madame de Chavry, à Dieppe.

SCÈNE PREMIÈRE

M. DE PRAILLES, qui, au lever du rideau, est seul en scène, regarde sa montre, puis se dispose à écrire; DE LIGNERAYE paraît avec LE DOMESTIQUE.

LE DOMESTIQUE, à de Ligneraye.

Madame la marquise est aux bains avec mademoiselle Hélène. Elle prie les personnes qui viendront la voir de l'attendre. Du reste, il y a déjà quelqu'un.

DE LIGNERAYE.

C'est bien... (Le domestique sort. A de Prailles.) Ah! c'est vous, monsieur. Je vous demande pardon, je ne vous reconnaissais pas.

DE PRAILLES.

Ce n'est pas étonnant, nous ne nous connaissons que depuis hier. Je me permettrai cependant de vous charger d'une petite commission auprès de la marquise. Elle a eu la bonté, dès mon arrivée, de m'inviter à une partie qui a lieu demain.

DE LIGNERAYE.

Je sais cela, et je venais même voir si le comte de la Rivonnière, qui s'est chargé de tous les détails de cette petite excursion, est arrivé.

DE PRAILLES.

Je l'ignore; d'ailleurs, je ne connais pas M. le comte de la Rivonnière, et je venais m'excuser auprès de la marquise de lui manquer de parole. Je suis forcé de retourner à Paris.

DE LIGNERAYE.

Aujourd'hui même?

DE PRAILLES.

A l'instant. J'ai attendu madame la marquise autant que j'ai pu; mais l'heure me presse, et j'allais lui écrire lorsque vous êtes entré.

DE LIGNERAYE.

Puis-je vous demander, monsieur, si c'est une mauvaise nouvelle qui vous rappelle à Paris?

DE PRAILLES.

Madame de Prailles m'écrit qu'elle est très souffrante et qu'elle ne peut venir me rejoindre avant deux ou trois jours. Je n'étais venu à Dieppe avant elle que pour retenir un appartement et lui épargner les ennuis d'une installation. Je n'ai donc pas de raison de rester ici lorsqu'elle est souffrante là-bas. Je ne saurais prendre un plaisir dont elle se trouve privée pour une pareille cause, et, d'ailleurs, je serais trop inquiet.

DE LIGNERAYE.

Ne nous avez-vous pas dit que la mère de madame de Prailles était auprès d'elle?

DE PRAILLES.

Oui, heureusement; mais j'ai le ridicule, — dans ce temps-ci c'en est un, je crois, — d'aimer ma femme...

DE LIGNERAYE.

Pourquoi n'aimerait-on pas sa femme? on aime bien celles des autres...

DE PRAILLES.

Alors, je puis compter, monsieur, que vous présenterez mes excuses et mes regrets à madame de Chavry?

DE LIGNERAYE.

Certainement.

DE PRAILLES.

Merci, et au revoir, j'espère. Si jamais vous venez à Tours, n'oubliez pas que j'en suis à deux lieues, au château de Prailles, dix mois sur douze, et que je serai heureux de vous y recevoir.

DE LIGNERAYE.

De mon côté, monsieur, si je puis jamais vous être bon à quelque chose, disposez de moi.

Les deux hommes se saluent au moment où Naton entre. De Prailles sort.

SCÈNE II

DE LIGNERAYE, DE NATON.

DE NATON.

Bonjour, mon cher Ligneraye.

DE LIGNERAYE.

Bonjour, mon cher Naton.

DE NATON.

Quel est ce monsieur?

DE LIGNERAYE.

C'est M. de Prailles, qui est arrivé hier ici avec une lettre de madame de Grige pour la marquise. Il repart pour Paris.

DE NATON.

Ah! c'est ça M. de Prailles?

DE LIGNERAYE.

Vous le connaissez?

DE NATON.

Non, mais j'ai entendu parler de lui. Il est marié?

DE LIGNERAYE.

Oui.

DE NATON.

Ça ne lui réussit pas.

DE LIGNERAYE.

Vraiment?

DE NATON.

Sa femme est très jolie, et il paraît...

DE LIGNERAYE.

Qui est-ce qui vous a dit cela?

DE NATON.

Je l'ai entendu dire.

DE LIGNERAYE.

Soit ; mais ne le répétez pas trop, d'abord parce que c'est inutile, puis parce que le mari ne plaisante pas à l'endroit de la jalousie. C'est le plus galant homme du monde, mais il vous tue un monsieur sans sourciller. Cela lui est déjà arrivé une fois, et pour une femme qui n'était pas la sienne... ainsi...

DE NATON.

Eh bien, il peut être tranquille, ce n'est pas moi qui ferai la cour à madame de Prailles. Et le père la Rivonnière, est-il revenu?

DE LIGNERAYE.

Pas encore, mais on l'attend.

DE NATON.

Tant mieux! Il me manque. Je voudrais revoir ses belles cravates bleues et ses petites guêtres blanches. Et à quand son mariage?

DE LIGNERAYE.

Est-ce qu'il se marie?

DE NATON.

Faites donc celui qui ne se doute de rien! Il est allé à Paris chercher son vieil extrait de naissance et tous ses pantalons de nankin.

DE LIGNERAYE.

Et il épouse?

DE NATON.

Vous le savez mieux que moi : la nièce de la maîtresse de céans. Du reste, c'est la mode aujourd'hui : tous les vieux se marient avec de jeunes femmes. Ils les pomponnent, ils les rênent court, et ils les envoient stepper aux Champs-Élysées de quatre heures à six heures. C'est une drôle d'idée qu'ils ont là.

DE LIGNERAYE.

Il faut bien que les vieux se marient, puisque les jeunes gens ne veulent pas se marier. C'est vous qui auriez dû épouser mademoiselle de Brignac.

DE NATON.

Vous voilà comme mon père, qui veut absolument que je me marie.

DE LIGNERAYE.

Eh bien?

DE NATON.

Eh bien, je ne veux pas, moi.

DE LIGNERAYE.

Vous aimez mieux Albertine!

DE NATON.

Vous allez encore dire du mal de Titine?

DE LIGNERAYE.

C'est probable.

DE NATON.

Vous ne l'aimez pas, décidément?

DE LIGNERAYE.

On ne peut pas l'aimer toute la vie.

DE NATON.

Elle n'aura pas voulu de vous.

DE LIGNERAYE.

Voilà un joli mot! C'est comme si vous disiez que les chemins de fer ne veulent pas de voyageurs.

DE NATON.

Elle m'a dit qu'elle ne vous connaissait pas.

DE LIGNERAYE.

Elle m'aura oublié; il y a si longtemps.

DE NATON.

Quel âge a-t-elle?

DE LIGNERAYE.

Trente-cinq ans.

DE NATON

Allons donc!

DE LIGNERAYE.

Trente-cinq ans!

DE NATON.

Elle ne les parait pas, elle est jolie.

DE LIGNERAYE.

Elle le sera tant qu'elle voudra maintenant: le plus dur est fait. Ce n'est plus qu'une question de patience et de parfumerie.

DE NATON.

C'est une bonne fille.

DE LIGNERAYE.

C'est elle qui le dit.

DE NATON.

Je l'ai vu pleurer, moi.

DE LIGNERAYE.

Comme les crocodiles, quand ils digèrent.

DE NATON.

Et puis c'est une femme d'esprit.

DE LIGNERAYE.

Parce qu'elle a trente mille livres de rente.

DE NATON.

Ce n'est déjà pas bête !

DE LIGNERAYE.

Après vous, elle en aura trente-cinq, ce qui sera moins bête encore.

DE NATON.

Je voudrais bien voir ça !

DE LIGNERAYE.

Vous le verrez. Vous avez pris la meilleure place pour le voir.

DE NATON.

Vous ne connaissez pas Albertine, elle ne dépense rien.

DE LIGNERAYE.

C'est bien ce que je lui reproche ; vous avez affaire à la courtisane économe, mon cher, la plus dangereuse de l'espèce. Du reste, cette race amphibie, moitié Aspasie, moitié Harpagon, est un produit récent de notre bêtise progressive en matière d'amour. Autrefois, ces demoiselles naissaient dans un grenier et mouraient n'importe où. Cela leur servait d'excuse avant et de pardon après. La gaieté, l'insouciance, la prodigalité, les accompagnaient le long de la route; l'amour faisait même quelquefois un bout de chemin avec elles; elles étaient folles toujours, bonnes souvent, dévouées quelquefois. Si l'on se ruinait, on se ruinait avec elles, et non pour elles; en tout cas, on se ruinait avec esprit, et l'on se faisait honneur de son argent. Aujourd'hui, on se ruine tristement, sans rire, comme si l'on y était forcé. Ces dames n'ont qu'une idée, avoir pignon sur rue. Aussi ce ne sont plus des êtres vivants, ce sont des espèces de mécaniques mues par des rouages mystérieux et invisibles, comme l'arbre d'un moulin à vapeur. Ont-elles saisi le petit doigt, si l'on n'a pas la présence d'esprit et le courage de le sacrifier tout de suite, le corps entier y passe, et il n'est si pauvre grain de blé qui ne donne son contingent de farine sous cette meule qui tourne toujours. Tout est coté. Elles tiennent un livre de recettes et de dépenses, comme un commerçant patenté; et, si un amant jeune et naïf fouille dans leur tiroir pour y chercher les lettres d'un rival, il y trouve un cahier de papier réglé à deux colonnes, où il lit d'un côté : « Reçu de M. X***, mille francs, » — et de l'autre : « Légumes, deux sous. » L'aimez-vous, au moins?

DE NATON.

Albertine? Non, je ne l'aime pas.

DE LIGNERAYE.

Alors, qu'allez-vous faire dans cette galère? Ramer pour les autres? C'est un métier de dupe. Faites donc ce que votre père vous dit : mariez-vous, pas avec Albertine.

DE NATON.

Pour qui me prenez-vous?

DE LIGNERAYE.

Eh! mon cher, c'est leur manie, à ces dames, de se faire épouser, et elles y arrivent quelquefois; on commence par se ruiner pour elles, et, lorsqu'on n'a plus rien, on les épouse pour avoir encore quelque chose. C'est triste, mais cela se voit.

DE NATON.

Mais, mon bon, vous qui conseillez le mariage, pourquoi ne vous mariez-vous pas vous-même?

DE LIGNERAYE.

Trop tard!

DE NATON.

Comment, trop tard! quel âge avez-vous?

DE LIGNERAYE.

Trente-huit ans.

DE NATON.

Ce n'est pas beaucoup.

DE LIGNERAYE.

Comme quantité, non; mais comme qualité...

DE NATON.

Je vous trouve encore très bien, moi.

DE LIGNERAYE.

Parbleu! pour vous, je suis encore plus que suffisant, mais pour une femme, il n'y en a pas une dans le monde que je déteste assez pour lui faire un pareil cadeau : j'ai des névralgies atroces, je n'ai plus d'estomac. Si je soupe, par hasard, je suis malade huit jours, et... enfin je porte de la flanelle, elle est rose, elle est légère, elle est piquée; il y a des ornements dessus, tout ce que vous voudrez, mais c'est de la flanelle. Bref, je suis dans l'état où vous serez quand vous aurez mon âge, si vous avez continué cette vie d'Albertines que nous menons tous, qui peuple les familles de pauvres maris et la société de pauvres enfants. Mariez-vous, ou vous serez comme moi une horloge détraquée, qui s'arrête à chaque instant et passe sa vie chez l'horloger; votre biographie tiendra comme la mienne en quatre mots : *Usé sans avoir servi.* Et dire que j'avais une si bonne mère, de si bons sentiments et une si bonne santé, et que j'ai tout sacrifié, tout raillé, tout perdu, pour imiter un tas d'imbéciles !... Ah ! ne parlons pas de tout cela, je deviendrais furieux. Tournez-vous donc un peu, vous. (De Naton se retourne sans comprendre pourquoi ; de Ligneraye lui tâte les articulations des bras et des genoux.) Mariez-vous, vous n'irez même pas si loin que moi !

DE NATON.

Vous n'êtes pas gai, aujourd'hui !

SCÈNE III

Les Mêmes, LE COMTE.

LE COMTE.

Messieurs !

DE NATON, à part.

Ah ! voici Lindor ! (Haut.) Bonjour, comte.

LE COMTE.

Bonjour, jeune homme.

DE NATON.

Vous arrivez ?

LE COMTE.

A l'instant même.

DE LIGNERAYE.

Vous êtes le bienvenu. Ce gars-là n'est pas amusant.

LE COMTE.

C'est jeune, c'est jeune.

DE LIGNERAYE.

Est-ce que nous avons été comme lui ?

LE COMTE.

Vous, peut-être, vous êtes déjà de la mauvaise époque. Et la gastrite ?

DE LIGNERAYE.

Elle va bien. Et le cœur?

LE COMTE.

Le cœur est toujours là.

DE NATON.

Qu'est-ce que vous êtes allé faire à Paris?

LE COMTE.

Ce que vous ne feriez probablement pas avec vos vingt-deux ans. Je suis arrivé à Paris, je suis reparti une heure après pour Boulogne, je suis revenu à Paris, je suis reparti pour Dieppe, et me voilà! Il y a quarante-huit heures que je n'ai dormi, mais je dormirai ce soir.

DE NATON.

Il y avait de l'amour là-dessous?

LE COMTE.

Je ne dis pas non.

DE NATON.

Vous êtes donc toujours amoureux?

LE COMTE.

Je ne me rappelle pas avoir passé trois mois sans l'être; que voulez-vous! je ne puis pas me trouver seul cinq minutes avec une femme sans lui faire la cour.

DE NATON.

A moins qu'elle ne soit vieille.

LE COMTE.

Hélas! il n'y a plus de vieilles femmes!

DE NATON.

Depuis quand?

LE COMTE.

Depuis vous autres. Les jeunes gens ne demandant plus aux femmes que d'être belles... les femmes ne s'occupent plus que de leur beauté. Or, la beauté disparais-

sant avec la jeunesse et les hommes disparaissant avec
la beauté, à partir d'un certain âge les femmes, qui ne
peuvent se faire à l'idée de la solitude et de l'abandon,
entament avec la nature, à force d'onguents, de blanc,
de rouge, de poudre, de faux cheveux et de cheveux
teints, une lutte quotidienne et ridicule, et, oubliant
qu'elles sont mères et quelquefois grand'mères, elles
viennent comme des fantômes, à travers le bruit du bal
et sous le feu des bougies, disputer aux jeunes femmes
les plaisirs de leur jeunesse et s'arracher entre elles un
dernier amant attardé. Jadis, il en était autrement.
L'éducation facilitait aux femmes les transformations des
différents âges. Alors, nos mères savaient vieillir... elles
acceptaient bravement et ingénument les cheveux blancs
et les rides ; elles remplaçaient la beauté par l'esprit, la
jeunesse par la grâce, la galanterie par la bonne humeur,
l'amour par l'amitié. Au lieu de fuir leurs maisons, les
jeunes gens sollicitaient l'honneur d'y être admis ; car
elles tenaient école de bonnes manières, de bon ton et
de bon langage. Enfin c'était là le contrôle de la bonne
compagnie, et un homme comme il faut n'avait véritablement cours qu'en sortant de chez elles. Vous avez
changé tout cela, vous autres ! Vous fumez chez les
femmes ou vous n'y allez pas ; vous leur parlez le chapeau
sur la tête, et Dieu sait de qui et de quoi vous leur
parlez ! Votre cœur ne fait plus de conquêtes, il ne fait
plus que des acquisitions ; et, si par hasard une femme
distinguée vous aime, il faut qu'elle se donne aussi vite
que les autres se vendent... Jeunes gens, jeunes gens,
vous avez tué l'amour, et il n'y a que cela de bon dans
la vie, n'est-ce pas, de Ligneraye ?

DE LIGNERAYE.

Je n'ai plus d'opinion là-dessus, et depuis longtemps.

LE COMTE.

Voilà où vous en arrivez. Ah ! je vous plains, mon cher !

J'ai cinquante ans; vous me croirez si vous voulez, à vingt ans je n'étais pas plus jeune! Que je rencontre dans la rue une grisette avec son petit bonnet en arrière, son regard malin et sa robe d'indienne, me voilà ému comme un écolier; je lui souris malgré moi, comme à une amie. Elle reconnaît tout de suite, dans ce sourire, l'hommage spontané rendu à la jeunesse et à la beauté, et elle ne peut s'empêcher de sourire à son tour : les femmes devinent si vite les hommes qui les aiment! Et l'âge ni fait rien! Vous n'aimez plus, dites-vous? voulez-vous aimer encore? Mettez-vous à votre fenêtre au commencement d'avril et regardez ces femmes qui vont et viennent par les rues de Paris. Leur marche est ferme et sonore, le cou apparaît tout blanc entre le col et le chapeau! le regard est clair, la lèvre est rose. Chacune d'elles porte en elle, avec un rayon du soleil nouveau, le frémissement intérieur et mystérieux de la nature qui se réveille, et l'on sent qu'elle va, de toute sa personne, confiante et résolue, vers cette éternelle sensation de l'amour, toujours la même et toujours nouvelle.

DE NATON, à part.

Est-il assez réussi?

DE LIGNERAYE.

On n'en fait plus comme vous.

LE COMTE.

Ma parole, je le crois : il n'y a plus de jeunes gens, ou bien est-ce qu'ils ne veulent plus paraître jeunes?... Que leur est-il arrivé?... Est-ce un genre qu'ils se donnent? Ils ont tort. C'est si charmant et si facile de rester comme Dieu vous a fait! La nature vous a donné un cœur, aimez! des larmes, pleurez! La sensation sera plus ou moins longue, mais elle sera... voilà l'important, et votre organisme aura fait son devoir. Positivement, il y a décadence. Prenons mon fils, il doit tenir de moi : il est bien constitué, c'est un gaillard très solide; ce n'est plus ça! Je le regardais tout à l'heure, dans le wagon; il dormait au lieu d'admirer la campagne, qui est une merveille à partir de Rouen; il dormait; il a fallu le réveiller pour lui faire donner son billet. Vous voyez, il doit me rejoindre ici, il ne vient pas. Il arrivera tout chaud, dans une heure. (Montrant de Naton.) Et voilà l'autre qui rit de moi, là-bas, parce que j'ai chanté l'amour... O jeunesse! où vas-tu?

SCÈNE IV

Les Mêmes, LA MARQUISE, HÉLÈNE.

LA MARQUISE.

C'est bien aimable à vous, messieurs, de nous avoir attendues. — Bonjour, comte, voilà ce qui s'appelle être exact; à la bonne heure!...

HÉLÈNE, au comte.

Enfin, c'est vous! Je vous attendais avec impatience...

LE COMTE.

Vraiment?...

HÉLÈNE.

On s'ennuie tant, quand vous n'êtes pas ici! Ces deux jours m'ont paru mortels.

DE NATON.

Votre santé est bonne, mademoiselle?

HÉLÈNE.

Excellente, monsieur.

DE NATON.

Quel beau temps!

HÉLÈNE.

Un temps magnifique.

ACTE DEUXIÈME.

DE NATON.

Il faut espérer que cela durera.

HÉLÈNE.

Oh oui! le vent est au nord. (Au comte.) Voilà tout ce qu'ils savent dire; ne vous en allez pas.

Elle va porter le châle et le chapeau de sa tante dans la coulisse.

DE NATON, à la marquise.

Votre santé est bonne, madame?

LA MARQUISE.

Excellente, monsieur. Quel beau temps!

DE NATON.

Un temps magnifique.

LA MARQUISE.

Il faut espérer que cela durera.

DE NATON.

Oh oui! le vent est au nord.

LA MARQUISE, au comte.

Et votre fils?

LE COMTE.

Il va venir.

LA MARQUISE.

Lui avez-vous parlé?

LE COMTE.

Oui.

LA MARQUISE.

Et il vous approuve?

LE COMTE.

Complètement.

LA MARQUISE.

Tout va bien, alors?

LE COMTE.

Et vous, est-ce que vous avez parlé à mademoiselle Hélène?

LA MARQUISE.

Pas encore; je vous attendais; mais je vais causer avec elle.

LE COMTE.

Tout de suite?

LA MARQUISE.

Si vous voulez.

LE COMTE.

Non, attendez André.

LA MARQUISE.

Qu'est-ce que vous avez?

LE COMTE

J'ai le cœur qui bat, parole d'honneur!

LA MARQUISE.

Vous êtes donc vraiment amoureux?

LE COMTE.

Comme un fou!

LA MARQUISE.

Et vous avez peur?

LE COMTE.

Comme un enfant.

LA MARQUISE.

Je puis vous dire une chose, Hélène ne cesse de parler de vous.

LE COMTE.

Savez-vous ce que je ferai pendant que vous et mon fils causerez avec Hélène? (Il montre la porte à gauche.) Je me tiendrai là. On peut y entendre ce qui se dit ici?

ACTE DEUXIÈME.

LA MARQUISE.

Parfaitement.

LE COMTE.

Si je vois que la chose tourne mal, je me sauve.

LA MARQUISE.

Poltron!

HÉLÈNE, au comte et s'approchant de lui.

Qu'est-ce que vous dites là?

LA MARQUISE.

Nous parlons de la partie de demain.

HÉLÈNE.

Elle tient donc toujours?

LE COMTE.

Plus que jamais.

HÉLÈNE.

Vous y avez pensé?

LE COMTE.

Je n'ai pensé qu'à cela.

HÉLÈNE.

Alors, demain, nous allons déjeuner à Tréport, et nous revenons en bateau le soir.

LE COMTE.

C'était le programme.

HÉLÈNE.

Vous voyant partir pour Paris, je pensais que vous l'aviez oublié.

LE COMTE.

Je ne suis allé à Paris que pour l'exécuter.

HÉLÈNE.

Qu'est-ce que Paris doit donc faire là dedans

LE COMTE.

Beaucoup; il fallait bien commander le déjeuner.

HÉLÈNE.

Vous l'avez commandé à Paris?

LE COMTE.

Naturellement.

DE NATON.

Et le bateau aussi?

LE COMTE.

Non; le bateau, je l'ai commandé autre part.

DE NATON.

Ici?

LE COMTE, à de Naton.

Voyons, jeune homme, comment vous y seriez-vous pris pour mener par mer, demain, à Tréport, la marquise et sa nièce qui avaient la fantaisie d'y aller, d'y déjeuner et de revenir par le même chemin?

DE NATON.

C'est bien simple. J'aurais appelé un pêcheur, je lui aurais loué son bateau, il nous aurait menés à Tréport. J'aurais commandé le déjeuner dans un hôtel ou dans un restaurant, il ne doit pas en manquer; j'aurais fait visiter Tréport à ces dames, pendant qu'on aurait préparé le déjeuner, et je les aurais ramenées après.

LE COMTE.

Ainsi, vous feriez monter des femmes comme il faut dans un bateau qui sent le poisson et le goudron, vous les feriez entrer dans un hôtel ou un restaurant qui sent le bouillon et la pipe, et vous croiriez avoir fait ce qu'elles vous auraient demandé?

DE NATON.

Il n'y a pas d'autre moyen.

LE COMTE.

Voici ce qu'on aurait fait de mon temps : on aurait adressé à Ratsey, le grand constructeur anglais, à Cowes, une dépêche pour lui demander d'expédier immédiatement, à Dieppe, avec ses hommes d'équipage, un des yachts qu'il a toujours à sa disposition sur la Tamise ; on serait parti aussitôt pour Tréport, où l'on aurait loué une des élégantes maisons qui bordent la plage. La maison louée, on se serait rendu à Paris, d'où l'on aurait expédié des fleurs pour ladite maison ; on aurait donné à Potel le menu des vins et du déjeuner, et, au jour dit, à l'heure convenue, il nous aurait servi au milieu des fleurs, en face de la mer, un repas digne des femmes qui nous auraient fait l'honneur de se confier à nous et des amis qui les auraient accompagnées. — Voilà comment nous faisions autrefois, — voilà comment on devrait faire encore ; enfin, voilà comment j'ai fait ; si bien que je n'ai plus maintenant qu'à dire à mes invités : « On part demain à neuf heures, on déjeune à midi, et l'on reviendra quand vous voudrez. Le bateau et la maison sont à nous, et la mer est toujours là. »

LA MARQUISE.

Allons, vous êtes magnifique !

DE NATON.

Bravo, mon cher comte ! recevez mon compliment.

DE LIGNERAYE.

Et votre fils, qu'est-ce qu'il dit de ça ?

LE COMTE.

Il n'en sait rien. Je vous prierai même, entre nous, de lui dire que c'est vous qui avez organisé la chose comme elle est.

DE LIGNERAYE.

Je le veux bien, mais il reconnaîtra tout de suite votre facture.

LE COMTE, à Hélène.

Ma petite amie est-elle satisfaite?

HÉLÈNE.

Votre petite amie est honteuse.

LE COMTE.

De quoi?

HÉLÈNE.

D'avoir eu une fantaisie qui vous entraîne à une folie pareille.

LE COMTE.

Voulez-vous vous acquitter avec moi?

HÉLÈNE.

Je ne vois qu'un moyen : c'est d'armer une frégate et de vous emmener faire le tour du monde.

LE COMTE.

Ne vous en avisez pas! J'irais... Non, il y a un moyen plus simple.

HÉLÈNE.

Qui est?

LE COMTE.

Qui est de me donner la main.

HÉLÈNE, lui donnant la main.

Et puis?

LE COMTE.

Et puis de me permettre de la baiser.

HÉLÈNE.

Après?

LE COMTE.

C'est tout. Nous sommes quittes.

HÉLÈNE.

C'est ce que je vous donne tous les jours et pour rien. Ce n'est pas assez.

LE COMTE.

Prenez garde! ne vous avancez pas trop; — je suis capable de demander des choses terribles.

HÉLÈNE.

Quelles choses?

LE COMTE.

Plus tard.

HÉLÈNE.

Non, tout de suite.

LE COMTE.

Impossible maintenant; il faut que mon fils soit là.

HÉLÈNE.

Votre fils?

LE COMTE.

Oui.

HÉLÈNE.

Je ne comprends pas du tout. Va-t-il arriver bientôt?

LE COMTE.

Dans un instant.

HÉLÈNE.

Et il va me demander des choses terribles en votre nom?

LE COMTE.

En mon nom.

HÉLÈNE.

Et que je puis accorder?

LE COMTE.

Elles ne dépendent que de vous.

HÉLÈNE.

Alors, si elles ne dépendent que de moi, elles sont accordées d'avance.

LA MARQUISE, à Ligneraye.

Comment allez-vous, aujourd'hui?

DE LIGNERAYE.

Aussi bien que possible...

LA MARQUISE.

Soignez-vous. Si ce n'est pour vous, que ce soit pour vos amis...

Elle lui donne la main.

DE LIGNERAYE.

Ah! j'oubliais de vous dire... M. de Prailles...

LE DOMESTIQUE, annonçant.

M. le vicomte de la Rivonnière.

Mouvement d'Hélène.

LE COMTE, à Hélène.

Qu'est-ce que vous avez?

HÉLÈNE.

Ce domestique m'a fait peur.

SCÈNE V

LES MÊMES, ANDRÉ.

ANDRÉ, à la marquise.

Est-il encore temps de se présenter, madame?...

LA MARQUISE.

Voilà huit ans que l'on ne vous a vu, et un mois que l'on vous attend. Quelle excuse avez-vous à donner?

ANDRÉ.

Je n'en ai pas.

LA MARQUISE.

C'est la meilleure. On vous pardonne. (Elle présente Ligneraye.) M. de Ligneraye...

Les deux hommes se saluent.

ACTE DEUXIÈME.

HÉLÈNE, au comte pendant qu'André baise la main de sa tante et
donne des poignées de main à Naton, qui lui cache Hélène.

Ne bougez pas, je suis curieuse de voir s'il me reconnaîtra.

LA MARQUISE.

Vous voyez l'occupation de votre père; il passe sa vie ainsi. Il n'a même pas entendu annoncer son fils.

ANDRÉ.

Mademoiselle Hélène non plus !

LA MARQUISE.

Vous la reconnaissez donc ?

ANDRÉ.

Je suppose que c'est elle parce que je la vois là, car elle est bien changée. J'ai quitté une enfant, et je retrouve une femme. Décidément, mon père est un homme de goût.

HÉLÈNE.

Ils parlent de nous.

LE COMTE.

Positivement.

LA MARQUISE.

Voyons... pourquoi ne vous a-t-on pas revu plus tôt ?...

ANDRÉ.

Tous les jours je voulais partir, et tous les jours j'étais retenu...

LA MARQUISE.

Par le cœur ?

ANDRÉ.

Oh ! Dieu, non !

LA MARQUISE.

Cependant, le cœur doit être héréditaire dans la famille. Ce n'est pas ce qui manque au comte.

ANDRÉ.

Mon père en a plus que moi.

LA MARQUISE.

C'est un être excellent!

ANDRÉ.

C'est le meilleur des hommes!

LA MARQUISE.

Vous l'aimez?

ANDRÉ.

Je l'adore et il en abuse.

LE COMTE, à Hélène.

Eh bien, comment le trouvez-vous? N'est-ce pas, que c'est un beau garçon!

HÉLÈNE.

Je ne m'y connais pas beaucoup, mais il me semble que oui.

LE COMTE.

Et bon!

HÉLÈNE.

Vraiment!

LE COMTE.

Et plein d'esprit.

HÉLÈNE.

Vous l'aimez, votre fils?

LE COMTE.

Je l'adore.

HÉLÈNE.

Comme c'est gentil, un père et un fils qui s'aiment ainsi! Le voilà qui regarde de notre côté. Ayons l'air de causer et de ne pas le voir.

LA MARQUISE, à André.

Il faut pourtant que vous renouveliez connaissance

avec Hélène, quand ce ne serait que pour lui dire toutes les choses graves que vous avez à lui communiquer; car vous savez qu'on n'attend plus que vous pour cela. (Appelant.) Hélène !

HÉLÈNE.

Ma tante?...

Elle se lève, et va au-devant de sa tante.

LA MARQUISE.

Ton ancien ami, M. André de la Rivonnière.

HÉLÈNE, cérémonieuse.

Monsieur...

ANDRÉ.

Mademoiselle...

Hélène s'éloigne.

LE COMTE, à son fils.

Qu'en dis-tu?

ANDRÉ.

Je te fais mon compliment; mais je la trouve bien froide avec moi.

LE COMTE.

C'est une malice de petite fille; nous allons vous laisser ensemble; tout dépend de toi maintenant : je lui ai annoncé que tu avais quelque chose à lui dire.

ANDRÉ.

On est venu tout à l'heure à l'hôtel apporter une lettre pour toi.

LE COMTE.

Où est-elle?

ANDRÉ.

On n'a pas voulu me la donner; on paraissait même avoir reçu l'ordre de se défier de la Rivonnière fils; j'ai répondu au domestique que, si cette lettre était pressée, on pouvait te l'envoyer ici.

LE COMTE.

C'est cela.

LA MARQUISE, à Hélène.

Tu es bien cérémonieuse avec M. André!

HÉLÈNE.

Je ne sais que lui dire.

LA MARQUISE.

Approche-toi de lui. Je suis sûre qu'il trouvera un sujet de conversation. (Hélène s'approche d'André. — La marquise au comte.) Laissons les enfants ensemble.

DE LIGNERAYE.

Dites donc, comte, le yacht est dans le port?

LE COMTE.

Depuis hier.

DE LIGNERAYE.

Naton, voulez-vous venir le voir?

DE NATON.

Très volontiers.

LA MARQUISE.

Nous vous attendons pour dîner, n'est-ce pas, messieurs?

DE NATON.

Oui, madame.

Ils sortent. — Le comte s'éloigne avec la marquise.

SCÈNE VI

HÉLÈNE, ANDRÉ.

ANDRÉ.

Dois-je m'en tenir, mademoiselle, à l'accueil que vous venez de me faire, ou dois-je espérer redevenir votre ami comme autrefois, ainsi que madame votre tante m'y autorise?

HÉLÈNE.

Mon ami! Je ne demande pas mieux, mais il me faut

auparavant savoir bien des choses; car, dans ces temps-ci, lorsqu'on n'a pas vu les gens depuis huit ans, on ne peut pas savoir ce qu'ils sont devenus. Me répondrez-vous franchement?

ANDRÉ.

Interrogez.

HÉLÈNE.

Êtes-vous d'un club?

ANDRÉ.

Oui; mais je n'y vais jamais.

HÉLÈNE.

Êtes-vous forcé de fumer immédiatement après le dîner?

ANDRÉ.

Je ne fume qu'en voyage.

HÉLÈNE.

Avez-vous des chevaux?

ANDRÉ.

Hélas! oui.

HÉLÈNE.

En parlez-vous toujours?

ANDRÉ.

J'en parle quelquefois avec mon cocher.

HÉLÈNE, très sérieusement.

Vous me jurez que tout ce que vous venez de me dire est vrai?

ANDRÉ, de même.

Je vous le jure.

HÉLÈNE.

Combien vous êtes supérieur aux autres hommes! Oh! oui, soyez mon ami; je ne le vous permets pas, je vous le demande.

ANDRÉ.

Vous êtes toujours gaie?

HÉLÈNE.

Toujours; et vous?

ANDRÉ.

Moi aussi.

HÉLÈNE.

Dieu soit loué! car tous ces petits messieurs sont lugubres. Comme vous me regardez!

ANDRÉ.

Je suis heureux de vous revoir.

HÉLÈNE.

Je vous en dis autant.

ANDRÉ.

Moi aussi.

HÉLÈNE.

Bien vrai.

ANDRÉ.

Vous m'avez pourtant mal reçu tout à l'heure!

HÉLÈNE.

C'était pour vous punir de n'être pas venu depuis un mois.

ANDRÉ.

J'en suis plus puni que vous ne croyez.

HÉLÈNE.

Comment?

ANDRÉ.

En voyant tout ce que j'ai perdu pendant ce mois-là.

HÉLÈNE.

Nous le retrouverons.

ANDRÉ.

Ce sera bien difficile.

HÉLÈNE.

Non, car nous nous verrons souvent. Me trouvez-vous bien changée?

ANDRÉ.

Oui, je le disais tout à l'heure à votre tante; je ne vous aurais pas reconnue; mais vous êtes...

HÉLÈNE.

Beaucoup mieux, n'est-ce pas? Cette petite sucrerie était inévitable... Mais, moi, je vous aurais reconnu, c'est tout naturel! Vous aviez déjà dix-huit ans quand nous nous sommes quittés. La dernière fois que nous nous sommes vus, c'était à la campagne. Vous êtes venu à cheval. Vous étiez un peu... On peut tout dire?

ANDRÉ.

Oui.

HÉLÈNE.

Vous étiez un peu trop content de vous.

ANDRÉ.

Vous avez remarqué cela, à douze ans?

HÉLÈNE.

A douze ans, on remarque bien des choses. Vous rappelez-vous nos promenades au Luxembourg? Et les contes de fées?

ANDRÉ.

Dont nous nous amusions à peindre les images, le soir.

HÉLÈNE.

J'ai toujours ce livre. Venez avec moi... Non, attendez-moi; attendez-moi un peu, je vais revenir.

Elle sort en courant. — André reste pensif.

SCÈNE VII

ANDRÉ, LA MARQUISE.

LA MARQUISE, entrant, à André.

Eh bien?

ANDRÉ.

Nous avons parlé de notre enfance.

LA MARQUISE.

Et du comte?

ANDRÉ.

Le passé nous a entraînés loin de l'avenir, et puis, franchement, cette situation retournée m'embarrasse beaucoup plus que je ne l'aurais pensé, et je ne saurais comment m'y prendre pour demander à une jeune fille, avec qui j'ai sauté à la corde, si elle veut être ma belle-mère. Il n'y a que vous, madame, qui puissiez remplir cette mission. Beaucoup de ceux qui railleraient mon père valent moins que lui; mais enfin, il touche à cette époque de la vie où la persistance des qualités propres à la jeunesse peut paraître un défaut, et même un ridicule, à qui est véritablement jeune. Je vous prierai donc de présenter sa demande à mademoiselle Hélène, de telle façon que, si elle refuse, elle ne puisse du moins rire de celui qui l'aura faite. Il en souffrirait beaucoup, et toute illusion est respectable lorsqu'elle vient de notre cœur.

LA MARQUISE.

C'est parler comme un bon fils.

ANDRÉ.

Ce n'est pas tout; il reste la question matérielle. Mon père est complètement ruiné; il n'en sait rien. Je lui ai caché ce désastre, qu'il n'eût peut-être pas supporté assez philosophiquement. Il me reste, à moi, quatre-vingt mille livres de rente. Je compte partager avec qui sans qu'il le sache.

LA MARQUISE.

Mais vous êtes plein de cœur!

ANDRÉ.

Non, madame, je fais pour mon père ce qu'il ferait pour moi, voilà tout.

SCÈNE VIII

ES MÊMES, HÉLÈNE.

HÉLÈNE, rentrant et donnant le livre à André.

Tenez.

ANDRÉ.

Je le reconnais; voilà l'oiseau bleu.

HÉLÈNE.

Il est peint en vert; vous n'aviez décidément aucun goût pour la peinture.

ANDRÉ.

Voulez-vous me donner ce livre?

HÉLÈNE.

Jamais!

ANDRÉ, avec émotion.

Au revoir, mademoiselle.

HÉLÈNE.

Vous m'en voulez?

ANDRÉ.

Oh! non!

HÉLÈNE.

Pourquoi vous en allez-vous, alors?

LA MARQUISE.

Le vicomte va rejoindre son père... J'ai à causer avec toi.

HÉLÈNE.

Qu'est-ce que c'est ?

LA MARQUISE.

Tout à l'heure. (A André.) A bientôt. (Bas.) Votre père est revenu; il est là.

André sort.

SCÈNE IX

LA MARQUISE, HÉLÈNE.

LA MARQUISE.

Voyons, ma chère enfant, causons.

HÉLÈNE.

De quoi, ma chère tante?

LA MARQUISE.

Du mariage. Le sujet te déplaît-il ?

HÉLÈNE.

Autant celui-là qu'un autre.

LA MARQUISE.

As-tu choisi?

HÉLÈNE.

Je n'ai vu personne.

LA MARQUISE.

Et tous les jeunes gens qu'on t'a présentés?

HÉLÈNE.

Ils ne comptent pas ; il doit y en avoir d'autres.

LA MARQUISE.

Il y en aura peut-être plus tard; mais, pour le moment, il n'y en a plus.

ACTE DEUXIÈME.

HÉLÈNE.

On cherchera; nous avons le temps.

LA MARQUISE.

Et si l'on ne trouve pas?

HÉLÈNE.

J'en serai quitte pour rester fille.

LA MARQUISE.

Peut-être aussi es-tu un peu exigeante... Comment veux-tu que soit ton mari?

HÉLÈNE.

Comme il voudra, pourvu que je l'aime!

LA MARQUISE.

Et qu'il t'aime?

HÉLÈNE.

Naturellement.

LA MARQUISE.

Nous n'y arriverons jamais.

HÉLÈNE.

Je vois pourtant des femmes heureuses.

LA MARQUISE.

Dans notre monde, non... Tu vois des femmes élégantes, insoucieuses, riches, coquettes, indifférentes; tu ne vois pas de femmes heureuses.

HÉLÈNE.

Alors, ma destinée, sous le prétexte que j'ai eu l'honneur de naître riche, noble, est d'être parfaitement malheureuse, d'épouser un homme, celui-là ou un autre, pourvu qu'il ait un nom et un état social équivalents aux miens, d'aller avec lui dans le monde l'hiver, à la campagne l'été; de faire des visites et d'en recevoir; tout cela, pendant un certain nombre d'années, après lesquelles l'un des deux perdra l'autre avec le calme qui aura présidé à tous les actes de l'association. Mais cette perspective est gaie comme la grande avenue du Père-Lachaise, et il me passe un frisson par tout le corps, au seul espoir d'un bonheur si simple et si durable!

LA MARQUISE.

N'auras-tu pas des enfants à aimer?

HÉLÈNE.

Écoute, ma chère tante, je réfléchis quelquefois, souvent même, et, puisque nous en sommes là, je vais te dire le résultat de mes réflexions, d'autant qu'aujourd'hui je les trouve encore plus sensées. A partir de seize ans, tu le sais aussi bien que moi, car il n'y a pas longtemps que tu étais toi-même une jeune fille, à partir de seize ans, volontairement ou à leur insu, toutes les filles, riches ou pauvres, ne sont occupées que d'une chose : le mariage. C'est la grande curiosité, le grand mystère. — Comment et que sera-t-il ce mari? Où est-il? Nous commençons d'abord par nous le figurer grand, beau, romanesque, les yeux levés vers le ciel, renversant les montagnes pour arriver jusqu'à nous. Puis nous entrons dans le monde, et à peine, hélas! comparons-nous le mari rêvé au mari possible, que nous voyons notre pauvre idéal s'en aller par morceaux... Les unes, alors, tombent dans l'excès contraire, et, ne croyant pas pouvoir obtenir de la destinée ce qu'elles ambitionnaient, ne demandent plus au mariage que le bruit, le plaisir, le tapage du monde; les autres consultent sincèrement leur nature, leurs goûts, et se disent qu'il y a des conditions de bonheur éternelles, comme la lumière du soleil, parce que Dieu lui-même les a voulues : c'est la jeunesse, c'est la foi, c'est l'intelligence du bien, c'est l'amour des enfants pour les parents, de la femme pour son époux, de la mère pour ses enfants. — Avec cette conviction, la jeune fille doit trouver, sinon le chevalier poétique qu'elle a rêvé, du moins un homme jeune, loyal et bon qui, pouvant disposer de sa vie et sen-

tant en elle comme en lui la volonté du bien, lui dira :
« Je vous estime, je vous aime; soyez ma femme. Associons-nous, non pas pour accoler nos écussons et réunir nos fortunes, mais pour nous aimer sincèrement, pour porter à deux les joies et les douleurs de ce monde, pour être une force et un exemple. » Eh bien, ma chère tante, le jour où j'aurai trouvé cet homme, tant mieux s'il est de ma caste, mais peu importe s'il n'en est pas, je l'épouse ! Car l'important, vois-tu, ce n'est pas d'être noble, ce n'est pas d'être riche : c'est d'être heureux.

LA MARQUISE, prenant Hélène dans ses bras.

Chère enfant !

SCÈNE X

Les Mêmes, LE COMTE, ANDRÉ.

LE COMTE. (Il est entré vers la fin de la scène précédente, avec André, qui reste au fond, très ému.) S'avançant vers Hélène, après avoir regardé son fils.

Laissez-moi vous embrasser aussi.

HÉLÈNE, étonnée.

Monsieur !...

LE COMTE.

Vous m'avez fait pleurer; vous me devez bien cela... Quel orateur ! — Allons, approche, André, tu n'es pas de trop.

HÉLÈNE.

Vous m'écoutiez donc ?

LE COMTE.

Derrière la porte tout bonnement. Mais rassurez-vous, mon enfant, c'était avec l'autorisation de votre tante.

HÉLÈNE.

Qu'est-ce que cela signifie ?

LE COMTE.

Cela signifie, chère et adorable enfant, qu'il y a de par le monde, et pas bien loin de vous, un homme qui avait l'ambition de faire de vous sa femme. Cet homme était un fou, car il a près de trois fois votre âge, mais il a entendu les bonnes paroles que vous avez dites; elles lui ont rappelé à temps qu'il est père, et qu'il n'a plus autre chose à demander à la vie que les joies de la paternité. Alors, il a regardé son fils, qui était auprès de lui, et, le voyant ému et tremblant à vos paroles, il a tout deviné et il s'est dit : « Cet homme dont Hélène parle, qu'elle rêve, qu'elle doit aimer, qu'elle aime, je tiens sa main; il est noble, loyal et bon; et je sens au frémissement de sa main qu'il va l'aimer comme elle veut qu'on l'aime, qu'il l'aime déjà, et, si j'aimais cette enfant, moi, c'est que je l'aimais par lui et pour lui, car cet homme, c'est bien plus que mon cœur, c'est mon fils; c'est-à-dire le cœur de mon cœur! »

ANDRÉ, se jetant dans les bras du comte.

Mon père!...

HÉLÈNE, très émue.

Monsieur!

LE COMTE.

Ma chère marquise, je vous avais demandé la main de votre nièce, mais j'avais oublié de vous dire que c'était pour mon fils.

ANDRÉ, s'approchant d'Hélène.

Je sens en moi comme en vous la volonté du bien; je vous estime, je vous aime. Soyez ma femme. Associons-nous, non pas pour accoler nos écussons et réunir nos fortunes, mais pour nous aimer sincèrement, pour porter à deux les joies et les douleurs de ce monde; pour être une force et une exemple.

HÉLÈNE.

Combien me donnez-vous de temps pour réfléchir?

ANDRÉ.

Tout le temps qu'il vous plaira ; car le temps que vous emploierez à réfléchir, je l'emploierai à vous prouver que je vous aime.

HÉLÈNE.

Eh bien, nous verrons...

LE COMTE.

Ma foi, c'est une bonne chose de pleurer, n'est-ce pas, marquise?

LA MARQUISE.

Oui, cela ne m'était pas arrivé depuis longtemps... Je croyais avoir perdu les larmes.

LE COMTE.

On a toujours des larmes tant qu'on a des enfants.

SCÈNE XI

LES MÊMES, puis DE LIGNERAYE et DE NATON.

DE LIGNERAYE, entrant, à la marquise.

Eh bien?

LA MARQUISE.

Il y a du nouveau, je vous en réponds! Et votre ami M. de Naton, où est-il?

DE LIGNERAYE.

Nous revenions ensemble, quand il a rencontré une dame qu'il est allé saluer.

DE NATON, entrant.

Est-ce que je suis en retard, madame?

LA MARQUISE.

Non, pas du tout.

DE NATON, à Ligneraye.

Comprenez-vous que je rencontre Albertine, qui se promène tranquillement sur la plage avec son petit chien? Que le diable les emporte!

DE LIGNERAYE.

Oh! ce pauvre chien... qu'est-ce qu'il vous a fait?

LE DOMESTIQUE, entrant.

Une lettre pour M. le comte.

LE COMTE, à la marquise.

Vous permettez, madame?

LA MARQUISE.

N'êtes-vous pas chez vous, maintenant?

LE COMTE, lisant.

« Me voici à Dieppe jusqu'à demain, et je vous rappelle votre promesse; il vous sera d'autant plus facile de la tenir, que je descends dans le même hôtel que vous... ALBERTINE. » (Le comte regarde autour de lui; il voit son fils et Hélène qui causent.) Ils ne pensent déjà plus à moi. (Au domestique.) Dites que j'irai! (A part.) Pourquoi pas, puisque me voilà redevenu garçon?

ACTE TROISIÈME

Chez André.

SCÈNE PREMIÈRE

HÉLÈNE, debout, en peignoir ; ANDRÉ lui tient les mains, assis devant elle.

HÉLÈNE, essayant de se dégager.

Maintenant, laisse-moi aller m'habiller.

ANDRÉ.

Tout à l'heure.

HÉLÈNE.

Qu'est-ce que tu veux encore?

ANDRÉ.

Je veux te dire que je t'aime.

HÉLÈNE.

Et quand tu me l'auras dit?

ANDRÉ.

Je te le répéterai. N'avons-nous pas un arriéré de compte? Ne suis-je pas absent depuis quatre jours?

HÉLÈNE.

Je crois que la balance est faite.

ANDRÉ.

C'est égal, dis-moi encore une fois que tu m'aimes!

HÉLÈNE.

Tant que tu voudras. Je t'aime... je t'aime... je t'aime!

Est-ce assez? (André la fait asseoir et se met à genoux.) Si l'on entrait...

ANDRÉ.

Qui pourrait entrer?

HÉLÈNE.

Ton père! Nous devons sortir ensemble.

ANDRÉ.

Pour?

HÉLÈNE.

Pour aller faire des visites.

ANDRÉ.

A qui?

HÉLÈNE.

A toutes sortes de personnes.

ANDRÉ.

Tous ces gens-là sont ennuyeux.

HÉLÈNE.

Ce n'est pas une raison pour être impoli avec eux. Je croyais que tu ne reviendrais que demain, voilà pourquoi je me suis engagée. Si tu ne veux pas que j'y aille, prévenons ton père.

ANDRÉ.

D'abord, il n'est pas besoin de prévenir mon père, qui demeure avec nous; ensuite, fais tes visites, je ne t'en empêche pas. Je t'habillerai moi-même.

HÉLÈNE.

Merci! Tu t'y prends trop mal. L'autre soir, au bal, madame de Grige m'a demandé qui est-ce qui m'avait fagotée, c'est le mot, comme je l'étais. Je n'ai jamais osé lui dire que c'était toi qui non seulement m'avais habillée, mais qui même avais commandé ma robe.

ANDRÉ.

N'était-elle pas bien, cette robe?

HÉLÈNE, montrant son cou.

Elle montait jusqu'ici. J'avais l'air d'une pensionnaire.

ANDRÉ.

Tu étais suffisamment décolletée pour n'avoir pas trop chaud. C'est par les robes décolletées que s'évapore peu à peu la pudeur des femmes. Vous ne savez donc pas que le murmure d'admiration qui caresse vos épaules nues n'est qu'une insulte déguisée! Si j'étais femme, je jugerais de la sincérité de l'homme qui dirait m'aimer par le corsage qu'il me laisserait mettre.

HÉLÈNE.

Mais tout le monde...

ANDRÉ.

Tout le monde!... Je le connais celui qu'on appelle Tout le monde... Tout le monde a horreur des gens qui s'aiment, des femmes chastes et des hommes jaloux, parce que Tout le monde n'a rien à gagner avec eux, tandis que Tout le monde profite des femmes coquettes, des maris indifférents et des épaules qui ne finissent pas. Tout le monde est un malin qui fait des théories à son bénéfice... Ainsi c'est Tout le Monde qui dit : « Il faut aimer sa femme d'une certaine façon. L'épouse qui sera mère de famille a plus besoin de respect que d'amour. Laissez les transports, les jalousies, les manifestations violentes aux amours passagères ! » ce qui veut dire : « Supprimez la passion dans le mariage, pour que le mariage soit ennuyeux, et, quand votre femme s'ennuiera, moi, Tout le monde, je la consolerai. » Eh bien, moi, je ne suis pas de l'avis de Tout le monde. Libre à ceux qui épousent par raison des femmes laides, de faire des théories sur le mariage, je les comprends: mais, moi qui t'ai épousée parce que je t'aimais... je t'aime... voilà tout, et ce mot n'a qu'un sens : baise-moi!

Le comte ouvre la porte; mais, en voyant l'attitude des deux jeunes gens qui ne l'entendent pas, il referme doucement la porte, et reste en dehors.

HÉLÈNE.

Et quand nous serons vieux?

ANDRÉ.

Nous verrons; d'ailleurs, on n'a qu'à ne pas vieillir!

HÉLÈNE.

Il faut bien y arriver.

ANDRÉ.

Inutile; on fait comme mon père.

HÉLÈNE.

C'est vrai; mais...

ANDRÉ.

Est-ce qu'il te déplaît d'être aimée comme tu l'es?

HÉLÈNE.

Oh! non! et je suis bien heureuse; mais je me demande qui t'a appris à aimer ainsi.

ANDRÉ.

C'est toi!

HÉLÈNE, avec un air de doute.

Je le voudrais bien.

ANDRÉ.

Qu'as-tu?

HÉLÈNE, tout bas.

Je suis jalouse!

ANDRÉ.

Et de qui es-tu jalouse?

HÉLÈNE.

Je n'en sais rien; voilà ce qu'il y a de plus affreux. Je suis jalouse de ton passé, que je n'ai pas connu et qui ne t'appartient pas plus qu'à moi.

ANDRÉ.

Enfant!

HÉLÈNE.

Oui, c'est avec ces mots-là que vous vous en tirez, vous autres hommes. « Enfant! » et vous croyez avoir tout dit et tout expliqué. Mais ceux qui disent que votre femme a plus besoin de respect que d'amour ont peut-être raison; car, avant elle, vous en avez aimé d'autres, que vous ne respectiez pas, puisque aucune d'elles n'a reçu votre nom. Votre respect est donc une nouvelle forme de votre amour qui nous appartient sans partage. A combien de femmes as-tu dit que tu les aimais? C'est horrible quand j'y pense; et, lorsque je te vois ainsi à mes pieds, je me dis : « C'est une habitude, » et je me tourmente, — car je voudrais l'impossible, — que tu n'eusses jamais aimé que moi et que tu fusses à moi tout entier.

ANDRÉ.

Tu veux tout savoir?

HÉLÈNE.

Oui.

ANDRÉ.

Tu me croiras?

HÉLÈNE.

Je ne demande qu'à te croire.

ANDRÉ.

Eh bien, oui, j'ai dit à d'autres femmes que je les aimais.... Et maintenant, écoute bien ceci, mais n'en abuse pas trop. Il n'existe pas une femme, si habile, si belle, si aimée qu'elle soit, qui puisse donner à son amant la centième partie de l'émotion que donne en une minute à l'époux qui l'a choisie la jeune fille qui va recevoir de lui la révélation de l'amour. Notre esprit, notre cœur, nos sens, toutes nos facultés trouvent dans la première expansion de cette âme ignorante, timide et curieuse à la fois, une sensation si absolue, qu'elle détruit tout ce qui n'est pas elle; si élevée qu'aucune autre n'y peut atteindre; si complète qu'il ne nous est même plus permis de l'éprouver une seconde fois. Tout homme qui ne l'a pas connue et qui prétend avoir aimé est un fou dont on peut rire, et celui qui, dans le mariage, croit pouvoir se passer d'elle est un malheureux qu'il faut plaindre. — Sois tranquille, je suis bien à toi...

<small>Le comte est entré sur ces derniers mots, s'est approché doucement, et, lorsque Hélène veut embrasser André, c'est lui qu'elle embrasse.</small>

SCÈNE II

LES MÊMES, LE COMTE.

HÉLÈNE, avec un petit cri.

Ah!

LE COMTE.

Ne fais pas attention, c'est moi : j'ai vu un baiser qui trainait. A qui est-il?

HÉLÈNE.

A André...

LE COMTE, embrassant André.

Eh bien, je te le rends. Quand es-tu revenu?

ANDRÉ.

Il y a une heure.

LE COMTE.

Qu'est-ce que tu as? Tu parais contrarié.

ANDRÉ.

Je n'ai rien.

LE COMTE.

Tu es content de ton voyage?

ACTE TROISIÈME.

ANDRÉ.

Oui, toutes tes affaires sont terminées.

LE COMTE.

Tout à fait, tout à fait?

ANDRÉ.

Tout à fait. C'était joli à voir!...

LE COMTE.

C'était embrouillé... hein? Quant à moi, je ne m'y serais jamais reconnu. Je te remercie!... (Se retournant vers Hélène.) Madame, je suis à vos ordres ; quand vous voudrez.

HÉLÈNE.

Il faut que je m'habille.

ANDRÉ.

Où allez-vous donc?

HÉLÈNE.

Nous sortons...

ANDRÉ.

Et vous allez?

HÉLÈNE.

Je te l'ai dit, nous allons faire des visites.

LE COMTE, bas, à Hélène.

Lui avez-vous parlé de la belle voiture?

HÉLÈNE.

Non, pas encore.

ANDRÉ.

Pourrait-on savoir ce que vous dites tout bas?

LE COMTE.

Est-il assez curieux! Comme si cela le regardait.

HÉLÈNE.

Nous parlions d'une surprise que ton père m'a faite. Il me demandait si tu la connaissais. Le lendemain de ton départ, j'ai vu entrer dans le cour un grand coupé à huit ressorts, traîné par deux chevaux bais, qui valent au moins quinze mille francs, et conduit par un cocher qui pèse quatre cents, et qu'on attache au siège avec une sangle pour qu'il ne roule pas par terre.

LE COMTE.

Tu le connais; c'est l'ancien cocher de lord Stoppfield, qui vient de mourir. Le plus gros cocher de Paris. Tout le monde voulait l'avoir!

ANDRÉ.

Et cette voiture te coûte?

LE COMTE.

Cela ne regarde que moi.

ANDRÉ.

Tu sais que tu as quarante mille francs à dépenser par an, et pas un sou de plus; et que le capital même...

LE COMTE.

C'est bon! C'est bon! Puisque je n'ai plus rien à dépenser pour moi!

ANDRÉ.

Si tu crois que je vais passer ma vie à arranger tes affaires!

LE COMTE.

Il vous fallait un équipage convenable. Vous aviez un mauvais petit coupé. Vous avez maintenant le plus bel attelage de Paris! Si tu avais vu l'effet qu'il a produit au bois de Boulogne! Nous sommes allés nous y promener tous les deux, tous les jours. Il faisait un temps magnifique! Le soir, nous nous sommes servis de l'ancienne voiture.

ANDRÉ.

Où êtes-vous donc allés, le soir?...

ACTE TROISIÈME.

LE COMTE.

Le premier soir? où sommes-nous donc allés?

HÉLÈNE.

Aux Italiens...

LE COMTE.

Oui, aux Italiens avec madame de Grige.

ANDRÉ.

Et le second jour?

HÉLÈNE.

A l'Opéra.

ANDRÉ.

Avec?

LE COMTE.

Avec madame Godefroy.

ANDRÉ.

Et le lendemain?

LE COMTE.

J'ai conduit Hélène chez madame de Parreins.

ANDRÉ.

Très bien... Vous êtes allés tous les deux?

LE COMTE.

Tout bonnement.

ANDRÉ.

Et hier?

LE COMTE.

Hier, nous ne sommes pas sortis, nous avons reçu.

ANDRÉ.

Et aujourd'hui vous allez faire des visites?...

LE COMTE.

Oui.

ANDRÉ.

Eh bien, et moi?...

LE COMTE.

Toi?

ANDRÉ.

Oui; à quoi est-ce que je sers dans tout cela, moi, le mari?

LE COMTE.

Toi? Tu es le mari; c'est bien assez.

ANDRÉ.

Et tu crois que je vais laisser Hélène?...

LE COMTE.

Tu vas laisser Hélène s'amuser. C'est de son âge. Comment! pendant que tu es absent, je promène ta femme, je la conduis au spectacle, je l'accompagne au bal, je la distrais tant que je peux, et tu te plains? Je suis là pour égayer tes entr'actes, et tu n'es pas content? Veux-tu que nous changions?

ANDRÉ.

Hélène ira au spectacle et au bal avec moi ou avec nous deux; mais, quand je serai absent, si par hasard je m'absente encore sans elle, ce qui m'étonnera beaucoup, elle restera à la maison. C'est ce qui me paraît le plus convenable. Ce sera dit une fois pour toutes, n'est-ce pas, Hélène?

HÉLÈNE.

Mais, mon ami...

LE COMTE.

Ne lui répondez donc pas; si vous êtes sa femme, vous êtes ma fille, et j'ai aussi mes droits. Prends garde! tu vieillis, mon garçon, tu vieillis; tu deviens un mari ordinaire; tu tournes au père Prudhomme. Tiens, tu es de mauvaise humeur, parce que j'ai embrassé ta femme tout à l'heure, au moment où tu comptais être embrassé. Pourquoi es-tu si lambin, aussi? Une femme veut vous embrasser, on se dépêche de tendre la joue. Rien ne refroidit aussi vite qu'un baiser. Allons, on ne recommencera plus. On ne lui baisera plus que la main, à ta femme. Es-tu content? (A Hélène.) Il est comme ça, vous ne le connaissez pas encore... vous allez voir... (A André.) Et puis, aujourd'hui, on n'ira pas faire de visites avec elle. C'est toi qui iras; là, est-ce bien ainsi? Eh bien, faites une petite risette à votre papa.

André se met à rire.

ANDRÉ.

Il n'y a pas moyen d'être sérieux avec toi.

LE COMTE.

A quoi cela sert-il d'être sérieux?

JOSEPH, entrant.

On demande M. le comte.

LE COMTE, à Joseph.

Est-ce que c'est?...

JOSEPH.

Oui, monsieur le comte...

LE COMTE.

J'y vais... — Je vous laisse, mes enfants... Ne dites pas trop de mal de moi... (A André.) Ne t'en va pas, je reviens tout de suite et j'ai à te parler... (Baisant la main d'Hélène.) Madame... (A André, en lui tapant sur la tête.) Grand enfant, va!..

Il sort cérémonieusement.

SCÈNE III

HÉLÈNE, ANDRÉ.

HÉLÈNE.

Es-tu assez méchant!... J'ai vu le moment où tu lui faisais du chagrin!

ANDRÉ.

Ma chère enfant, je connais mieux la vie que toi, et je connais mieux mon père surtout. Si je ne lui fais pas de temps en temps une observation, Dieu sait où il nous mènera avec ses coupés à huit ressorts, ses loges aux Italiens, ses bals et ses réceptions!... Non seulement il nous ruinera le plus innocemment du monde, si je le laisse nous aimer à sa façon, mais c'est une nature si absorbante, qu'il nous dominera tout à fait et que nous ne serons plus maîtres de nous. Il a été convenu que nous vivrions tous ensemble ; je ne demande pas mieux que cela soit, mais à une condition : c'est que nous aurons chacun notre emploi déterminé, et qu'il sera le père et le beau-père, que tu seras la femme et la bru, et que je serai le fils et le mari... Et, quand je vais le revoir tout à l'heure, je lui dirai...

HÉLÈNE.

Tu ne lui diras rien du tout...

ANDRÉ.

Parce que?

HÉLÈNE.

Parce que toute observation venant de toi lui sera pénible.

ANDRÉ.

De qui veux-tu qu'elle vienne, alors?...

HÉLÈNE.

De moi, qui flatte ses petites manies, qui le laisse me raconter ses bonnes fortunes d'autrefois, comme un militaire retraité raconte ses batailles. Nous avons nos petits secrets qui ne te regardent pas. Si je me laisse conduire au bal et au spectacle, ce n'est pas pour moi. Tu sais bien que je ne m'y amuse pas quand tu n'es pas là. C'est pour lui faire la transition plus douce entre sa vie d'autrefois et sa vie à venir. Il ne faut pas non plus trop exiger des gens que nous aimons et que nous voulons convertir, surtout quand ils ont derrière eux trente ou quarante ans d'habitudes. Laisse-moi donc faire, je le dorlote, je le câline, je l'endors comme un enfant dans la ouate d'une vie nouvelle; et, un beau matin, il se réveillera le mari de madame Godefroy, sans s'être aperçu qu'il l'avait épousée. C'est cela que nous voulons, n'est-ce pas? eh bien, je m'en charge!

ANDRÉ.

Fais tout ce que tu voudras.

Le comte rentre.

SCÈNE IV

Les Mêmes, LE COMTE.

LE COMTE.

Veux-tu passer chez moi, il y a quelqu'un qui te demande?

ANDRÉ.

Qui?

LE COMTE.

Va toujours!

ANDRÉ.

Mais enfin?

LE COMTE.

Vas-y, tu le verras; c'est une affaire de cinq minutes.

ANDRÉ.

Hélène! va t'habiller...

LE COMTE.

Quand tu reviendras, il sera temps...

André sort, ne comprenant rien aux signes que lui fait son père.

SCÈNE V

LE COMTE, HÉLÈNE.

LE COMTE.

Est-ce qu'il vous a grondée?

HÉLÈNE.

Non, grâce à Dieu, il ne me gronde jamais.

LE COMTE.

Mais je craignais qu'à cause de moi... Il vous aime bien alors!...

HÉLÈNE.

Oh! oui.

LE COMTE.

C'est ce qu'il était en train de vous dire, tout à l'heure, lorsque je suis entré.

HÉLÈNE.

Oui.

LE COMTE.

Le dit-il bien, au moins?

HÉLÈNE.

Que me demandez-vous là?

LE COMTE.

Je suis responsable, moi; car enfin, c'est moi qui vous ai mariés. Et moi, m'aimez-vous un peu?

HÉLÈNE.

Vous, mon cher papa, vous le savez bien, que je vous aime, et de tout mon cœur.

LE COMTE.

Mon cher papa!

Il soupire.

HÉLÈNE.

Qu'avez-vous?

LE COMTE, même soupir.

Mon cher papa!

HÉLÈNE.

Eh bien?

LE COMTE.

Quand on pense que j'ai voulu vous épouser, et que vous m'appelez « mon cher papa », c'est dur!

HÉLÈNE.

Comment voulez-vous que je vous appelle?

LE COMTE.

C'est vrai, il n'y a pas d'autre nom, il faut s'y résigner. Appelez-moi papa!

Nouveau soupir.

HÉLÈNE.

André, qui est un grand garçon, vous appelle ainsi, et depuis plus longtemps que moi.

LE COMTE.

Oui, mais il a commencé quand j'étais jeune, et, quand on est jeune, on trouve ça charmant; et puis André est un homme. Ce n'est pas la même chose. Chaque fois que vous m'appelez papa, vous, c'est comme si vous me disiez : « A propos, vous savez que vous avez cinquante ans. »

HÉLÈNE.

Vous l'oubliez si vite!

LE COMTE.

Plus maintenant, plus depuis votre mariage. Allez donc faire le gracieux auprès d'une femme quand vous allez être grand-père, car j'espère bien, en somme, que cela ne tardera pas. Ce ne serait pas la peine...

HÉLÈNE.

Chut!

LE COMTE.

Mon fils m'aime bien, vous aussi, mais c'est fini là.

HÉLÈNE.

C'est déjà quelque chose, et d'autres s'en contenteraient, car enfin vous avez là les affections les plus sûres.

LE COMTE.

Qui sait?

HÉLÈNE.

Vous doutez de nous?

LE COMTE.

Non, mais la nature regarde devant elle, et elle a bien raison. Vous m'avez pris un peu du cœur d'André; vos enfants m'en prendront encore une partie, s'ils ne le prennent pas tout entier. Il peut venir un moment où je serai de trop. Je vous gêne déjà peut-être. Tout à l'heure, je vous ai dérangés. Les vieux sont si ennuyeux!

HÉLÈNE.

Voyons, vous avez un chagrin de cœur?

LE COMTE.

Je le voudrais bien; non, je n'ai pas de chagrin réel, mais quelquefois, je vous le dis, à vous, parce que vous êtes ma bru et qu'il vous est interdit, par conséquent, de vous moquer de moi, mais quelquefois je suis triste en pensant qu'il y a et qu'il y aura toujours des jeunes gens et que je n'en suis plus et que je ne dois plus en être. On me parle politique, et l'on me demande aux tables de whist. Après avoir été choyé, gâté, aimé toute ma vie, je ne puis me résoudre à ne plus l'être; et, d'un autre côté, j'ai assez d'esprit pour comprendre que ce temps-là est passé. Bref, je sens un vide dans ma vie. Je me vois arriver à l'état d'ancien beau, et, s'il y a un rôle bête à jouer dans le monde, c'est celui-là. Quand j'écoute mon cœur, quand je consulte mes facultés, pardieu! je n'ai que vingt-cinq ans; et puis mon fils arrive et me fait souvenir que j'en ai le double. Je ne lui en veux pas, à ce cher enfant! je l'aime plus que jamais : mais il y a un moment difficile à passer. Ce sera ainsi jusqu'à ce que je sois tout à fait vieux; car, pour un homme comme moi, ce qu'il y a de triste, ce n'est pas d'être vieux, c'est de ne plus être jeune. Pardon pour toutes les sottises que je vous dis, et que vous ne pouvez comprendre ; nous n'en reparlerons plus.

HÉLÈNE.

Une femme comprend tout. Parlons de vous, au contraire, et laissez-moi vous dire que la maladie momentanée de votre esprit vient d'un malentendu entre lui et votre cœur.

LE COMTE.

Vous croyez?

HÉLÈNE.

Récapitulons toutes les conditions de bonheur que vous avez déjà autour de vous : la santé, la fortune, l'esprit. Une seule des trois suffirait à un autre homme. Vous avez votre fils qui vous adore, vous avez moi qui vous aime aussi, non pas comme un père, puisque le mot vous blesse, mais comme notre meilleur ami, à André et à moi. Cela ne vous suffit pas? Eh bien, regardez autour de vous, et vous trouverez dans une étrangère la plus délicate, la plus loyale, la plus attentive des affections.

LE COMTE.

Madame Godefroy?

HÉLÈNE.

Oui.

LE COMTE.

Toujours madame Godefroy! Alors, c'est là votre

moyen de guérison? Elle vous connaît depuis deux mois, et elle vous a déjà enrôlée dans la conspiration de son mariage. Oui, oui, si j'épousais madame Godefroy, je serais guéri — comme les malades sont guéris quand ils sont morts.

HÉLÈNE.

Alors, il est encore trop tôt?

LE COMTE.

Ah! oui, c'est, avec vous, la femme que j'estime le plus dans le monde, mais c'est tout.

HÉLÈNE.

Cherchons autre chose. Voyons, faut-il vous traiter tout à fait comme un enfant et vous gâter?

LE COMTE.

Est-elle gentille!

HÉLÈNE.

Quelquefois vous regrettez votre liberté, vos amis, vos habitudes, et, pour tenir votre promesse de vivre avec nous, je crois que, pas plus tard qu'hier, vous avez fait de la peine à quelqu'un, et que c'est ce qui vous attriste aujourd'hui.

LE COMTE.

Hier, j'ai fait de la peine à quelqu'un?

HÉLÈNE.

Oui, à une dame qui est venue vous voir.

LE COMTE, avec inquiétude.

Vous l'avez vue?

HÉLÈNE.

Ne craignez rien, je n'ai pas vu son visage. Je travaillais à ma fenêtre lorsque j'ai entendu une voiture s'arrêter à la porte; j'ai regardé machinalement, et j'en ai vu descendre une dame voilée. Elle a traversé la cour comme une familière de la maison. J'ai été prise d'un battement de cœur dont vous comprenez la cause, n'est-ce pas? Mais cette dame est entrée chez vous, et, lorsqu'elle en est sortie une heure après, elle tenait son mouchoir à la main; elle avait pleuré. Vous lui aurez reproché d'être venue dans ma maison. Allez voir cette pauvre femme, et demandez-lui pardon de l'avoir si mal reçue hier. Quant à moi, je ne regarderai plus par les fenêtres, je vous le promets.

LE COMTE.

Il n'y a rien de bon comme vous, chère enfant! Mais cette dame ne venait pas pour moi. Les femmes de son âge ne se dérangent pas pour les hommes du mien.

HÉLÈNE.

Pour qui venait-elle donc?

LE COMTE.

Pour un de mes amis qui l'a abandonnée, et qui m'avait chargé de lui rendre ses lettres. Je vous le disais bien, me voilà dans les pères nobles ou les confidents, au choix.

ANDRÉ, entrant.

Va t'habiller, Hélène. J'ai à causer avec mon père, et tu as à sortir; va!

Elle sort.

SCÈNE VI

LE COMTE, ANDRÉ, restant un instant sans parler.

LE COMTE.

Qu'est-ce que tu as?

ANDRÉ.

Tu me le demandes!

LE COMTE.

Mais oui; tu as l'air de ne plus te posséder!

ANDRÉ.

Alors, tu ne trouves pas qu'il y ait de quoi se fâcher?

LE COMTE.

Mais non; ta femme n'a rien vu. Je l'ai gardée exprès tout le temps que tu as été absent. L'autre est partie, voilà une affaire terminée. Je ne vois pas d'où peut venir ta mauvaise humeur.

ANDRÉ.

Comment! tu arrives, tu me dis qu'on demande chez toi; j'y vais de confiance, et je tombe, sur qui? Sur une femme qui me fait une scène de jalousie, de reproches; et c'est toi qui as préparé cette scène ridicule! et tu me demandes ce que j'ai!...

LE COMTE.

Tu es charmant! si elle t'a fait une scène, elle m'en a fait une, à moi qui ne la connaissais pas, et qui étais parfaitement désintéressé dans la question; chacun son tour. J'aurais bien voulu te voir à ma place, hier, quand elle pleurait dans ma chambre et que je ne savais plus qu'en faire.

ANDRÉ.

A ta place?

LE COMTE.

Oui, à ma place; qu'est-ce que tu aurais dit?

ANDRÉ.

J'aurais dit que ces choses-là ne me regardaient pas.

LE COMTE.

Tu penses bien que j'ai commencé par là.

ANDRÉ.

Eh bien?

LE COMTE.

Eh bien, elle s'est mise à pleurer, elle m'a dit qu'elle se tuerait.

ANDRÉ.

Est-ce que les femmes se tuent !

LE COMTE.

Pour se venger, elles sont capables de tout ! En tout cas, celle-là était dans un état d'exaltation qu'il fallait calmer à tout prix.

ANDRÉ.

J'étais absent, c'était une réponse toute faite.

LE COMTE.

Je le lui ai assez dit, que tu étais absent ; mais j'y ai été pris moi-même, à cette raison que je croyais excellente. Sais-tu d'abord comment la chose s'est passée ?

ANDRÉ, montrant la chambre de sa femme.

Ne parlons pas si haut.

LE COMTE.

Hier, Joseph vient me dire : « Monsieur le comte, il y a une dame qui demande à vous parler... — Son nom ?... — Elle ne veut pas me le dire ; M. le comte ne la connaît pas. »

ANDRÉ.

Joseph connaissait parfaitement cette dame, il l'a vue chez moi. Il l'avait baptisée « la dame en noir », et il a très bien su la congédier le jour où nous sommes partis pour Dieppe.

LE COMTE.

Elle m'a rappelé cette circonstance, et c'est ce qui m'a le plus touché. Cette pauvre femme ! Enfin Joseph faisait son devoir. Elle ne voulait pas être nommée ; il ne la nommait pas.

ANDRÉ.

Tu as voulu prendre cet homme à ton service, c'est encore une idée à toi ; mais il n'est pas question de Joseph.

LE COMTE.

Il fait entrer cette dame. Elle paraissait fort émue, je l'invite à s'asseoir. Elle me prend les mains et se met à fondre en larmes; voilà une jolie position! En somme, les femmes ne sont pas faites pour pleurer; et puis je ne savais pas de quoi il était question. Bref, elle te nomme, et elle me dit que tu t'es marié sans l'en avertir, qu'elle vient de l'apprendre tout à coup, qu'elle est désespérée, que sa vie est brisée, qu'elle va tout avouer à son mari; qu'il est jaloux, qu'il la tuera, qu'elle est venue me trouver parce que tu lui as dit autrefois combien j'étais bon, que je sais comprendre certaines choses, que je suis jeune encore... — tout ce qu'elle pouvait trouver d'agréable, elle me le disait... tu vois! — et qu'elle me demande, pour éviter les plus grands malheurs, de te revoir une dernière fois. J'ai beau lui répondre : « Mon fils est marié, je ne peux pas me mêler de ses affaires de cœur; d'ailleurs, il est parti, je ne sais quand il reviendra ..» comme Malbrouck... Alors, des cris que ta femme pouvait entendre, des attaques de nerfs en perspective. Il fallait la calmer coûte que coûte; elle était folle. J'ai accepté qu'elle revînt aujourd'hui, c'était le dernier jour qu'elle pouvait passer à Paris, je pensais que tu ne serais pas de retour, et que j'achèverais, moi seul, de lui faire entendre raison. Tu es revenu; elle est arrivée; Joseph est accouru pour me prévenir; j'ai été faire une dernière tentative. Elle te savait de retour; elle ne serait pas partie pour un empire sans t'avoir revu; elle serait plutôt entrée ici. J'ai pensé qu'il valait mieux qu'elle te vît, toi, que ta femme. Elle t'a vu, et elle est partie. Tout est pour le mieux, et t'en voilà quitte comme un galant homme. Quel mal y a-t-il à cela?

ANDRÉ.

Quel mal? Il y a que cela ne devrait pas être ainsi.

LE COMTE.

Qu'est-ce qui te prend?

ANDRÉ.

Il me prend que j'aime ma femme; que je veux la rendre heureuse; que j'ai arrangé ma vie et que je ne veux plus que rien vienne la déranger.

LE COMTE.

C'est pour moi que tu dis cela?

ANDRÉ.

Ce n'est pas pour toi; mais, s'il suffit à tous les gens que j'ai connus, et que je ne veux plus voir, de s'adresser à toi pour...

LE COMTE.

Tu me fais une scène?

ANDRÉ.

Non, mais...

LE COMTE.

Non, mais tu en as bien envie. Veux-tu que je te dise mon opinion? Tu es parfaitement ridicule.

ANDRÉ.

Peut-être; mais j'ai résolu d'être ainsi.

LE COMTE.

Où veux-tu en venir avec tes mais et tes résolutions? Suis-je de trop dans la maison? Dis-le-moi...

ANDRÉ.

Ce n'est pas toi qui es de trop dans la maison, ce sont les gens que tu y laisses entrer.

LE COMTE.

Les gens que j'y laisse entrer sont les gens à qui tu en as montré le chemin. Il fallait régler les comptes de ton cœur avant de te marier, pour n'avoir plus rien à payer après. Tu es marié, tu aimes ta femme; je serais le premier à prendre parti contre toi, s'il en était autrement; mais il ne faut pas non plus tomber dans la morale de convention. Avant d'être marié, avant tout, tu es gentilhomme... Or, la moindre chose qu'on puisse exiger d'un gentilhomme, c'est qu'il soit au moins poli avec toutes les femmes, et surtout avec une femme dont il est aimé, et tu n'as pas même été poli avec celle-là.

ANDRÉ.

Tu as raison.

LE COMTE.

Certainement j'ai raison, et tu es bien heureux d'en être quitte à si bon marché : une petite scène et quelques lettres...

ANDRÉ.

Comment! quelques lettres?

LE COMTE.

Après ça, elle ne t'écrira peut-être pas. Si, cependant! C'est une sentimentale de Touraine! Ça écrit beaucoup, ces femmes-là!

ANDRÉ.

Elle t'a dit qu'elle m'écrirait?

LE COMTE.

Et je l'y ai fort engagée... J'aime mieux la voir t'écrire que la voir revenir. Une fois passe, mais elle n'est pas amusante! Les lettres, on ne les lit pas!

ANDRÉ.

Tu lui as conseillé de m'écrire?

LE COMTE.

Oui, c'était le meilleur moyen.

ANDRÉ.

Tu as très bien fait! Seulement, ses lettres ne me trouveront pas!

LE COMTE.

Parce que?...

ACTE TROISIÈME.

ANDRÉ.

Parce que je vais partir et que je ne dirai certainement pas où je serai.

LE COMTE.

Tu vas partir?

ANDRÉ.

Oui!

LE COMTE.

Quelle raison as-tu de partir?

ANDRÉ.

Tu veux que je reste ici à attendre des lettres dont une seule, trouvée par Hélène, peut détruire toute sa confiance et tout mon bonheur!

LE COMTE.

Il n'y a pas de danger! (Mouvement d'André.) Veux-tu me permettre de placer un mot, un seul? J'ai tout prévu, je ne suis pas aussi maladroit que tu veux bien le croire!... J'ai dit à cette dame d'adresser ses lettres à mon nom, en ayant bien soin de ne pas te nommer une seule fois dedans et de faire une petite croix sur l'enveloppe, une petite croix, tu sais. De cette façon, supposons que ta femme trouve une de ces lettres, tu es blanc comme neige; c'est moi le scélérat!

ANDRÉ.

C'est très ingénieux!...

LE COMTE.

Tu m'en veux?...

ANDRÉ.

Oh! non.

LE COMTE.

Alors, il ne sera plus question de voyage?...

Hélène entre.

SCÈNE VII

Les Mêmes, HÉLÈNE.

ANDRÉ.

Ma femme !...

Le comte donne les mains à Hélène.

HÉLÈNE, entrant

Me voici prête. Es-tu prêt ?

ANDRÉ.

Oui.

LE COMTE.

Hélène et moi, nous devions dîner chez madame de Parreins. Tu y dîneras avec elle, et tu m'excuseras de n'y pouvoir aller.

HÉLÈNE.

Qu'avez-vous ? Vous paraissez ému.

LE COMTE.

Je n'ai rien, chère enfant !...

Il lui donne la main.

HÉLÈNE, à André.

Qu'as-tu donc ?... Tu sembles contrarié.

ANDRÉ.

Tu te trompes, chère amie !... (Il l'embrasse.) Viens...

HÉLÈNE, au comte.

André reviendra vous chercher à six heures... J'espère que vous aurez changé d'avis... et que vous dînerez avec nous.

JOSEPH, annonçant.

M. de Tournas...

ANDRÉ.

Pourquoi annonce-t-on M. de Tournas ici ?

LE COMTE.

On lui aura dit que j'étais chez toi, et, comme il te connaît... Veux-tu qu'on le renvoie? Mais il ne sait peut-être pas où aller dîner...

ANDRÉ, à Joseph.

Faites entrer... (Joseph sort.) Autant qu'il sache tout de suite à quoi s'en tenir sur nos relations futures.

DE TOURNAS, entrant.

Bonjour, mon cher comte... — Ah! c'est vous, mon cher André... (Voyant Hélène.) Madame...

ANDRÉ.

Je vous demande pardon, mon cher monsieur de Tournas, si je vous quitte sitôt; mais, madame et moi, nous sommes attendus.

Il salue très froidement et sort.

SCÈNE VIII

LE COMTE, DE TOURNAS.

DE TOURNAS.

On ne peut pas appeler cela être reçu à bras ouverts; qu'en pensez-vous, cher ami?

LE COMTE.

André est un peu pressé, en effet.

DE TOURNAS.

Vous savez, mon cher Fernand, l'amitié que j'ai pour vous; mais, comme vous vivez avec votre fils, et que c'est votre fils, après tout, si cela vous embarrasse de me recevoir, profitez de l'occasion pour me le dire, elle est bonne. Je n'ai jamais été importun, cependant. Il m'a rendu un service, c'est vrai, mais il n'est pas le seul, et l'on ne me le reproche ainsi nulle part. Je ne me suis pas encore acquitté, mais j'espère bien un jour... Enfin, faut-il m'en aller?

LE COMTE.

Pas le moins du monde. Ne faites pas attention à la mauvaise humeur d'André. Elle existait avant votre visite : une petite discussion.

DE TOURNAS.

Entre vous?

LE COMTE.

Oui.

DE TOURNAS.

Rien de sérieux, cependant?

LE COMTE.

Bien entendu. Il avait raison, du reste, et c'est sans importance. Parlons de vous. Qu'est-ce que vous devenez?

DE TOURNAS.

Oh! moi, c'est toujours la même chose; et je venais vous voir justement pour savoir du neuf. On ne vous rencontre plus nulle part. On dirait que c'est vous qui êtes marié. Quel changement! Du reste, il vous va bien, vous avez une mine! Vous êtes rajeuni de dix ans, c'est à donner envie de vous imiter. N'importe, il doit y avoir des moments difficiles pour un homme qui menait la vie bon train.

LE COMTE.

Ah! oui, quelquefois; mais il faut se faire une raison.

DE TOURNAS.

Enfin, vous êtes heureux, vous vous portez bien, voilà l'important; vous êtes toujours bon et affectueux pour vos anciens amis; vous êtes de la bonne race, vous. A quelle heure peut-on venir vous voir, de temps en temps, sans vous déranger et sans crainte de rencontrer votre fils?

LE COMTE.

Le matin, venez déjeuner avec moi.

DE TOURNAS.

C'est cela... je viendrai déjeuner un de ces matins avec vous.

Il fait mine de s'en aller.

LE COMTE.

Vous vous en allez?

DE TOURNAS.

Oui, j'ai vraiment peur d'être mal arrivé aujourd'hui; et puis vous semblez avoir quelque chose à faire...

LE COMTE.

Rien absolument.

DE TOURNAS.

Si.

LE COMTE.

Non, rien du tout. Voulez-vous dîner avec moi?

DE TOURNAS.

Aujourd'hui?

LE COMTE.

Ce soir.

DE TOURNAS.

Ce soir? Oh! ce soir, impossible! Je donne moi-même à dîner à quelqu'un. Cela vous étonne?

LE COMTE.

Mais non, c'est tout simple.

DE TOURNAS.

Je donne à dîner à madame de la Borde. Je vous offrirais bien de dîner avec nous, mais un homme aussi rangé!

LE COMTE.

Vous la voyez toujours?

DE TOURNAS.

Nous ne nous quittons plus... En tout bien, tout honneur! Comme vous pensez, elle me donne souvent... (Se reprenant.) quelquefois à dîner; et de temps en temps, à mon tour, quand j'ai un peu d'argent, je la mène au cabaret... Nous dînons ce soir aux Provençaux tous les deux; ça vous va-t-il?

LE COMTE.

Merci.

DE TOURNAS.

Merci non?

LE COMTE.

Merci non.

DE TOURNAS.

Je n'insiste pas; mais, entre nous, vous avez tort.

LE COMTE.

Pourquoi?

DE TOURNAS.

D'abord, parce que cela me ferait plaisir, à moi; puis parce que cela lui ferait plaisir, à elle.

LE COMTE.

Oh! à elle... Nous ne devons pas être très bien ensemble.

DE TOURNAS.

Vous vous trompez, vous l'avez quittée brusquement, à l'époque du mariage de votre fils; mais c'est une femme intelligente, qui a compris vos raisons et gardé de vous le meilleur souvenir; elle vous défend...

LE COMTE.

On m'attaque donc?

DE TOURNAS.

On vous attaque comme tout le monde; et il est des occasions...

LE COMTE.

Quelles occasions?

DE TOURNAS.

De certaines occasions...

LE COMTE.

Mon cher Tournas, j'ai horreur des énigmes; si vous voulez me dire quelque chose, dites-le moi, mais dites-le moi clairement.

DE TOURNAS.

Tenez, l'autre jour, justement devant Albertine, on parlait de votre conversion, et l'on plaisantait, et l'on vous comparait à mademoiselle de la Vallière... « Chagrin d'amour!... » a dit quelqu'un.

LE COMTE.

Comment? chagrin d'amour?...

DE TOURNAS.

Je vous répète ce que j'ai entendu dire, moi... Il paraît que vous avez été amoureux de mademoiselle de Brignac, que vous avez voulu l'épouser, et qu'elle a mieux aimé votre fils...

LE COMTE.

Mademoiselle de Brignac n'a jamais eu à préférer l'un à l'autre; elle n'a jamais entendu parler que de l'amour d'André, et c'est moi...

DE TOURNAS.

Vous n'empêcherez pas les gens de causer, cher ami, surtout d'un homme aussi en vue que vous. Eh bien, on causait, et il y avait deux camps. Les uns disaient que mademoiselle de Brignac avait eu raison d'épouser le fils; les autres, Albertine était du nombre, et, du reste, elle l'avait bien prouvé antérieurement, soutenaient qu'ils auraient préféré le père. Moi, je suis aussi de cet avis-là... — quand une femme, très jolie, ma foi, se rangeant de notre côté, ajouta que la jeune femme, à force de vivre avec vous deux, reconnaîtrait un jour son erreur, et regretterait d'avoir préféré l'un à l'autre, et que, tôt ou tard, il y aurait brouille entre le père et le fils... Pour ma part, j'ai soutenu le contraire, parce qu'il faut toujours défendre ses amis; mais, de vous à moi, je la crois dans le vrai, et, quand vous m'avez dit, tout à l'heure, que vous veniez d'avoir une discussion avec votre fils... ma foi!...

LE COMTE.

Mais cette discussion n'avait aucun rapport...

DE TOURNAS.

Parbleu! vos discussions n'auront jamais lieu pour la cause véritable; mais tout servira de prétexte... Vous direz ce que vous voudrez... André est jaloux de vous.

LE COMTE.

Jaloux de moi?... Vous rêvez!...

DE TOURNAS.

Et vous, vous êtes plus malin que vous ne voulez en avoir l'air.

LE COMTE.

Plus malin... Je veux être pendu si je comprends un mot de ce que vous me dites.

DE TOURNAS.

Vous faites votre coquet, et, le jour où vous vous apercevrez qu'André perd à la comparaison... eh bien, ce jour-là vous ne serez pas fâché de votre découverte.

LE COMTE.

Vous êtes fou, mon cher!

DE TOURNAS.

Soit!... mais voulez-vous faire un pari?

LE COMTE.

Un pari?

DE TOURNAS.

Oui... un pari avec moi... pas cher... parce que je ne

suis pas riche, et c'est malheureux... car je pourrais vous gagner une grosse somme...

LE COMTE.

Après ?...

DE TOURNAS.

Votre fils, en s'en allant, était de mauvaise humeur.

LE COMTE.

C'est vrai.

DE TOURNAS.

Devez-vous le revoir aujourd'hui ?

LE COMTE.

Il va revenir tout à l'heure.

DE TOURNAS.

Eh bien, je vous parie vingt-cinq louis que si vous lui dites : « Je pars pour un voyage d'un an, » sans lui dire la cause ni le but du voyage, je parie que non seulement il vous laisse partir, mais qu'il redevient parfaitement gai à cette nouvelle ?... Pariez-vous ?

LE COMTE.

Je parie que non.

DE TOURNAS.

C'est dit, alors ?

LE COMTE.

C'est dit.

DE TOURNAS.

Et si j'ai gagné ?...

LE COMTE.

Si vous avez gagné... je vais vous le dire ce soir, aux Provençaux, et je dîne avec vous.

DE TOURNAS.

Voilà qui est parlé, à la bonne heure !

Il tape dans la main du comte.

JOSEPH, *annonçant.*

Madame Godefroy.

DE TOURNAS.

Je vous quitte. (Madame Godefroy entre.) Votre santé est bonne, madame?...

MADAME GODEFROY.

Très bonne, monsieur... Mais...

DE TOURNAS.

Vous ne me reconnaissez pas, madame?... Moi, je vous reconnais; j'ai eu l'honneur de me trouver un matin, avec vous, chez le vicomte de la Rivonnière.

MADAME GODEFROY.

Ah! c'est vrai... monsieur... Je vous demande pardon.

Ils se saluent.

DE TOURNAS, *au comte.*

Au revoir, cher... au revoir!...

Il sort.

SCÈNE IX

LE COMTE, MADAME GODEFROY.

MADAME GODEFROY.

Je venais voir les enfants... Ils sont sortis, à ce qu'il paraît?...

LE COMTE.

Oui.

MADAME GODEFROY.

Comment allez-vous?

LE COMTE.

Très bien; je vous remercie.

MADAME GODEFROY.

Hélène va-t-elle rentrer?

ACTE TROISIÈME.

LE COMTE.

Non; elle dîne dehors avec André...

MADAME GODEFROY.

Et vous?

LE COMTE.

Non.

MADAME GODEFROY.

Vous dînez autre part?

LE COMTE.

Je n'en sais rien encore...

MADAME GODEFROY.

Voulez-vous dîner avec moi?

LE COMTE.

Non, merci.

MADAME GODEFROY.

Qu'est-ce que vous avez?

LE COMTE.

Je n'ai rien.

MADAME GODEFROY.

Si, vous paraissez préoccupé.

LE COMTE.

Oui, je suis très troublé...

MADAME GODEFROY, avec intérêt.

Qu'avez-vous?...

LE COMTE.

Vous me connaissez depuis longtemps.

MADAME GODEFROY.

Eh bien?

LE COMTE.

Il faut que je vous demande quelque chose, mais vous répondrez bien sincèrement?

MADAME GODEFROY.

Demandez.

LE COMTE.

Suis-je un honnête homme?

MADAME GODEFROY.

Vous?

LE COMTE.

Moi!

MADAME GODEFROY.

Vous plaisantez?

LE COMTE.

Enfin, même au milieu de mes désordres passés, avez-vous entendu dire que j'eusse commis une infamie, une lâcheté, une indélicatesse, et vous, m'en croyez-vous capable?

MADAME GODEFROY.

Une infamie, une lâcheté, une indélicatesse. Quels sont ces mots-là?

LE COMTE.

Ce sont les seuls, et le dernier est trop doux.

MADAME GODEFROY.

Mais enfin?

LE COMTE.

Devinez ce dont on m'accuse!

MADAME GODEFROY.

Je l'ignore, mon ami.

LE COMTE.

Cet homme que vous venez de voir, qui me connaît depuis vingt-cinq ans (il est vrai que son honorabilité est douteuse, mais enfin il ne suffit pas d'être bien jugé par les gens honorables), cet homme se figure, et il trouve cela tout simple, que mon fils est jaloux de moi au sujet de sa femme, que, moi, je fais ce que je peux pour donner raison à cette jalousie, et qu'André serait enchanté de me voir partir. Qu'en dites-vous?

MADAME GODEFROY.

Rien.

LE COMTE.

Comment! rien?

MADAME GODEFROY.

Tout cela est possible, mon pauvre ami!

LE COMTE.

Possible! Vous aussi, alors?

MADAME GODEFROY.

Oh! mon avis, à moi, est que les gens qui vous connaissent ne sauraient se tromper sur votre compte; mais ceux, et c'est le plus grand nombre, qui n'ont entendu parler que de votre luxe, de vos prodigalités, de vos amours, sont prêts à accueillir sur vous les contes les plus ridicules; or, l'opinion est faite par le plus grand nombre, et elle n'a pas de terme moyen. Pour elle, du moment qu'on est entré dans certaines habitudes, on est capable de tout. Certes, il est original et amusant de traiter son fils en ami, en camarade, en compagnon, et de lui laisser voir tout ce qu'on fait; mais à une condition, c'est que toutes vos actions seront ses exemples, sinon elles deviendront ses excuses, le jour où il lui plaira de se mal conduire. Êtes-vous bien sûr que toutes vos actions pouvaient et devaient être connues de votre fils?... Vous vous êtes donc trompé, mon ami. Suivez l'opinion depuis votre jeunesse, écoutez ses flatteries, ses hésitations, son arrêt... « Connaissez-vous ce jeune comte Fernand de la Rivonnière qui vient d'arriver à Paris avec sa femme?... Il est charmant, il a un enfant adorable, ils sont heureux... ils le méritent bien. — Madame de la Rivonnière est morte. — Comment! cette ravissante femme?... Quel malheur! — Le mari est inconsolable!... — Pauvre jeune homme!... Toutes les femmes sont pour lui. — Au bout de deux ans, il reparaît dans le monde. — Ah! il se console. — Il ne peut pourtant pas pleurer toute sa vie! A vingt-quatre ans! — Comme il reçoit bien! — Les beaux chevaux!... les belles chasses!... les excellents dîners!... la bonne maison!... Il est donc bien riche? — Trois ou quatre fois millionnaire. — Oh! oh! c'est beaucoup dire. — Il mange un peu du capital. — On dit qu'il est l'amant de la baronne de... de la comtesse de... de la duchesse de... — Son fils a quinze ans; l'avez-vous vu?... Son père le conduit partout. — Il a tort. — Il a raison. — Qu'il prenne garde! le jeune homme a une maîtresse. — Ah! ah! — Une fille de théâtre. — Que dit son père?... — Le père trouve cela tout naturel; comment voulez-vous que le père, qui a été un viveur, empêche son fils d'en être un? Bon chien chasse de race. — Vous savez que les la Rivonnière sont ruinés ou peu s'en faut. — Cela devait finir ainsi; mais le père va se marier avec mademoiselle de Brignac. — Est-ce possible? — C'est certain. — Vous connaissez la nouvelle? C'est le fils qui a épousé mademoiselle de Brignac, et c'est le père qui a fait le mariage. — Et le père?... — Il vit avec les jeunes époux; et il est rangé. — Allons donc! il y a quelque chose là-dessous... Lui, rangé?... c'est impossible!... Il est amoureux, bien sûr. — De qui?... — De mademoiselle de Brignac. — Mais... mais mademoiselle de Brignac est la femme de son fils. — Qu'importe? oh! vous ne le connaissez pas... lui!... un libertin, un débauché! — Au fait, pourquoi pas?... Il conduit sa bru au bal... au spectacle... pendant que son fils est absent. Il ne laisse approcher personne. Il est jaloux... il la couvre de présents, il achève de se ruiner pour elle... C'est un scandale! — Alors, il est l'amant de sa bru?... — Il l'était peut-être avant!... qui sait? — Oh! »

LE COMTE.

Infamie! et quel est le misérable?...

MADAME GODEFROY.

Ce misérable, c'est on ne sait qui, et, le jour où vous chercherez querelle à quelqu'un à ce sujet, ce ne sera plus personne, ce sera tout le monde.

LE COMTE.

Et vous croyez qu'André lui-même?...

MADAME GODEFROY.

Je crois votre fils incapable d'une supposition indigne de vous et de lui... Il vous aime comme par le passé, j'en suis certaine; seulement, il aime sa femme comme vous aimiez la vôtre, et il veut la voir heureuse et respectée. Il craint donc, non pas que vous lui donniez de mauvais conseils, mais que vos habitudes ne la détournent de la route qu'il veut qu'elle suive; alors...

LE COMTE.

Alors, il serait enchanté d'être débarrassé de moi!

MADAME GODEFROY.

Vous le calomniez.

LE COMTE.

Nous allons bien le savoir; le voici...

SCÈNE X

Les Mêmes, ANDRÉ.

ANDRÉ, entrant, toujours un peu maussade.

Bonjour, chère madame! Hélène sera bien contrariée de ne pas vous avoir vue; elle ira vous embrasser demain. (A son père.) Je viens m'habiller et te prendre, si tu dînes avec nous...

LE COMTE.

Je dîne dehors... je te remercie.

ANDRÉ.

Alors, je te quitte. — Je vous demande pardon, chère madame, mais je suis en retard... — Te verra-t-on dans la soirée?...

LE COMTE.

Je ne pense pas.

ANDRÉ.

Alors, à demain.

LE COMTE.

Dis-moi?...

ANDRÉ.

Qu'y a-t-il?

LE COMTE.

J'ai un projet sur lequel je voulais te consulter.

ANDRÉ.

Quel projet?

LE COMTE.

Un projet de voyage.

ANDRÉ.

Ah! de voyage prochain?

LE COMTE.

Oh! mon Dieu, je partirais demain ou après-demain.

ANDRÉ.

Pour?...

LE COMTE.

Pour l'Italie.

ANDRÉ.

C'est une bonne idée. Toutes tes affaires sont terminées, rien ne te retient à Paris.

ACTE TROISIÈME.

LE COMTE.

Ainsi, tu m'approuves?

ANDRÉ.

Parfaitement.

LE COMTE.

Tu n'as pas envie de m'accompagner avec Hélène?

ANDRÉ.

Maintenant... non... Plus tard... peut-être irons-nous te rejoindre. Si tu as besoin d'argent?...

LE COMTE.

Je m'adresserai à toi, naturellement. Allons, va, mon ami, va, ta femme t'attend. Je te reverrai avant mon départ.

ANDRÉ, gaiement.

Je l'espère bien... — Au revoir, madame, à bientôt.

Il donne la main à son père et sort.

SCÈNE XI

MADAME GODEFROY, LE COMTE.

LE COMTE, très ému.

Vous vous trompiez, chère amie, mon fils ne m'aime plus.

ACTE QUATRIÈME

Chez le comte.

SCÈNE PREMIÈRE

ALBERTINE, DE NATON, JOSEPH.

ALBERTINE, à Joseph qui entre. Elle écrit à une table.

Il n'y a pas là tous les comptes du mois.

JOSEPH.

Je vais les apporter.

ALBERTINE, à Naton, sans se retourner.

A quoi devons-nous votre aimable visite, mon cher Naton?

DE NATON.

Vous m'avez écrit que vous ne pouviez plus me recevoir. Je désire donc avoir une explication avec vous.

ALBERTINE.

Pourquoi? Lorsqu'une femme écrit à un homme qu'elle ne peut plus le recevoir, elle n'a rien à lui expliquer.

DE NATON.

Cela dépend des droits que cet homme avait dans la maison.

JOSEPH, rentrant.

Voici le reste des comptes.

ALBERTINE.

Maintenant, demandez le menu au cuisinier. (Joseph sort. — A Naton.) « Des droits que cet homme avait dans la maison... » Je ne saisis pas bien le sens de la phrase.

DE NATON.

J'ai payé hier cinquante mille francs de lettres de change que j'avais souscrites pour vous!

ALBERTINE.

Du moment que vous les aviez souscrites, il fallait bien les payer.

DE NATON.

Mais, quand on a fait cinquante mille francs de lettres de change pour une femme, il me semble qu'on a au moins le droit d'être reçu par elle.

ALBERTINE.

Mon Dieu, que vous êtes ennuyeux avec vos cinquante mille francs! Vous en parlez toujours... Auriez-vous le fol espoir que je vous les rende? Du reste, je vous reçois, puisque vous êtes là.

DE NATON.

Je ne suis pas chez vous, je suis chez le comte.

ALBERTINE.

Je n'en ai que plus de mérite à vous recevoir.

DE NATON.

On m'avait bien prévenu de ce qui m'arrive aujourd'hui.

ALBERTINE.

On vous avait prévenu, et vous continuiez! C'est votre faute, alors. (Joseph entre et remet le menu à Albertine. — A Naton.) Vous permettez?... (A Joseph.) C'est cela; mais pas de perdreaux... Un poulet, simplement.

JOSEPH.

Quels vins?

ALBERTINE.

J'irai à la cave moi-même. (Joseph sort. — A Naton.) Je vous demande pardon... Vous disiez?...

DE NATON.

Ainsi, vous ne m'avez jamais aimé?

ALBERTINE.

Jamais, mon ami.

DE NATON.

Vous me l'avez dit, cependant...

ALBERTINE.

Que je vous aimais?... Oh! oui, on dit ces choses-là... mais cela ne signifie rien. Une femme n'aime qu'un homme qu'elle reconnaît supérieur aux autres et à elle-même, soit par l'esprit, soit par le cœur, soit par le caractère; mais des hommes comme vous, mon cher Naton, il ne faut pas vous le dissimuler, il y en a partout!... Celui-ci est la photographie de celui-là, et la nature en tire autant d'épreuves qu'elle veut, sans se fatiguer le moins du monde!...

DE NATON.

Mais, moi, je vous aimais!

ALBERTINE.

Non; vous êtes venu chez moi pour faire comme les autres. Un homme d'un certain cercle doit pouvoir dire à une certaine heure, en passant la main dans ses cheveux : « Je vais chez Titine ou chez Loulou! » Vous ne pouvez plus venir chez Titine, allez chez Loulou. Ce sera exactement la même chose. Lorsque vous aurez fait cet exercice-là pendant dix ans, vous serez ruiné, mais vous aurez un surnom à votre tour, et l'on vous appellera « Bibi ». Allez-vous-en donc, c'est ce que vous avez de mieux à faire, et, si la leçon vous profite, vous n'aurez pas à vous en plaindre. Cinquante mille francs, ça n'aura pas été cher! Avez-vous encore quelque chose à me dire?...

DE NATON.

Ma mère a payé mes dettes... je vais donc retrouver autant d'argent que je voudrai... Si je vous disais...

ALBERTINE.

Alors, mes belles paroles ne servent de rien?

DE NATON.

Écoutez-moi...

ALBERTINE.

Inutile. Je ne veux ni ne peux recevoir personne.

DE NATON.

C'est votre dernier mot?

ALBERTINE.

Non, c'est l'avant-dernier; le dernier, c'est adieu!...

DE NATON.

Décidément?...

ALBERTINE.

Décidément.

DE NATON.

Eh bien, je vais chez Loulou.

ALBERTINE.

Allez chez Loulou, c'est une bonne idée.

SCÈNE II

Les Mêmes, DE TOURNAS.

DE TOURNAS.

Et dites-lui bien des choses de ma part... Est-ce moi qui vous fais sauver?

DE NATON.

Non, on me met à la porte!...

DE TOURNAS.

C'est autre chose, alors, mon jeune ami... Recevez mes compliments de condoléance. Tout a une fin. On ne peut pas être et avoir été! Allons, adieu!...

DE NATON.

Adieu!...

Il sort.

ALBERTINE, qui montre les meubles à Joseph, qu'elle a sonné pendant ce temps-là.

Ces meubles-là ne sont pas essuyés.

JOSEPH.

Mais...

ALBERTINE.

Je ne veux pas d'observations.

JOSEPH.

Cependant, M. le comte...

ALBERTINE.

M. le comte n'a rien à voir là-dedans. Voulez-vous rester ici, oui ou non?

JOSEPH.

Oui.

ALBERTINE.

Alors, faites-moi le plaisir de dire : « Oui, madame, » et allez-vous-en.

JOSEPH.

Oui, madame. (Sortant, à part.) Jouis de ton reste, va! Ça ne durera pas longtemps, c'est moi qui te le dis...

Il sort.

SCÈNE III

ALBERTINE, DE TOURNAS.

ALBERTINE.

Si vous croyez qu'il est facile de mettre de l'ordre dans cette maison-ci, vous vous trompez...

DE TOURNAS.

Ces pauvres gens! ils sont domestiques!...

ALBERTINE.

Qui est-ce qui n'est pas le domestique de quelqu'un? Avez-vous fait mes commissions?

DE TOURNAS.

J'ai vu votre marchande de modes. Vous aurez ce soir votre chapeau, tout pareil à celui de la comtesse de Seyac. Je suis allé chez votre cordonnier, j'ai payé votre note. La voici acquittée, avec la monnaie qui vous revient. Je lui ai dit que vous ne vouliez payer vos bottines de satin que vingt francs. C'est convenu, mais pour vous seule. Sa femme m'a chargé de vous présenter ses respects. J'ai vu votre homme d'affaires. Le comte a reçu de lui quarante mille francs. Il a souscrit une lettre de change de même somme, payable l'année prochaine; il m'a même chargé d'aller dire à son notaire de l'accepter, ce que je vais faire tout à l'heure; mais je voulais vous voir auparavant pour prendre vos ordres...

ALBERTINE.

Le comte ne se doute pas d'où vient l'argent qu'il a emprunté?

DE TOURNAS.

Non. Je lui ai présenté votre homme d'affaires comme un ami à moi, trop heureux de l'obliger... au taux légal... sur sa seule signature... et j'avoue même que je serais curieux de savoir quel intérêt vous avez à faire prêter de l'argent à cinq.

ALBERTINE.

Soyez sûr que j'en ai un.

DE TOURNAS.

Maintenant, il y a d'autres nouvelles...

ALBERTINE.

Quoi donc?

DE TOURNAS.

André est revenu de Venise.

ALBERTINE.

Et il est?

DE TOURNAS.

A Fontainebleau, dans un hôtel, avec sa femme, depuis huit jours.

ALBERTINE.

Comment avez-vous su cela?

DE TOURNAS.

Par le comte.

ALBERTINE.

Le père et le fils se sont vus?

DE TOURNAS.

Non; au contraire. André n'a pas informé le comte de son retour. Fernand l'a appris indirectement, et c'est lui qui m'a prié d'aller m'assurer si le fait était vrai. Je m'en suis assuré, et je vous en informe à votre tour.

ALBERTINE.

Merci!

DE TOURNAS.

Qu'allez-vous faire?

ALBERTINE.

Emmener le comte. — Il est inutile que nous habitions le même pays André et nous.

DE TOURNAS.

Vous avez raison; mais moi?

ALBERTINE.

N'avez-vous pas votre affaire de succession?

ACTE QUATRIÈME

DE TOURNAS.

Plaisantez-moi... c'est généreux!

ALBERTINE.

J'ai prié le comte de s'occuper de vous et de vous trouver une place...

DE TOURNAS.

Une place?... Je vous remercie bien... Cela me fera de le peine de vous voir partir, car je suis attaché à vous et au comte... à vous surtout. Mais vous me donnerez de vos nouvelles, n'est-ce pas? Le principal est que vous soyez heureuse...

ALBERTINE.

Vous êtes un malin.

DE TOURNAS.

Parce que?...

ALBERTINE.

Parce que vous avez votre idée à mon sujet... et elle n'est pas mauvaise... On ne sait pas ce qui peut arriver. En attendant, vous n'avez pas déjeuné?

DE TOURNAS.

Non.

ALBERTINE.

Eh bien, faites-vous servir à déjeuner, et puis passez chez le notaire du comte...

DE TOURNAS.

Et, en même temps, j'irai chez Sanfourche, savoir des nouvelles de votre petit chien.

ALBERTINE.

C'est cela.

JOSEPH, annonçant.

M. de Ligneraye.

ALBERTINE.

M. de Ligneraye! — Est-ce moi ou le comte que M. de Ligneraye demande?

JOSEPH.

C'est madame.

ALBERTINE.

Faites entrer. (Joseph sort.) Il va y avoir du nouveau! Je vous raconterai cela... Revenez vite.

DE TOURNAS.

Soyez tranquille.

Il sort par la gauche.

SCÈNE IV

DE LIGNERAYE, ALBERTINE.

DE LIGNERAYE, entrant par le fond et saluant avec une fausse cérémonie.

Madame...

ALBERTINE, même jeu.

Monsieur...

DE LIGNERAYE.

C'est bien à madame de la Borde que j'ai l'honneur de parler?...

ALBERTINE.

Et moi, à M. de Ligneraye?

DE LIGNERAYE.

Lui-même.

ALBERTINE.

Donnez-vous donc la peine de vous asseoir. (Il s'assied, elle aussi.) Maintenant, voyons ton petit discours?

DE LIGNERAYE.

Tu supposes donc?

ACTE QUATRIÈME.

ALBERTINE.

Je suppose que, si tu viens me chercher jusque chez le comte, c'est que tu as quelque chose à me dire.

DE LIGNERAYE.

C'est vrai.

ALBERTINE.

Voyons.

DE LIGNERAYE.

Combien veux-tu pour me rendre le père la Rivonnière?

ALBERTINE.

Rien; j'aime mieux le garder.

DE LIGNERAYE.

Alors, ce n'est pas une affaire ordinaire.

ALBERTINE.

Non.

DE LIGNERAYE.

Je m'en doutais.

ALBERTINE.

Tu es si fin!

DE LIGNERAYE.

Peut-être, et ma finesse trouve que la tienne s'est donné bien du mal pour en arriver à une situation sans résultat.

ALBERTINE.

Si elle devait être sans résultat, tu ne m'offrirais pas de l'acheter. Ensuite, ma finesse ne s'est donné aucun mal pour ramener le comte chez moi. Je désirais le revoir, j'en conviens... j'avais bâti sur lui une petite combinaison. J'ai laissé passer quelque temps après le mariage de son fils, et, un beau jour, j'ai envoyé Tournas lui faire une visite.

DE LIGNERAYE.

Et alors, c'est pendant cette visite que Tournas a répété au conte?

ALBERTINE.

Ce qu'il avait entendu dire chez moi de lui et de sa bru.

DE LIGNERAYE.

Propos qui était une infamie.

ALBERTINE.

Des plus grandes.

DE LIGNERAYE.

Ainsi, tu n'y crois pas?

ALBERTINE.

Je n'y ai jamais cru. Le comte avait besoin de distractions. Je l'emmène à la campagne pendant deux jours... Là-dessus, une maladresse. André part avec sa femme pour aller rejoindre madame de Chavry et toi, car tu es toujours où est madame du Chavry... Sois tranquille, je ne dirai pas de mal d'elle... Je ne dis jamais de mal des femmes du monde. Nous n'avons pas besoin de cela, la bêtise des hommes nous suffit... Quand le comte rentre chez lui, il ne trouve plus personne. Les adversaires avaient abandonné la position... Je m'en empare. Tu vois que ma finesse n'a pas eu grand'chose à faire... Depuis deux mois, le comte ne me quitte pas... Scandale!... Comment rompre cette liaison?... André et sa femme reviennent en France, ils s'installent à Fontainebleau pour surveiller la position. Tu es revenu avec eux. Et toi qui es fin, toi, l'ami pour tout faire, tu dis à André : « Soyez tranquille, je connais Albertine, c'est une femme qui ne tient qu'à l'argent... Voulez-vous faire un sacrifice de trente à quarante mille francs? Oui? Eh bien, attendez-moi, je vais faire l'affaire... » Est-ce cela?

DE LIGNERAYE.

A peu près.

ALBERTINE.

Eh bien, tu t'es trompé.

DE LIGNERAYE.

Alors, tu as un but : tu veux ruiner le comte?... Eh bien, je dois te déclarer...

ALBERTINE.

Qu'il n'a plus qu'une rente de quarante mille francs, et qu'il ne peut toucher au capital; aussi je tiens sa maison avec la plus grande économie possible. Les armoires sont pleines de linge tout neuf, bien rangé; les caves sont remplies d'un bon vin de propriétaire, et j'en ai les clefs. Je paye tout comptant, et les domestiques sont polis. Plus de parasites... excepté Tournas; mais, lui, il est arrivé à faire partie de la maison : c'est un meuble. Et le comte trouve tout cela charmant... Le voilà initié aux mystères de l'économie... Dans trois mois, il comptera lui-même le linge de la blanchisseuse; dans six mois, il sera avare... Quant à moi, je n'ai pas encore accepté un bouquet de violettes... Tu vois que son fils n'a rien à craindre !

DE LIGNERAYE.

De ce côté-là peut-être; car, alors, tu vises plus loin... tu veux te faire épouser...

ALBERTINE.

A quoi cela me mènerait-il?

DE LIGNERAYE.

A être comtesse de la Rivonnière

ALBERTINE.

Pour qui? Pour les domestiques et les fournisseurs, qui se moqueraient de moi dès que j'aurais le dos tourné, et pour le commissaire des morts le jour de mon décès?... Pourquoi me marierais-je?... Pour avoir un nom honorable?... Mais l'homme qui m'épouserait cesserait d'être honorable en m'épousant, et son nom perdrait toute sa valeur en passant de lui à moi... Est-ce qu'on nous épouse, quand on est honnête ?

DE LIGNERAYE.

Voyons, chère amie, si le comte ne te donne ni son nom ni son argent, qu'est-ce qu'il te donne donc ?

ALBERTINE.

Il me donne le bras.

DE LIGNERAYE.

Je comprends.

ALBERTINE.

Tu sais bien comment ça se termine pour nous, et je le sais bien aussi. Un beau jour, les hommes comme il faut désertent notre maison, si riches que nous soyons, si brillantes que nous ayons été ! Alors, la terreur de la solitude nous prend, et, plutôt que de vivre seules nos dernières années, et de mourir seules surtout, nous choisissons, parmi les aventuriers qui commencent à nous entourer, celui qui a le plus peur de l'hôpital pour ses vieux jours, et nous lui achetons son nom et sa compagnie pour la table et le logement.

DE LIGNERAYE.

Tournas ?

ALBERTINE.

Justement ! Eh bien, franchement, il ne serait pas drôle d'avoir amassé un million pour assurer les vieux jours de ce monsieur. Au reste, je ne tiens pas à ce que le comte et son fils soient brouillés ; qu'ils se voient tant qu'ils voudront, je ne les en empêche pas ; et je n'exige point que madame de la Rivonnière me reçoive.

DE LIGNERAYE.

Tu vaux ton pesant d'or.

ALBERTINE.

Je l'ai bien prouvé !

DE LIGNERAYE.

Mais vous comprenez, à votre tour, chère madame, qu'André ne saurait accepter sans rien dire cette petite combinaison très bien raisonnée, très ingénieuse, mais qui lui interdirait de sortir avec sa femme dans la crainte de rencontrer son père avec vous, ce qui les forcerait tous deux de s'exiler.

ALBERTINE.

Ceci ne me regarde pas ; je prends mon bien où je le trouve. Nous ne pénétrons dans vos familles que par les vides que vous y laissez ; c'est à vous de ne pas vous désunir. Le monde est peuplé de pères et de fils qui ne nous connaissent pas, et sur lesquels nous n'avons et ne pourrions avoir aucune action. C'était au comte et à André de vivre comme ces gens-là.

DE LIGNERAYE.

Vous êtes la raison en personne... Je vais rapporter notre conversation à André, qui m'attend chez moi ; ce sera à lui d'aviser.

ALBERTINE.

Très bien ! J'adore les situations franches ! Je serai enchantée de savoir à quoi m'en tenir, et le plus tôt possible. Tirez, messieurs les Anglais, ne vous gênez pas ! J'entends le comte qui vient de rentrer. Veux-tu que je te laisse seul avec lui ?

DE LIGNERAYE.

Non.

SCÈNE V

Les Mêmes, LE COMTE.

LE COMTE, *entrant sans voir Ligneraye ; il prend les deux mains d'Albertine, et, après les avoir baisées.*

Ouvrez ces belles mains comme cela... (Il les rapproche l'une de l'autre.) Fermez les yeux ! (Lui laissant tomber un collier de perles dans les mains.) De la part de saint Albert, votre patron, dont c'est la fête aujourd'hui.

ALBERTINE.

Vous choisissez bien votre moment. Je viens de dire à M. de Ligneraye que je vous ai rendu économe.

LE COMTE.

Vous aviez raison, et la preuve, c'est que je vous apporte le résultat de mes économies... — Bonjour, mon cher Ligneraye! je vous demande pardon de ne vous avoir pas vu en entrant; mais (Montrant Albertine.) voici mon excuse. (Très froidement et de même pendant toute la scène.) Il est vrai que, depuis longtemps, je n'avais pas entendu parler de vous, et que je ne m'attendais pas à une surprise aussi agréable.

DE LIGNERAYE.

J'arrive de Venise.

LE COMTE.

Vous êtes bien heureux, on n'aime que là. — Quand partons-nous pour Venise, madame?

ALBERTINE.

Quand vous voudrez.

LE COMTE.

Vous savez bien que je vous ai priée de vouloir pour nous deux. (A Ligneraye.) Venez-vous me demander à dîner?

DE LIGNERAYE.

Impossible, je suis attendu.

LE COMTE.

Ce sera pour une autre fois; seulement, hâtez-vous, si vous voulez nous trouver encore à Paris.

DE LIGNERAYE, à lui-même.

Diable, il est froid. — Adieu, mon cher comte.

LE COMTE.

Vous nous quittez déjà?

DE LIGNERAYE.

Au revoir, chère madame.

ALBERTINE.

Au revoir; bonne chance!

DE LIGNERAYE.

Merci!

Il sort. — Le comte donne la main à Ligneraye, le retient un instant comme pour lui parler, puis le laisse partir. Il reste pensif en regardant la porte par laquelle est sorti Ligneraye; Albertine le regarde un instant.

SCÈNE VI

LE COMTE, ALBERTINE.

ALBERTINE, s'approchant du comte, sans qu'il l'entende, et lui touchant l'épaule.

Adieu, mon cher comte!

LE COMTE.

Vous sortez?

ALBERTINE.

Je pars.

LE COMTE.

Où allez-vous?

ALBERTINE.

Très loin!

LE COMTE.

Avec moi?

ALBERTINE.

Seule!

LE COMTE.

Parce que?

ALBERTINE.

Parce que vous ne m'aimez pas!

LE COMTE.

Je ne vous aime pas?

ALBERTINE.

Non. Il vous a suffi de vous retrouver avec un ami de votre fils pour vous en apercevoir, et je n'ai besoin que de ce collier, moi, pour en être sûre! Si vous m'aimiez, vous m'estimeriez un peu et ne vous croiriez pas forcé de me faire de si riches présents; si vous m'aimiez, vous n'auriez pas jeté un regard si triste sur la porte par laquelle vient de s'en aller M. de Ligneraye, l'ami de ceux que vous aimez véritablement. Nous sommes gens d'esprit tous les deux, et nous nous comprenons à demi-mot. J'ai cru que vous m'aimiez, tandis que je n'étais pour vous qu'une distraction pendant un chagrin. Demain, ce chagrin aura disparu, et, moi, je deviendrai inutile! Permettez à mon amour-propre de ne pas attendre jusque-là; donnons-nous la main sans rancune... et adieu!...

LE COMTE.

Je vous ennuie?

ALBERTINE.

Quelle idée!

LE COMTE.

Mais, si vous me quittez, que voulez-vous que je devienne?

ALBERTINE.

Vous irez voir votre fils. Ce n'est pas loin, puisqu'il est à Fontainebleau.

LE COMTE.

Vous savez donc?

ALBERTINE.

Je sais tout, mon pauvre ami!

ACTE QUATRIÈME.

LE COMTE.

Alors M. de Ligneraye est venu ici, comme je m'en doutais, pour se mêler...

ALBERTINE.

Des choses qui regardent vos amis, en somme. Allez donc tout simplement trouver votre fils, car il paraît que c'est vous qui lui devez la première visite. Prenez votre parti. C'est votre fils; vous n'aimez que lui dans le monde; allez le retrouver et demandez-lui pardon...

LE COMTE.

Que j'aille demander pardon à mon fils! Vous plaisantez, ma chère Albertine!

ALBERTINE.

Je ne plaisante pas; vous ne pensez qu'à lui! Le jour où vous vous rencontrerez, vous vous jetterez dans les bras l'un de l'autre; autant vous y jeter tout de suite.

LE COMTE.

Vous vous trompez; tout est fini entre mon fils et moi. Il est des sentiments si délicats, que, comme l'hermine, une seule tache les tue. — Mon fils est marié, il a trouvé le bonheur en dehors de moi, c'est à moi de trouver le bonheur en dehors de lui. Je n'ai plus que vous au monde; libre à vous de m'abandonner; je resterai seul, voilà tout, et votre départ ne changera rien à ma détermination. Vous avez bien vu comment j'ai reçu M. de Ligneraye.

ALBERTINE.

Mais, supposons que je consente à rester, croyez-vous que votre fils me le permette?

LE COMTE.

Et de quel droit vous en empêcherait-il?

ALBERTINE.

Du droit du plus fort.

LE COMTE.

Et par quel moyen?

ALBERTINE.

Tous les moyens sont bons avec mademoiselle Albertine, depuis, je ne dirai pas la calomnie, car malheureusement il n'y a pas besoin de me calomnier, mais depuis la vérité, que l'on vous répétera sans cesse, jusqu'à l'insulte, qu'on n'aura besoin de me faire qu'une fois.

LE COMTE.

L'insulte! On vous a menacée?

ALBERTINE.

On m'a dit de m'attendre à tout! Eh bien, une femme, n'importe laquelle, a toujours sa dignité, et dans quelle position me trouverai-je si votre fils m'insulte, et que vous preniez le parti de votre fils, — ce que vous serez forcé de faire?

LE COMTE.

Si vous n'avez pas pour partir d'autre raison que celle que vous m'avez dite, restez. Je vous aime, et je vous défendrai contre quiconque vous insultera, fût-ce mon fils; je vous en donne ma parole d'honneur.

ALBERTINE.

Je vous crois, et je resterai près de vous; mais, pour plus de sûreté, et pour éviter de plus grands malheurs, partons ensemble dès ce soir.

LE COMTE.

Si vous voulez.

ALBERTINE.

Allons, dites-moi que vous m'aimez!

LE COMTE.

Je vous aime!

ALBERTINE.

Mieux que cela.

LE COMTE, très tendre.

Je vous aime!

ALBERTINE.

A la bonne heure, vous avez vingt ans quand vous parlez ainsi! A mon tour de vous dire que je vous aime! mais de vous le dire bien bas, car se moquerait-on assez de moi si l'on m'entendait. Je vous aime! Maintenant, monsieur, mettez ce vilain collier dans votre poche; je ne veux plus le voir. Pour sa punition, il payera les frais de route.

Ils s'embrassent.

DE TOURNAS, entrant, à part.

Heureux âge!

ALBERTINE.

Mon cher Tournas, nous partons ce soir, le comte et moi. J'ai toutes sortes d'emplettes à faire; vous allez m'accompagner; je mets un chapeau, un châle, et je reviens.

Elle sort.

DE TOURNAS.

A vos ordres, chère madame, à vos ordres!

SCÈNE VII

LE COMTE, DE TOURNAS.

LE COMTE, se croyant redevenu gai.

Vous arrivez bien!

DE TOURNAS.

Vous partez pour longtemps?

LE COMTE.

Pour un an ou deux, sans doute. En mon absence, j'ai besoin, à Paris, d'un homme sûr.

DE TOURNAS,

Me voilà!

LE COMTE.

Je compte sur vous; mais, comme vous pourriez vous occuper d'autre chose, ne faisons pas de phrases, je tiendrai cinq cents francs par mois à votre disposition; est-ce assez?

DE TOURNAS.

Alors, me voilà intendant?

LE COMTE.

Madame de la Borde m'a dit que vous accepteriez n'importe quelle place. J'ai pensé que, près d'un ami...

DE TOURNAS.

Je vous remercie, cher comte; seulement, je n'ai pas de chance : vous me nommez votre intendant juste au moment où je viens vous apprendre que vous n'en avez plus besoin.

LE COMTE.

Parce que?

DE TOURNAS.

Parce que vous n'avez plus rien !

LE COMTE.

Plus rien?

DE TOURNAS.

Vous avez donné autrefois des procurations à votre fils pour l'arrangement de vos affaires; avez-vous lu ces procurations?

LE COMTE.

Non. J'ai signé sans lire.

DE TOURNAS.

Heu! heu!... Eh bien, par ces papiers, vous avez aliéné tout votre bien, et vous ne pouvez plus disposer de rien aujourd'hui!

LE COMTE.

Qui vous a dit cela?

ACTE QUATRIÈME.

DE TOURNAS.

Votre notaire, qui a reçu du vicomte non seulement l'ordre de ne vous faire aucune avance sur votre revenu de l'année prochaine, mais de ne pas vous le payer, ce revenu n'étant, à ce qu'il paraît, qu'une pension toute volontaire que vous faisait votre fils, et qu'il croit devoir supprimer.

LE COMTE.

André a fait cela?

DE TOURNAS.

Il l'a fait.

LE COMTE.

Il en est incapable, j'en réponds comme de moi-même.

DE TOURNAS.

Allez voir votre notaire.

LE COMTE.

C'est ce que je vais faire à l'instant.

DE TOURNAS, à la fenêtre.

Inutile que vous vous dérangiez : voici justement...

LE COMTE.

Qui?

DE TOURNAS.

Votre fils.

LE COMTE.

Lui?

DE TOURNAS.

Lui-même.

LE COMTE.

Seul.

DE TOURNAS.

Seul.

LE COMTE, avec émotion.

Est-ce qu'il va chez lui?

DE TOURNAS.

Non; il regarde de ce côté, et il gravit le perron quatre à quatre.

LE COMTE.

Il vient ici, alors?

DE TOURNAS.

Sans doute.

LE COMTE.

Quel air a-t-il?

DE TOURNAS.

Je n'ai pas pu voir.

LE COMTE, entendant des pas, avec une émotion croissante.

André!

Il s'élance vers la porte.

ALBERTINE, paraissant avant que le comte soit arrivé à la porte, et au moment où André l'ouvre.

Mon cher Tournas, je suis prête.

SCÈNE VIII

Les Mêmes, ANDRÉ.

ANDRÉ, qui a ôté son chapeau, mais qui est resté sur le seuil de la porte sans saluer Tournas ni Albertine.

Pardon, mon père! vous n'êtes pas seul?

LE COMTE, à part.

Vous! (A André d'un ton froid.) Vous le voyez bien.

ANDRÉ.

Je me retire; j'attendrai pour me présenter chez vous...

LE COMTE.

Il est inutile de vous retirer, les personnes qui se trouvent ici allaient sortir. D'ailleurs, vous les connaissez, et je m'étonne même qu'en les rencontrant chez moi vous ne commenciez pas par les saluer.

André ne répond rien.

ALBERTINE.

M. le vicomte est tellement ému en vous revoyant après une si longue absence, il a tant de choses à vous dire, et probablement tant d'explications à vous donner, qu'il ne nous a même pas vus ; c'est bien naturel : il ne faut pas lui en vouloir, et pour ma part je lui pardonne. Je reviens dans une heure au plus tard. Nous n'avons pas de temps à perdre si vous n'avez pas changé d'avis.

LE COMTE.

Moins que jamais!

ALBERTINE.

Au revoir, alors!

LE COMTE.

Au revoir. (Il lui baise la main et l'accompagne jusqu'à la porte. André entre pendant ce temps-là. — A Tournas.) Je compte aussi sur vous, mon cher Tournas.

DE TOURNAS.

En toute circonstance, mon ami. Soyez prudent, soyez prudent.

De Tournas salue André, qui ne lui répond pas. Albertine fait une légère inclination de tête. Même silence de la part d'André.

SCÈNE IX

LE COMTE, ANDRÉ.

LE COMTE.

Maintenant que nous sommes seuls, de quoi s'agit-il?

ANDRÉ.

Je viens vous prier, mon père, de m'apprendre quelles sont vos résolutions pour l'avenir.

LE COMTE.

Mes résolutions sont de vivre comme bon me semblera.

ANDRÉ.

M'est-il seulement permis de demander si madame de la Borde doit continuer à fréquenter cette maison?

LE COMTE.

Il fallait le lui demander à elle-même; elle est libre de faire ce qu'elle veut.

ANDRÉ.

Voyons, mon père, il est impossible que vous en soyez arrivé là; un homme comme vous ne saurait aimer une pareille femme.

LE COMTE.

Je l'aime, cependant.

ANDRÉ.

Vous ne l'estimez pas?

LE COMTE.

Je l'estime.

ANDRÉ.

Que ne l'épousez-vous, alors?

LE COMTE.

Cela viendra peut-être.

ANDRÉ.

Mon père!

LE COMTE.

Monsieur! Comment, il vous plaît de partir un beau matin, vous et votre femme, de ne pas même me faire savoir où vous allez, de me laisser inquiet et malheureux, car j'avais la sottise de vous aimer, vous et elle, plus que tout au monde! Il vous plaît ensuite de rester absents deux mois, sans me donner de vos nouvelles, sans vous soucier si je suis mort ou vivant; il vous plaît enfin de revenir, et, au lieu de rentrer chez vous comme par le passé, de vous en aller à la campagne et d'y rester huit jours sans m'en informer, sans remplir, vous, aucun de vos devoirs de fils, elle, aucun de ses devoirs de fille; il vous plaît d'entrer chez moi sans même saluer les gens qui s'y trouvent, de me dire « vous » comme à un étranger, de m'interroger sur le ton d'un juge, et il faut que moi, votre père, je me soumettre à vos fantaisies, et que je réponde à vos questions? Vous devenez fou, je pense. Cessons donc cette étrange plaisanterie, et rappelez-vous au plus tôt devant qui vous êtes...

ANDRÉ.

Si je suis parti brusquement de Paris, c'est qu'en vous voyant, à la suite d'un dîner avec M. de Tournas, prendre des habitudes qui n'avaient aucun rapport avec la vie que nous menions précédemment, j'ai pensé que cette vie vous ennuyait, et que notre présence pouvait vous gêner; c'est que vous m'aviez dit vous-même que vous vouliez voyager, et qu'étant resté deux jours sans vous revoir, je pouvais et préférais vous croire parti; c'est qu'enfin j'aimais mieux vous laisser le champ libre que d'initier ma femme à des... étrangetés qu'elle doit ignorer. Je ne vous ai pas écrit pendant deux mois, parce que je n'étais pas sûr de vous écrire aussi convenablement que j'aurais dû le faire. En revenant, je me suis installé à la campagne au lieu de m'installer chez moi, parce que chez vous, et par conséquent chez moi, puisque la maison nous est commune, il y avait une personne avec laquelle il est interdit à une honnête femme de se rencontrer jamais, et que le rouge me monte au front rien que de penser à la possibilité de cette rencontre! Enfin, mon père, je vous ai dit « vous », en entrant, comme à un étranger, parce que, en vous voyant en pareille compagnie, je ne pouvais pas reconnaître tout de suite le gentilhomme dont ma sainte mère a porté le nom.

LE COMTE, avec une émotion mêlée de colère.

Le nom de votre mère n'a rien à faire ici.

ANDRÉ.

C'est vrai, et je lui demande pardon de l'y avoir prononcé.

LE COMTE.

Laissons là les grandes phrases bonnes pour les romans et les comédies. Abandonné par les miens, pour une cause ou pour une autre, j'ai cherché la consolation où j'ai pu. Vous désirez connaître mes intentions? Mes intentions sont de continuer à vivre comme je vis; je reconnais à tout le monde le droit de le trouver mauvais, mais je ne reconnais à personne, pas même à vous, surtout à vous, le droit de me le dire. Je suis mon maître et je fais ce que je veux, je ne me mêle pas de votre vie, ne vous mêlez pas de la mienne, et, si c'est là tout ce que vous aviez à me dire, vous pouvez vous retirer.

ANDRÉ, après un moment d'hésitation.

Ainsi, vous me fermez votre porte?

LE COMTE.

Oui, si vous ne voulez pas être chez moi ce que vous devez être pour les gens que j'aime.

ANDRÉ.

Ainsi vous ne voulez pas faire à votre nom, au monde, à moi, à vous-même, le sacrifice de cette femme?

LE COMTE.

Non.

ANDRÉ.

Eh bien!... alors...

LE COMTE.

Eh bien?

ANDRÉ.

C'est moi qui vous sauverai malgré vous et qui lui fermerai la porte de cette maison.

ACTE QUATRIÈME.

LE COMTE.

Parce que?

ANDRÉ.

Parce que... je suis ici chez moi!

LE COMTE.

Allons donc!... Dites-le donc enfin, ce mot que je savais être votre grand argument, mais que je n'aurais jamais cru entendre sortir de votre bouche. Ainsi, voilà ton dernier moyen pour me contraindre à faire ce que tu veux, voilà tout ce que ton cœur a trouvé? Tu n'as pas compris qu'à partir du jour où ton père dépendait de toi, tu lui devais encore plus de respect et d'affection. Au bout de deux mois, tu l'abandonnais; au bout de quatre, tu lui reprochais ce qu'il n'accepte plus avec les conditions que tu lui imposes. Reprends ton argent, je ne veux plus rien de toi; va-t'en, non pas de cette maison, qui t'appartient, mais de mon cœur, que je t'avais donné tout entier, moi, et que je ne t'eusse jamais repris!

ANDRÉ.

Mais...

LE COMTE.

Tiens, veux-tu que je te dise, car tu n'as pas osé tout dire, tout à l'heure! en me donnant les raisons de ton départ : ce père qui s'était ruiné, ce père qui se plaçait en tiers dans ton bonheur, te gênait, t'ennuyait, et tu ne demandais qu'à te débarrasser de lui; et lorsque, pour mettre ton cœur à l'épreuve, je t'ai dit que je voulais partir, tu es devenu joyeux à la pensée de cette séparation. Tu m'as laissé seul, sans t'occuper de ce que je deviendrais dans un pareil isolement; il n'y a pas besoin de se gêner avec un père qui dépend de nous. Tu reparais enfin : pourquoi? Non pas parce que tu aimes ce père, non pas parce que tu veux le sauver, mais parce qu'il dépense trop d'argent et que cet argent est le tien. Alors, tu dis à un notaire : « Suspendez la pension, » et, bien armé de la sorte, tu viens imposer tes conditions. Ce sont des mœurs de laquais... Va-t'en !

ANDRÉ.

Mon père !...

LE COMTE.

Assez, monsieur, assez, et qu'il ne soit plus question de toutes ces choses-là entre nous. Vous pourrez rentrer ici quand vous voudrez avec votre femme. Dans une heure, cette maison sera libre. N'importe où je serai, je vous défends d'y paraître, à moins que je ne vous doive quelque chose et que vous ne veniez le réclamer. Pour plus de sûreté, passez dans cette chambre; faites vos comptes, puisque vous les faites si bien, et, si je suis votre débiteur, je m'arrangerai de façon qu'il n'y ait rien de perdu pour vous. Pas un mot de plus! (A Joseph qui entre.) Que me veut-on ?

JOSEPH.

Il y a là un monsieur qui demande à parler à M. le comte.

LE COMTE.

Le nom de ce monsieur ?

JOSEPH.

Il ne veut le dire qu'à M. le comte; c'est pour une affaire de la plus haute importance.

LE COMTE.

Faites entrer. (Joseph sort. — A André.) Allez, monsieur, allez...

ANDRÉ.

J'espère...

LE COMTE.

Faites ce que je vous ai dit.

Il ouvre la porte, congédie André et referme la porte.

SCÈNE X

LE COMTE, M. DE PRAILLES.

DE PRAILLES.

M. le comte de la Rivonnière?

LE COMTE, écoutant à peine.

C'est moi, monsieur! A qui ai-je l'honneur de parler?

DE PRAILLES.

A une personne qui vous est tout à fait inconnue, et qui n'a insisté pour avoir l'honneur de vous voir que parce qu'elle est chargée d'une mission délicate qui ne regarde que nous deux. Je suis l'ami d'une dame qui m'a confié pour vous une lettre que je ne dois remettre qu'à vous seul.

LE COMTE, toujours distrait.

Où est cette lettre, monsieur?

DE PRAILLES.

La voici.

LE COMTE.

Le nom de cette dame?

DE PRAILLES.

Vous reconnaissez l'écriture, sans doute?

LE COMTE, après avoir regardé la lettre.

Parfaitement; je vous remercie, monsieur.

DE PRAILLES.

Madame de Prailles, car il est inutile de faire entre nous mystère de son nom, m'a prié de lui rapporter la réponse, et, comme il me faut repartir le plus tôt possible, je vous serai reconnaissant de me la donner tout de suite. Veuillez donc lire cette lettre, monsieur; j'attendrai.

LE COMTE.

Vous êtes sûr, monsieur, que cette lettre est importante?

DE PRAILLES.

J'en suis sûr.

LE COMTE.

Madame de Prailles courrait-elle un danger?

DE PRAILLES.

Peut-être!...

Le comte sonne, Joseph paraît.

LE COMTE.

Remettez cette lettre à M. le vicomte et dites-lui que, s'il croit devoir faire une réponse, il la fasse. (De Prailles reprend la lettre dans la main du comte et se dirige vers la porte. — Le comte, se plaçant devant la porte, à Joseph.) Sortez, Joseph! (Joseph sort. — A de Prailles.) Vous êtes ici chez moi, monsieur; où allez-vous?

DE PRAILLES.

Je vais remettre moi-même cette lettre à l'homme à qui elle est écrite, et que je veux connaître!

LE COMTE.

Parce que?

DE PRAILLES, *ne se contenant plus.*

Parce que cet homme est l'amant de ma femme, monsieur!

LE COMTE.

Alors, vous êtes M. de Prailles?

DE PRAILLES.

Oui, monsieur. Je vous demande pardon du mouvement que je me suis permis chez vous, mais vous êtes un homme d'honneur et vous comprenez qu'il est des sentiments auxquels on ne résiste pas. Laissez-moi donc passer, monsieur, car, cet homme fût-il votre meilleur ami, vous ne pouvez m'empêcher de le connaître.

LE COMTE.

Pardon, monsieur, pardon! mais je ne crois pas que vous soyez M. de Prailles.

DE PRAILLES.

Qui vous en fait douter, monsieur?

LE COMTE.

M. de Prailles ne se serait pas donné la peine d'apporter cette lettre cachetée, il l'aurait lue.

DE PRAILLES.

Non, monsieur; je l'ai trouvée par hasard dans les papiers de madame de Prailles, qui était absente pour plusieurs jours; cette lettre était écrite déjà depuis quelque temps, elle était cachetée. A mon avis, un homme d'honneur ne décachette pas une lettre adressée à une autre personne que lui, cette lettre fût-elle écrite par sa femme; mais il a le droit de la porter à son adresse, surtout quand l'adresse porte un nom qui lui est inconnu et que ce nom est un nom d'homme.

LE COMTE.

Vous êtes bien M. de Prailles, vous êtes bien le gentilhomme dont on m'avait parlé; maintenant, voulez-vous me permettre, monsieur, puisque je suis mêlé à cette histoire, de vous demander ce que vous comptez faire?

DE PRAILLES.

Je compte donner cette lettre à celui à qui elle est écrite, et, — lorsqu'il l'aura lue, — le sommer de me la communiquer.

LE COMTE.

Et s'il refuse?

DE PRAILLES.

S'il refuse, je le soufflette et je le tue, je vous en réponds!

LE COMTE.

Toute ruse est permise, monsieur, lorsqu'il s'agit de

l'honneur d'une femme; vous avez employé une ruse en vous présentant comme l'ami de madame de Prailles; mais vous étiez plus ému que vous ne vouliez le laisser paraître, je me suis douté d'un piège et j'ai employé une ruse aussi. Il n'y a personne dans cette chambre; monsieur, cette lettre est pour moi, veuillez me la donner.

DE PRAILLES, la donnant.

La voici, monsieur, et maintenant?

LE COMTE, mettant la lettre dans sa poche.

Maintenant, je sais ce que contient cette lettre et je la garde.

DE PRAILLES, marchant vers lui, menaçant et levant la main.

Monsieur!...

LE COMTE, arrêtant le bras de M. de Prailles.

Une provocation est inutile, je suis à vos ordres; j'attendrai vos témoins ce soir. La cause du duel restera entre nous.

DE PRAILLES.

C'est bien, monsieur, au revoir!

Il sort.

SCÈNE XI

LE COMTE, seul.

Il l'aurait tué!

ACTE CINQUIÈME

Salon d'hôtel à Fontainebleau.

SCÈNE PREMIÈRE

ANDRÉ entre; HÉLÈNE court au-devant de lui.

HÉLÈNE.

Enfin, te voilà!

ANDRÉ.

Tu as vu madame Godefroy?

HÉLÈNE.

Elle est arrivée hier au soir, ayant reçu, m'a-t-elle dit, une lettre de toi, par laquelle tu la priais de venir m'annoncer que tu ne serais pas de retour avant ce matin, et de rester avec moi. Mais tu ne lui avais donné aucuns détails.

ANDRÉ.

Je préférais te les donner moi-même.

HÉLÈNE.

Eh bien?

ANDRÉ.

Eh bien, nous retournons auprès de ta tante.

HÉLÈNE.

Que s'est-il donc passé?

ANDRÉ.

Mon père m'a chassé de chez lui.

HÉLÈNE.

Chassé? C'est impossible!

ANDRÉ.

Cela est, ma pauvre enfant! Nous n'avons donc plus rien à faire ni à Paris, ni à Fontainebleau, ni même en France. Va donner tes ordres et partons.

HÉLÈNE.

Ton père habite toujours notre maison?

ANDRÉ.

Toujours. Je lui ai fait remettre les papiers qui m'en constituaient la propriété, en lui écrivant qu'il y pouvait rester, puisque nous repartions. Je n'ai jamais eu l'idée de l'en déposséder. C'était un moyen que j'employais, voilà tout.

HÉLÈNE.

J'ai le temps d'aller à Paris et de revenir?

ANDRÉ.

Et qu'y feras-tu?

HÉLÈNE.

Je verrai ton père. Je ne te laisserai certainement pas partir brouillé avec lui. Il doit y avoir là une erreur; c'est à moi de la réparer, car j'en suis certainement la cause.

ANDRÉ.

Toi! Comment?

HÉLÈNE.

Il me croit peut-être capable d'avoir exigé cette séparation. Il était déjà un peu jaloux de moi. Enfin, que serai-je dans la famille, moi, la femme, si je ne concilie pas? Allons, mon ami, laisse-moi partir; il le faut, je le dois, je le veux!

ANDRÉ.

Je ne te permettrai pas plus de te mêler aujourd'hui de ce qui se passe, que je ne te l'ai permis depuis deux mois, car mon avis, contrairement au tien, est que l'épouse chaste, comme toi, doit rester en dehors des divisions de famille qui ont une cause comme celle-ci. Du reste, les affections honnêtes sont sans force contre les passions inavouables. Tu n'iras donc pas à Paris. Je te sais gré de la bonne pensée qui te faisait agir : je regretterais qu'elle ne te fût pas venue : mais, en me chassant, mon père t'a chassée aussi; car il ne peut pas repousser l'un de nous deux sans repousser l'autre. C'est donc à lui maintenant, lorsqu'il voudra nous revoir, de revenir à nous ou de nous rappeler. Va donner les derniers ordres, et partons le plus tôt possible. (Tendre mais ferme.) Je le veux!...

Il l'embrasse sur le front et l'accompagne jusqu'à la porte de côté.

SCÈNE II

LE COMTE, ANDRÉ.

LE COMTE.

André!

ANDRÉ, se retournant avec étonnement.

Mon père!

LE COMTE.

Voici une lettre pour vous.

ANDRÉ.

Une lettre! de qui?

LE COMTE.

De madame de Prailles.

ANDRÉ.

De madame de Prailles!

LE COMTE.

Un de ses amis a fait exprès le voyage de Tours à Paris pour apporter cette lettre. Il croit qu'elle est pour moi ; mais il faut absolument lui donner une réponse dans une heure.

ANDRÉ.

Vous auriez pu lire cette lettre, juger vous-même.

LE COMTE.

Et ne pas vous déranger ! c'est juste... Je n'y ai pas pensé.

ANDRÉ.

Je ne voulais pas dire !...

LE COMTE.

Lisez !... je suis un peu pressé.

ANDRÉ, parcourant la lettre.

Madame de Prailles veut quitter son mari, avec qui elle ne saurait plus vivre, dit-elle. Elle s'installerait à Paris, où elle espère me voir de temps en temps.

LE COMTE.

C'est bien ; voilà tout ce que je voulais savoir. Vous aviez raison ; il faut décidément mettre un terme à cette correspondance et ne plus entendre parler de cette femme. Ça sera peut-être un peu difficile, cependant je m'en charge.

Il déchire la lettre.

ANDRÉ.

Je vous remercie d'être venu à Fontainebleau exprès pour cela.

LE COMTE, tirant un paquet de billets de sa poche.

Maintenant, prenez ceci.

ANDRÉ.

Qu'est-ce que c'est ?

LE COMTE, tirant un collier.

Prenez encore.

ANDRÉ.

Un collier!

LE COMTE.

Un collier! Voilà tout. Il ne me reste plus rien.

ANDRÉ.

M'expliquerez-vous?...

LE COMTE.

Tout ceci est à vous. J'ai fait une lettre de change de quarante mille francs, payable l'année prochaine. Or, comme je n'ai plus rien et qu'il vous faudra payer cette lettre de change, je vous rends ce qui m'en reste pour vous y aider.

ANDRÉ.

C'est me punir cruellement de ce que j'ai dit.

LE COMTE.

Ce n'est pas mon intention.

ANDRÉ.

Mais ce collier avait une autre destination.

LE COMTE.

Oui, je l'avais acheté pour quelqu'un qui, heureusement, l'a refusé... Cependant, je croirais convenable de ne pas quitter cette personne sans lui laisser un souvenir; je ne puis le faire sans votre autorisation.

ANDRÉ.

Voyons... si vous aimez cette femme, eh bien...

LE COMTE.

Je ne l'aime pas. Celle-là ou une autre, peu m'importait, pourvu que l'on fît du bruit autour de moi. Mais j'ignorais ce que j'ai appris hier : je n'ai plus le droit de voir madame de la Borde, et je lui ai écrit qu'elle ne me verrait plus. Je vous demanderai cependant, en échange du petit service que je vais vous rendre tout à l'heure, de la voir, vous, et, puisque vous y consentez, de lui donner ce collier de ma part. Quant à Tournas, s'il a, de temps en temps, besoin d'un billet de cinq cents francs, donnez-le-lui; ce n'est pas le plus honnête homme du monde, mais il n'en est que plus à plaindre. Ce sont les hommes comme moi qui engendrent les hommes comme lui. Ils sont sans patrimoine, sans affection; nous les mêlons à nos plaisirs dispendieux; ils en contractent l'habitude, et, un beau jour, nous les abandonnons, sans nous occuper de ce qu'ils deviennent. C'est injuste; nous leur devons bien quelque chose; et puis il faut être un peu indulgent pour les autres, nous ne savons pas ce qui peut nous arriver à nous-mêmes. Voilà toutes mes recommandations; car, grâce à vous, je ne dois plus rien à personne.

ANDRÉ.

En vérité, on dirait que vous faites votre testament...

LE COMTE.

C'est le testament du passé, puisqu'il est mort, et, comme je pars...

ANDRÉ.

Où allez-vous?

LE COMTE.

N'importe où je pourrai vivre sans vous couter trop d'argent, car il va falloir que vous me fassiez une pension; mais vous m'écrirez de temps en temps, n'est-ce pas? et je pourrai venir vous voir quelquefois?

André cache ses yeux dans son mouchoir

ANDRÉ, avec une grande émotion.

Si nous nous embrassions et que tout fût fini?

LE COMTE.

Je ne suis venu que pour cela, moi!

ANDRÉ.

Alors, embrassons-nous, et que cela finisse.

Le comte et André se tiennent embrassés silencieusement.

ACTE CINQUIÈME.

LE COMTE.

Nous avons été bien bêtes tous les deux, hier, avec nos grands mots! Des grands mots entre nous, lorsqu'il était si simple de faire ce que nous faisons (L'embrassant de nouveau.) et de recommencer. Si tu savais comme je m'ennuyais avec cette femme, comme je me sentais dans le faux, comme je pensais à toi, comme je me disais : « Il ne viendra donc pas à mon secours!... » Heureusement, la Providence m'a envoyé le prétexte de cette lettre pour revenir ici. Tout est expliqué maintenant, adieu!

ANDRÉ.

Comment! adieu?... J'espère bien que, cette fois, nous n'allons plus nous quitter.

LE COMTE.

Je le voudrais, moi; mais, si tu allais croire...

ANDRÉ.

Quoi?

LE COMTE.

Que je reviens vivre avec toi parce que je n'ai plus rien.

ANDRÉ.

Oh!

LE COMTE.

Tu as bien cru autre chose, autrefois.

ANDRÉ.

Quelle autre chose?

LE COMTE.

Voilà ce qui me tourmentait... Tiens, voilà ce qui a été cause de tout.

ANDRÉ.

Je ne comprends pas.

LE COMTE.

Tu es d'avis, comme moi, que nous ne devons plus rien avoir sur le cœur, n'est-ce pas?

ANDRÉ.

Certainement.

LE COMTE.

Et tu vas me répondre avec toute franchise?

ANDRÉ.

Qu'y a-t-il encore?

LE COMTE.

Lorsque je t'ai dit, il y a deux mois, que je voulais partir, pourquoi as-tu accepté avec joie que je partisse, puisqu'il avait été convenu que nous ne nous quitterions jamais?

ANDRÉ.

Je ne t'ai dit les raisons hier.

LE COMTE.

C'étaient bien les seules, sur ton honneur?

ANDRÉ.

Sur mon honneur! Que croyais-tu donc?

LE COMTE.

Ah! mon pauvre ami, tu ne devineras jamais alors ce que disaient certaines gens : que cette jeune fille que j'avais aimée, ou plutôt que j'avais cru aimer avant ton mariage, que cette jeune fille, mariée à mon fils, je l'aimais encore; que j'étais amoureux de ma bru; autrement dit, que j'étais un misérable! On allait plus loin: on prétendait que toi, mon fils, tu me soupçonnais aussi, et que tu ne serais pas fâché de me voir quitter la maison. Mais le plus affreux, c'est qu'en voyant de Tournas, c'est-à-dire le Mal, croire à cette possibilité, en entendant madame Godefroy, c'est-à-dire le Bien, me dire que l'opinion pouvait être du même avis, je me suis demandé avec effroi si les autres ne me connaissaient pas mieux que moi ; si, à mon insu, je n'étais pas capable de ce dont on m'accusait, et s'il n'était pas logique qu'après avoir été immoral je devinsse vicieux ! C'est là, je crois, pour un honnête homme, le plus terrible châtiment de son existence folle et dissipée, d'en arriver à interroger sa conscience sans être sûr de ce qu'elle répondra.

ANDRÉ.

Ah !... mon pauvre père !...

LE COMTE.

Enfin, à quelque chose malheur est bon. En me voyant avec madame de la Borde, l'opinion a pris une nouvelle piste et s'est dit, peut-être avec regret : « Décidément, ce n'est qu'un libertin vulgaire. » Aujourd'hui, en me voyant rentrer dans la famille l'opinion dira : « Il ne peut pas faire autrement, il n'a plus rien ! » Je dois être encore trop heureux de ce jugement-là. Pourvu que tu saches à quoi t'en tenir, toi, voilà l'important.

ANDRÉ.

L'opinion dira : « C'est un homme de cœur, un peu écervelé, qui adorait ses enfants, qui fut rangé quand il le fallait, et qui a épousé une bonne et brave femme qui ne l'eût pas aimé s'il n'eût pas été le plus honnête homme du monde... »

LE COMTE.

Ah ! gredin, tu n'es pas généreux ! Madame Godefroy !...

ANDRÉ.

Fais une fin.

LE COMTE.

Impossible ! Je n'ai pas voulu d'elle tant que j'ai été riche, je ne peux pas en vouloir quand je ne le suis plus ; j'aurais l'air de faire une affaire.

ANDRÉ.

Quelle mauvaise raison! Tu sais bien que tu as la moitié de ce que j'ai...

LE COMTE.

Je n'en veux pas; je garde mon admirable position d'homme ruiné; j'y tiens. Diable! toutes les bêtises que j'ai faites, je les ai faites parce que j'avais ou que je croyais avoir de l'argent. Maintenant que je suis sûr de ne pas avoir d'argent, je suis sûr de ne plus faire de bêtises. (La demie sonne.) La demie! et moi qui oubliais...

ANDRÉ.

Quoi?

LE COMTE.

Mon rendez-vous avec l'envoyé de madame de Prailles.

ANDRÉ.

Écris-lui qu'il n'y a pas de réponse. Nous partons; que nous importe!

LE COMTE.

Oh! non! il s'est dérangé exprès. Ne fût-ce que par politesse; et puis ce ne sera pas long.

ANDRÉ.

Je te remercie...

LE COMTE.

Ça n'en vaut pas la peine, et tu en ferais bien certainement autant pour moi. Appelle ta femme que je l'embrasse et que je m'en aille!

ANDRÉ.

Madame Godefroy est avec elle.

LE COMTE.

Appelle madame Godefroy aussi, je serai enchanté de la voir.

ANDRÉ, appelant.

Hélène!... Madame Godefroy!...

<small>Hélène entre, suivie de madame Godefroy.</small>

SCÈNE III

Les Mêmes, HÉLÈNE, MADAME GODEFROY.

LE COMTE, à Hélène, en lui tendant les bras.

C'est papa!... il est revenu!

HÉLÈNE.

Et revenu tout seul?

LE COMTE.

Tout seul, comme un grand garçon.

HÉLÈNE.

Et pour longtemps?

LE COMTE.

Pour toujours, si...

HÉLÈNE.

Si?

LE COMTE.

Si vous le voulez bien.

HÉLÈNE.

Vous n'aviez qu'à entendre ce que je disais tout à l'heure à André...

LE COMTE.

Je m'en doute bien, chère enfant, et je vous bénis du plus profond de mon cœur. Aimez André : tout son bonheur est entre vos mains, car il n'y a pas de douleur, si grande qu'elle soit, que ne puisse faire oublier à son mari une femme comme vous...

HÉLÈNE.

Comme vous êtes ému!

LE COMTE.

N'est-ce pas tout naturel, quand je vois que tout le monde m'aime encore? (A madame Godefroy.) Et vous, chère, me donnez-vous la main?

MADAME GODEFROY.

Vous savez bien que, moi, je serai toujours la même pour vous, quoi qu'il arrive. Faut-il enfin tuer le veau gras? Sinon il va mourir de vieillesse...

LE COMTE.

J'espère que nous l'entamerons ce soir. A bientôt! (A André.) Encore une fois, toi... (Il le prend dans ses bras et l'y tient quelques instants.) Maintenant, sois tranquille, je vais m'occuper de toi, et je vais faire de la bonne besogne, je t'en réponds. A bientôt, mes enfants! à bientôt!

Il sort.

SCÈNE IV

Les Mêmes, hors LE COMTE.

MADAME GODEFROY.

Qu'est-ce que ces hommes-là ont donc en eux, pour qu'on ne puisse jamais leur en vouloir?

HÉLÈNE.

Ils ont leur cœur.

MADAME GODEFROY.

Vous voilà heureux, mes enfants?

HÉLÈNE.

Et vous aussi?

MADAME GODEFROY.

Moi aussi; et je m'en vais; vous n'avez plus besoin de moi.

HÉLÈNE.

Ingrate! Vous nous quittez quand nous sommes heureux.

MADAME GODEFROY.

Il y a des jours qu'il faut passer en famille.

HÉLÈNE.

Est-ce que vous n'êtes pas de la famille?

MADAME GODEFROY.

Mais non.

HÉLÈNE.

Vous en serez.

MADAME GODEFROY.

Chère fille!

HÉLÈNE.

C'est cela, exercez-vous.

MADAME GODEFROY.

A tout à l'heure, alors.

HÉLÈNE.

Où allez-vous?

MADAME GODEFROY.

Je ne sais pas; mais, à tout hasard, je vais entrer dans une église. Quand je suis heureuse, je prie. C'est une habitude qui ne fait de mal à personne.

HÉLÈNE.

Vous avez raison, allez.

Madame Godefroy sort.

SCÈNE V

HÉLÈNE, ANDRÉ.

HÉLÈNE.

Alors, c'est fait?

ANDRÉ.

Il paraît.

HÉLÈNE.

Tu vois que c'était bien facile... Où est allé ton père?...

ANDRÉ.

Faire ses préparatifs...

HÉLÈNE, à demi voix et le regardant avec tendresse.

Lui as-tu dit?

ANDRÉ.

Pas encore. Nous n'avons parlé que de lui; nous lui dirons tout quand il reviendra.

HÉLÈNE.

Ainsi tu es heureux?

ANDRÉ.

Complètement heureux. Aussi, pour conserver le bonheur et pour le mériter, j'ai résolu de me créer une occupation quelconque, de travailler, d'être un peu utile, enfin. Il y a, vois-tu, dans la journée d'un homme, cinq ou six heures que la nature et la société veulent qu'il occupe de choses sérieuses. Tout ce que nous faisons de mal, nous le faisons pendant que les autres travaillent. Voilà tout ce qui a manqué à mon père. Occupé, il eût été un homme complet. Je veux profiter de la leçon. D'ailleurs, l'exemple est tout pour les enfants, et j'entends que les miens, en ouvrant les yeux, voient leur père travaillant.

LE DOMESTIQUE, entrant.

Monsieur, il y a là une dame qui désire vous parler.

ANDRÉ.

A moi?

LE DOMESTIQUE.

Oui, monsieur.

ANDRÉ.

Faites-la entrer.

LE DOMESTIQUE.

Mais c'est à monsieur seul qu'elle désire parler.

HÉLÈNE, gaiement.

C'est bien, je me retire, puisque vous recevez des dames qui ne veulent parler qu'à vous.

ANDRÉ.

Je ne comprends pas.

HÉLÈNE.

Je l'espère bien, que vous ne comprenez pas! (Au domestique.) Faites entrer. (A André.) Je ne suis plus jalouse.

Elle sort. — Albertine entre voilée.

SCÈNE VI

ANDRÉ, ALBERTINE.

ALBERTINE, levant son voile.

C'est moi.

ANDRÉ.

Vous, ici!

ALBERTINE.

N'est-ce pas un hôtel, un terrain neutre, par conséquent. Et puis ce n'est pas la première fois que vous me recevez.

ANDRÉ.

Mais...

ALBERTINE.

D'ailleurs, pour votre conscience, il s'agit d'affaires qui ne vous regardent pas personnellement. Et ce n'est pas mademoiselle Albertine — tout court — que vous recevez, c'est madame de la Borde, propriétaire et tiers porteur.

ANDRÉ.

Tiers porteur?

ALBERTINE.

Oui! Le comte de la Rivonnière m'a écrit hier que nous

ne nous reverrions plus. Soit! C'est son droit de ne plus me revoir, mais il a oublié qu'il a signé une lettre de change.

ANDRÉ.

Une lettre de change de quarante mille francs; il m'a prévenu.

ALBERTINE, qui a mis son pince-nez et qui a fouillé dans son porte-monnaie.

La voici!

ANDRÉ.

Elle est donc souscrite à votre nom?

ALBERTINE.

Elle est souscrite au nom d'un banquier que je connais; mais, comme il n'était pas convenable, à mon avis, que la signature du comte traînât dans ces endroits-là, je l'ai remboursée, et voilà comment je me trouve tiers porteur.

ANDRÉ.

Alors, nous vous devons?

ALBERTINE.

Quarante mille francs!

ANDRÉ.

Plus la commission?

ALBERTINE.

Bien entendu!

ANDRÉ.

Cinquante mille francs, à peu près.

ALBERTINE.

Parfaitement! De plus, il y a une histoire de collier.

ANDRÉ.

Le voici; je m'étais chargé de vous le remettre.

ALBERTINE.

Je n'en veux pas. C'est un bijou de femme du monde.

Je ne suis pas assez riche pour me mettre au cou mille francs de rente.

ANDRÉ.

Vous l'estimez vingt mille francs, alors?

ALBERTINE.

Oui, à cinq.

ANDRÉ.

Cela nous fait soixante et dix mille francs. Est-ce tout?

ALBERTINE.

Il ne me reste qu'à vous rendre les clefs des caves et des armoires. Vous verrez dans quel état se trouve la maison.

ANDRÉ.

Mon père vous a-t-il écrit?

ALBERTINE.

Quelquefois.

ANDRÉ.

Où sont ces lettres?

ALBERTINE.

Les voici. Je vous les rapportais.

ANDRÉ, les déchirant.

Pour les clefs et les lettres, vingt mille francs, est-ce assez?

ALBERTINE.

C'est plus que convenable.

ANDRÉ.

On ne saurait trop payer le bonheur de retrouver son père!

ALBERTINE.

Voici votre petit morceau de papier.

ANDRÉ, après avoir écrit.

Et voici un bon pour mon notaire.

ALBERTINE, après avoir lu le papier.

Merci. (Elle le met dans son portefeuille.) Alors, vous avez revu votre père?

ANDRÉ.

Oui.

ALBERTINE.

Et il va revivre avec vous?

ANDRÉ.

Tout à fait.

ALBERTINE.

Et il aura bien raison! Il n'est pas plus fait pour notre monde que pour labourer la terre; hier je le lui disais. Et j'ai bien vu, par la lettre que j'ai trouvée en rentrant, qu'il n'y avait pas à lutter contre sa décision. Enfin il faut se consoler; vous lui ferez bien mes amitiés.

ANDRÉ.

Je n'y manquerai pas.

Joseph entre.

ALBERTINE, à part.

Il était temps! (A Joseph.) Tenez, Joseph, je ne vous ai jamais rien donné; voici cinq louis pour vous!

JOSEPH.

Merci, madame! Je ne veux pas de votre argent!

ALBERTINE, remettant les cinq louis dans son porte-monnaie.

Autant de gagné!

Elle sort.

SCÈNE VII

ANDRÉ, JOSEPH.

ANDRÉ.

Qu'avez-vous, Joseph, à entrer ainsi?

JOSEPH.

M. le comte n'est pas là, monsieur?

ANDRÉ.

Non.

JOSEPH.

M. le comte m'avait dit de revenir lui apporter une réponse ce matin; chez lui, on m'a répondu qu'il était à Fontainebleau. — Alors, je croyais qu'il était chez M. le vicomte.

ANDRÉ.

Il est venu tout à l'heure.

JOSEPH.

Il se porte bien?

ANDRÉ.

Oui; pourquoi cette question?

JOSEPH, s'embarrassant.

C'est que, comme M. le comte avait disparu depuis hier au soir, et que... j'avais peur... mais maintenant que je sais... Vous a-t-il dit où il allait?...

ANDRÉ.

Il m'a dit qu'il allait porter une réponse à propos d'une lettre.

JOSEPH.

D'une lettre de madame de Prailles?

ANDRÉ.

Comment le savez-vous?

JOSEPH.

Je viens de Tours, où M. le comte m'a envoyé hier. J'ai ramené madame de Prailles.

ANDRÉ.

Où?

JOSEPH.

Ici, à Fontainebleau, hôtel de Londres.

ANDRÉ.

Qu'est-ce que tout cela veut dire?

JOSEPH.

Cela veut dire que M. le comte vous a trompé; mais il devait être ému en vous quittant?

ANDRÉ.

Mais non... il était gai.

JOSEPH.

M. le comte est si brave!

ANDRÉ.

Si brave! que voulez-vous dire?

JOSEPH.

M. le vicomte est un homme, il vaut mieux qu'il sache tout.

ANDRÉ.

Mon père?

JOSEPH.

Se bat dans ce moment-ci.

ANDRÉ.

Mon père se bat?

JOSEPH.

Oui, monsieur.

ANDRÉ.

Où?

JOSEPH.

Ici à Fontainebleau. Il aura voulu se battre près de chez vous, en cas de...

ANDRÉ.

Et avec qui se bat-il?

JOSEPH.

Avec M. de Prailles.

ANDRÉ.

Pour moi, alors?

JOSEPH.

Oui, monsieur, j'ai tout entendu hier

ANDRÉ.

Malheureux!

SCÈNE VIII

Les Mêmes, HÉLÈNE.

HÉLÈNE, entrant.

Qu'y a-t-il?

ANDRÉ.

Mon père!

HÉLÈNE.

Eh bien?

ANDRÉ.

Mon père! mon pauvre père! pour qui j'ai été si méchant, il se bat!

HÉLÈNE.

Ton père se bat?

ANDRÉ.

Et cet homme le tuera, vois-tu, et c'est pour moi.

HÉLÈNE.

Pour toi!

SCÈNE IX

Les Mêmes, MADAME GODEFROY.

MADAME GODEFROY, entrant.

Qu'avez-vous?

ANDRÉ, se jetant dans ses bras.

Mon père est mort, j'en suis sûr, ma bonne madame Godefroy!

MADAME GODEFROY.

Le comte?

HÉLÈNE.

Le comte se bat!

MADAME GODEFROY.

Oh! mon Dieu!

ANDRÉ.

Il faut que je le trouve!... et si cet homme...

Il court vers la porte. — A peine a-t-il fait un pas, que le comte paraît sur le seuil. — Chacun des personnages se laisse tomber sur une chaise.

SCÈNE X

LES MÊMES, LE COMTE, DE LIGNERAYE.

JOSEPH.

C'est monsieur!

LE COMTE.

Qu'est-ce que vous avez tous?

ANDRÉ, *abattu sans pouvoir tourner la tête.*

Tu n'es pas blessé?

LE COMTE.

Tu sais donc?

ANDRÉ.

Je sais tout... (Lui donnant la main.) Il était temps que tu revinsses...

LE COMTE, *à demi voix à André.*

Quand on pense que, si je ne m'étais pas trouvé là quand cet homme est venu, peut-être à cette heure ta femme n'aurait plus de mari, et, moi je n'aurais plus de fils. C'est effrayant! Crois-tu que je sois corrigé, maintenant, et que je ne te quitterai plus?

ANDRÉ.

Et M. de Prailles?

LE COMTE.

Ah! il se bat bien!

ANDRÉ.

Blessé?

LE COMTE.

Oui.

ANDRÉ.

Dangereusement?

LE COMTE.

Il paraît, et en défendant la chose la plus sacrée, l'honneur de sa femme. Ce coup d'épée-là ressemble bien à une mauvaise action. Mais je pensais à toi. Je ne peux cependant pas me laisser tuer maintenant.

ANDRÉ.

Et madame de Prailles?

LE COMTE.

Elle est auprès de son mari qui l'aime. Le reste la regarde. Va donc embrasser ta femme!

ANDRÉ, lui serrant la main.

Je l'avais oubliée!

De Ligneraye entre.

SCÈNE XI

Les Mêmes, DE LIGNERAYE.

LE COMTE, à de Ligneraye.

Eh bien?

DE LIGNERAYE.

M. de Prailles en a pour deux mois.

ANDRÉ, à de Ligneraye.

Ah! c'est vous, cher ami! Mais quel était donc le second témoin de mon père?

DE LIGNERAYE.

Tournas.

LE COMTE.

Je n'avais que lui sous la main.

ANDRÉ.

Où est-il?

DE LIGNERAYE.

Il est reparti avec Albertine... Elle l'avait amené.

ANDRÉ.

Alors, elle savait que mon père se battait?

DE LIGNERAYE.

Parfaitement.

ANDRÉ.

Je comprends! Elle n'a pas voulu attendre l'événement! Allons, elle est complète!

DE LIGNERAYE.

Oui, elle fera une bonne madame de Tournas.

ANDRÉ.

Vous croyez donc?...

DE LIGNERAYE.

Il faut des époux assortis, comme dit la chanson, et ce Tournas devait en arriver là. Quand les prodigues ont du cœur, mon cher comte, ils finissent comme vous! Quand ils n'en ont pas, ils finissent comme lui!

MADAME GODEFROY, au comte.

Vous allez quitter la France, mon ami, vous êtes heureux!... Moi, je reste. Mais rappelez-vous, si jamais vous êtes triste, que vous n'avez pas, que vous n'aurez jamais de meilleure amie que moi, et qu'on n'est jamais trop aimé, même par sa femme !

LE COMTE, à part.

Elle y arrivera...

JOSEPH.

La chaise de poste de M. le vicomte est prête.

LE COMTE.

Nous voyageons en poste ! Pourquoi ces prodigalités ?

ANDRÉ.

A cause de ma femme !

LE COMTE, joyeux.

Est-ce que ?...

ANDRÉ.

Oui.

LE COMTE.

Reçois mes compliments, mon ami !... (L'emmenant sur le devant.) Et viens que je te donne un conseil. Tu ne diras pas que je ne m'y prends pas d'avance... (Il l'embrasse.) Aime-le comme je t'aime ! mais ne l'élève pas comme je t'ai élevé.

FIN DU TOME TROISIÈME

TABLE

LE FILS NATUREL. 1
    Préface 5
UN PÈRE PRODIGUE. 205
    Préface 209

ÉMILE COLIN. — IMPRIMERIE DE LAGNY.

www.ingramcontent.com/pod-product-compliance
Lightning Source LLC
Chambersburg PA
CBHW052134230426
43671CB00009B/1242